イミタチオ・クリスティ

キリストにならいて

トマス・ア・ケンピス
呉　茂一・永野藤夫 訳

講談社学術文庫

序文

どの書物が最もひろく読まれているかは正確にはわからない。しかし、出版部数や引用された度数などからみると、『聖書』が一位で次は『デ・イミタチオネ・クリスティ』であろう。右の二書ほども多くの国語に訳せられ、人々の心をとらえた書物は少ない。

聖書は大宗教の聖典であり、新約が加わってからでも、二千年近く教会や教育機関が推しているから、ひろく読まれるのも当然であるが、本書は、成立後五百年前後で、著者も目立たぬ修道者であるという慮《つつ》ましい書物で、社会のいかなる権威からも特に推されたことはない。それなのに、ラテン語手写本が三百種を越し、ラテン語印刷本は二千種以上、すでに十五世紀前半に部分的にではあるがドイツ語訳（一四三四）やフランス語訳（一四四七）が出、十九世紀末までにほとんどすべての近代語訳が成立し、キリスト教徒の少ない日本でも、キリシタン時代の慶長元年（一五九六）にローマ字版日本語訳、その平仮名版（慶長一五年）が出、明治以後は著名な訳だけでも十指に余り、ほとんどが版を重ねている。まさしく本書は、いつの世いずこにおいても、人々の心が求める書物である。その理由は何であろうか。

平易に説かれた深みと高さ

本書が人に親しまれる理由は、何よりも文章のわかり易さ、章節が短くて読み易いこと、その内容が、冥想を誘う深みをそなえながら、人を深淵に突き落とすことなく、高みからの救いにつながる安らぎを与えるからである。そのことは、例えば、「人間はみな生まれついて物を知りたいと思うが、神を畏《おそ》れない知識がなんの役に立つだろうか」(一・二・一)という文章をみてもわかる。近代戦争は科学的総力戦の形態をとり、知識の悪業であるし、人間の物質的繁栄のみを考えた開発の過剰が、自然環境の破壊を招き、現代の危機と化したことも、神不在の知識の自己破滅の証しである。人間は自己を存在の中心とみなしてはならない。「自分自身を真に知りわけ、軽視するのが、もっとも高く有益な教えである」(一・二・四)と告げることにより、本書は不遜な支配欲から宗教的知識としての信への自己転換の方法を示している。

高みや深みをそなえた書物は、まだほかにもあろう。本書にはそれ以上のものがある。それは果たして何なのであろうか。

深い慰めと適確なさとし

この小さな書物は、悩み悲しむわれわれを、計り知れぬ大きな力で抱き上げる。「ときには何かと悩んだり、困難にぶつかったりするのも、私たちにはよいことである。なぜならば、それらはしばしばどれほど自分がさすらい人であるかを人に悟らせ、この世の何物かに望みをおいてはならないことを、思い出させるからである」（一・一二・一）、「他人よりしあわせなのは誰なのか。それはたしかに神のために何かを耐え忍べる人にちがいない」（一・二二・一）というような文章は、平凡なわれわれの、ひとには隠している辛い涙をぬぐう慰めである。

この慰めは、しかし、甘やかしではなく、さとしを含む。「人間的な慰めをいろいろ求めなくてもすむよう、人は堅く神に信依せねばならない」（一・一二・二）という穏やかなさとしもあるが、時にそれは鞭のように烈しい。「あなたが死んだ後で、誰があなたを思い出そうか。また誰があなたのために祈るだろうか。さあいま、最愛の者よ、なんでもできることを、いまやるのだ」（一・二三・八）。こうして本書は、慰められた心に適確なさとしを与え、神への道を歩むようにうながす。

「もしもお前が、疑惑の深みに沈みたくないならば、このいとも深遠なる秘蹟にたいして、物好きで無用なせんさくは避けたがよろしい」（四・一八・一）という文章は、学問的探究心を抑えるかに見えるが、本書は信仰の書であるから、「いつも主のうちに安らいなさい、主こそ聖人たちの永遠の安らいなるゆえに」（三・二一・一）と教え、「永遠のよろこび」（一・一・四）としての「救い」（一・二三・八）に必要な「神に至るよりたしかな道」

（一・三・四）として「神によって定められたもの」（同所）を示すのが目的である。「信仰と愛はそこではあらゆるものに優先」（四・一八・五）する。秘蹟についての冥想を以て本書が結ばれるのもそのためである。

現代人にとっての意義

現代人にとって、特にわが国において、キリスト教的修徳を目ざす本書に、果たしてどれだけの意味があるか、と疑う人は多い。キリスト教徒の中にさえ、十五世紀の近代敬虔主義(devotio moderna)に立脚する著者が修道者を目あてにして書いた本書は、それだけですでに時代おくれだ、と難ずる人々もおり、生産的な仕事が必要な現代の信仰生活には退嬰《たいえい》的で有害である、と主張する人々もいる。神学者の中にもそういう人々がいる。

現代と十五世紀とでは、社会的環境が甚だ異なっていることは認めざるをえない。本書の読者を考えても、現代のわが国では、多くはキリスト教徒ではないし、西欧諸国でも、キリスト教の勢力が、当時に較べれば、弱まったことも事実である。したがって、昔ながらの修道院があっても、附近には他の宗教の信者や宗教に無関心の人々、反対の人々も住み、修道者たちは、経済の面からも、住民との交際の面からも、地域社会に対する現実的な奉仕をしなくてはならず、過去の自律的な祈禱生活の囲いの実態は守れないであろう。

しかし、考えてみると、キリスト教徒であろうとなかろうと、また、修道者の仕事が社会事業化したとしても、いずれにせよ、それらの人々のすべてを含めて、一般にわれわれ現代人も自己修養を必要とすることには、人間として変わりあろう筈がない。ところで、修養とは内面をつちかうことである。人間が機械技術の動きに流され、部品のような生き方を強いられ、その内面を喪いかけた今の世には、生活の中心を神との出会いが期待される内面に置き、その目的を永遠の善に結ぶという考えが特に必要である。人間は物質欲や便利さのほかに、キリストがなしたように、他人への奉仕と自己犠牲の美しさを、自らの中にとりもどさなくてはならない。その見地から思い直せば、自分がその道をとるとらぬに関係なく、「犠牲的精神が生活の中心をなしている」（大沢章『丘の書』修道院の現代的意義二四九頁）ところの修道院生活の現代における人間学的意義を了解しうるにちがいない。それは「労苦を歓喜に変じた」（二六七頁）精神力と「人間の心を耕して天国への道を拓く」（二〇〇頁）という高い目的とを、沈黙のうちに教えている。人間は一人になって自己を見つめるとき、自己のみにくさに耐えられないこともある。「この世で人間は、炉《ろ》の中の黄金のように、試練を受ける」（一・一七・三）という内的なきびしさは、特に現代の教育に必要な考え方であろう。

晶質の知的密度

本書は信心の書である。著者は繰り返し、よい行ないをしないならば高遠な議論をしても何の益もありはしない、とさとし続けている。しかし、このことは知性やその現実態としての学問を軽んじているのではない。「学問が非難に値するというのではなく、また物事の単なる知識も同様であって、それ自体として考えればよいもので、神によって定められたものである」(一・三・四)が、これよりも「正しい良心と徳のある生活のほうが、それより先につねに選び取られねばならない」(同所)から、よい生活よりも知識を優先させる考え方に反対しているに過ぎない。したがって、本書は無学な人の書いた非知性的な信心書ではなく、単純ではあるが、晶質《しょうしつ》の知性の美しさを秘めた文から成る。従来のすべての注釈はみな聖書の引照関係を示すのみであって、ヒューマニズム的見地、すなわち人文主義的注釈があまり考えられていないが、もしかかる注釈を施すと、そこには充実した知的な学術書が成立するであろう。

一例を示せば、第一巻第二章劈頭《へきとう》の、「人間はみな生まれついて物を知りたいと思う」という訳文の原文は、Omnis homo naturaliter scire desiderat. であるが、これはメルベケのギョーム訳のアリストテレス『形而上学』冒頭のラテン語 Omnes homines natura scire desiderant. を少し読み易くしたもので、natura(自然本性によって、とか、生れのゆえに)という名詞奪格の用法を、naturaliter という副詞に直している。これは哲学を勉強した人ならば誰でも暗誦している文章であろうが、こういう風に少し原典とは違った文章になっていることは、後々にまたすこし問題となるところである。すぐ続く「神に仕える卑しい田舎男は、自身（の霊）をかえりみず天体の運行を観測する高慢な哲学者に優っている」という文は、プラトンの『テアイテトス』にある話、星を観測して穴に落ちたタレースを嗤ったトラキアの田舎出の女中の話を、巧みに逆用したものであるし、その次の「自身をよくわきまえている人は、自分自身を卑しいものとし、ひとから褒《ほ》められたとてよろこぶようなことはない」（一・二・二）というのも、プラトン『アポロギア』の二一から二二にかけての箇処や四一Eのラテン語訳の要約である。また、本書の一・一・三や一・三・一で言われるこの世を軽んじて天国に向かうことを勧めたり、感覚のあざむきやすさを警めたりする文章は、プラトン『パイドン』の八一前後を思い出させるし、「深遠な言葉が聖人や義人をつくるのではなく、徳のある生活が神に愛される人をつくるのである」（一・一・三）という考えは、「徳行の人カトーの方が弁舌の人ソクラテスより偉大である」という意味のことを書いたキケロの『友情について』を偲ばせる。オヴィディウスの詩が一・一三・五に引かれているのは周知のことであろうが、「大波の動揺」（三・三四・三）という表現も、これが詩篇八八（八九）の引用であることを忘れしめ、ウェルギリウスの『アエネイース』の第一巻大荒れの海の描写に使われた言葉であるのを意識させるほど、その前後もなかなかの名文である。

「どんな被造物からも自分の慰めを求めない……ただ神にのこりなく、信頼に満ちて身をゆだねる」（一・二五・一〇）というのは、アウグスティヌスの『告白』（一・一・一）の再現であり、「誘惑というものは……人間にとって大いに役に立つこともよくある。なぜならば、人は誘惑において抑損を受け、浄められ、教戒せられるからである」(一・一三・二)という考えは、同じくアウグスティヌスの『神国論』にもあるし、有名な「幸いなる罪(felix culpa)」という逆説に通じるであろう。「自分自身を真に知りわけ、軽視するのが、もっとも高く有益な教えである」(一・二・四)は『汝自身を知れ』を書いたアベラルドゥスの倫理学のモットーであったし、「誰がそういったかを訊ねず、何が(その書のうちに)いわれているか、その内容に注意すべきだ」(一・五・二)は、伝トマス・アクィナスの『ヨハネス修士にあてた修学法勧告書簡』の第一一則を想わせるが、いったいにこの書簡の一六の規則は、いかにも学者の勧告らしい第一四則、第一五則を除けば、他はすべて本書の随処に、殆んど同文で登場してくる。

私がここに示したのは、夥しい知的背景に関する僅かな例にすぎない。これは、しかし、本書が引用のモザイクである、と言おうとしたものではない。われわれは、本書のさりげない書き方の文章に、西欧文化の晶質の知性が集約されて深く輝いているのを認めざるをえない。本書の著者は、この知的結晶の上に、キリストを模範とする生活を、「謙遜」と「忍耐」を支えとして、愛という目的に向けている。その愛はすさまじい。「私が、内的一致(合一)の恵みと熱烈な愛によってての融合のお蔭でもって、あなたと一つの霊になれますようにコリント㈠六の一七)、どうかあなたの御出ましにより、私をすっかり燃え立たせ、焼き尽くし、あなたへと変わらせてくださいませ」（四・一六・三）。それはプラトンやニュッサのグレゴリオスに出てくる「神への同化（ὁμοίωσις τῷ θεῷ）」の思想が言葉として見られるというような人文主義の段階を遥かに突き抜けて、本書に先立つ偉大な中世の思索と道徳の一切が、否それ以上に、その当時までの宗教的な知性の一切が、そこに収斂せられ、ひとつの完成を見た、とでも言わるべき大文章であろう。それこそ自己神化のあこがれの最も謙虚な姿である。そしてこれが神秘主義の命なのである。

著者について

本書の著者は、普通、トマス・ア・ケンピス Thomas a Kempis と言われている。この人は一三七九または八〇年に、ドイツのデュッセルドルフ近郊ケンペンのヘンメル家に生れ、一三九二年以来オランダのデヴェンテルにて勉学、一三九八年二十人の同志とともに写字生としてラーデワインスが指導する「共同生活兄弟団」に入り、ここで近代敬虔主義（devotio moderna）の神秘思想になじみ、後述するフローテの影響を受けた。翌年、ズヴォル近辺に新設せられ、長兄ヨハネス・ヘンメルが修院長をしていたアグネーテンベルクにあるウィンデスハイムのアウグスチノ会修道院に入り、一四三一年司祭となった。修道院では、初めは何よりも、優秀な写字生として重んぜられていた。

この評価は終始変わらなかったものの、後次第にその人柄が全般的に知られ、二度も副院長に選ばれたが、特に神秘神学の著述家として知られるようになった。明らかに彼の著作とされているものでは、『霊魂の独白（Soliloquium animae）』、『霊操小書（Libellus spiritualis）』、『キリストの生涯に関する祈禱と黙想（Orationes et meditationes de vita Christi）』、フローテやラーデワインスら近代敬虔派の巨匠や聖女リドヴィラの伝記などが広く知られているが、『神を求める心の昂揚（Elevatio mentis ad inquirendum Deum）』は、全く内的な自己の神秘体験に基づいた記述で、十五世紀に書かれた神秘神学の代表的な著作のひとつにあげられている。H. Sommalius が編んだ全集がすでに一六〇〇年にアントワープで出版せられているが、一九二二年 J. Pohl 編の全集がフライブルクで出版せられた。本書のラテン語テクストは多数あるが、どの版が最もよいのか、私にはよくわからない。

本書は体系的一貫性をもって綴られたものではない。各巻とも独立に成立し、一、二巻は黙想録、三、四巻はイエスと弟子たる著者の対話体である。一巻より四巻までは、それぞれ、一四一〇年、一四一二年、一四一四年、一四四一年に成立したもので、約三十年にわたる営みであった。なお、古い版では三巻と四巻の順序は今と逆になっていた。

本訳書も著者をこのトマス・ア・ケンピスとしており、それが前述のように最も流布した説でもあり、この想定乃至《ないし》確信を最近の研究で裏づけようとする努力も行なわれている。しかし、それにはなお、疑問の点がないわけでもない。

本訳書の依拠するラテン語版がトマス・ア・ケンピスの手になることは疑いないと思われ

る。アンヴェルスのイエズス会修道院に彼の自筆の署名入りのラテン語原稿があるからである。しかし、この書の原典はオランダ語で、その著者は「共同生活兄弟団」の事実上の創立者ゲルハルト・フローテ（Gerhard Groote 一三四〇—八〇）というデヴェンテル生まれの修道者である、という説もある。その場合、このオランダ語原典を、当時の知識階級の国際語であったラテン語に訳したのが、トマス・ア・ケンピスであるということになる。これについては、オランダ語版の校訂者ファン・ギネケン（J. van Ginneken）の研究もあり、ここで詳述する紙数のゆとりもないので、結論的に書くにとどめる。フローテの第一巻全部と第二巻の最初の十二章は、トマスのラテン訳の出る前から知られており、それらが本訳書の依拠するラテン語版の第一、第二巻を形成し、フローテ版の第二巻一三章から六〇章までは、トマスにより改編せられ、多少新しい文章が附加せられ、本書第三巻となり、フローテ版では第三巻一六章に当るものは、ラテン語版にはなく、逆に後者にあってフローテ版に見当らぬものは、本訳書第三巻二六章、二九章など十二章もある。なお、本訳書の第四巻五章はフローテ版では第三巻一七章に当るが、これは本訳書の第四巻一一章、一五章、一八章とともに、トマスがその伝記を書いた近代敬虔主義の一人ファン・ションホーフェン（J. van Schoonhoven）の手に成るものであろう。このような考えは、一九二一年にドイツのリュベックの図書館で、フローテのオランダ語の手稿本が発見せられて以後の研究によるが、それ以前からも、著者については、聖ベルナルドゥス、ジェルソン、ボナヴェントゥラ、スーゾーラ著名な学者を始め、手写本や古版本でも約四十人の名があげられ、研究者によっては二百人以上もの候補者を数え上げているほど問題になっていた。

前節で述べられた哲学文学の古典的知識のゆたかさからみれば、神秘主義者ロイスブルクの影響のほかに、パリ、ケルンなど一流の諸大学に、当時としては例外的に三十歳を越すまで長く学んでいたフローテの筆に成ると考えるのが、自然かもしれない。古典の借用や引用が見事なのは前述のとおりであるが、多くの学者が暗誦しているほど周知の古典ですら、多少原文とは違ったラテン語になっている理由も、いったんオランダ語に訳された文の再ラテン語化だからであろう。

しかし、何はともあれ、私は「誰が言っているのかということよりも、何が言われているかに心を用いよ」という本書の教えに従って、このすぐれた日本訳を静かに読まれんことをお奨めしたい。西洋古典文学研究のわが国における第一人者であり、かねてキリスト教にも深い理解を寄せられる呉茂一先生とゲルマン的中世キリスト教文学の研究者永野藤夫教授の合作と言えば、本書の訳業としては望みうる最高の組み合わせにちがいない。

今道友信

目次

第二巻　内的生活についてのすすめ……87

第三巻　内面的な慰めについて……123

イミタチオ・クリスティ

キリストにならいて

第一巻　霊の生活に役立つすすめ

第一章　キリストにならい、世の空《むな》しいものをすべて軽んずべきこと

一　私にしたがう人は闇の中を歩まない（ヨハネ八の一二）、と主はいわれる。これはキリストの言葉だが、もし私たちがほんとうに愚かさを捨て、心の闇をすっかり去って解放されるのを望むなら、あの方の生涯や行ないにならえと、すすめるものである。それゆえ、私たちが何よりもまず努むべきは、イエス・キリストの生涯について深く考えることである。

二　キリストの教えは、聖人たちのあらゆる教えにも優っている。その精神を学びえた人は、その中にかくれている霊の食物《マナ》を見つけるだろう。けれども時には、キリストの精神をなおまだ呑みこんでいないために、たびたび福音を聞いてはいるが、あまり心を動かされぬということがよくある。それゆえキリストの言葉を十分に理解し味わいたいと思う者は、あの方の全生涯に身を従えるよう努めねばならない。

三　高遠な三位一体《さんみいったい》の論争が、あなたにとってなんの益になろうか、もし謙遜を欠くとしたらば、それはつまり三位一体にも不愉快と感じられようから。まことに、深遠な言葉が聖人や義人をつくるのではなく、徳のある生活が神に愛される人をつくるのである。私は痛悔の定義を知るより、それを感じるほうを選ぶ。たとえうわべだけで聖書のすべてを知り、あらゆる哲学者の説を知るとしても、神の愛と恵みがなかったならば、そのすべてになんの益

があろうか。神を愛し、神だけに仕えること以外は、空《くう》の空、すべては空である（伝道一の二）。この世を軽んじて天国に向かうこと、これが最高の知恵である。

四　したがって、はかない富を求め、それに望みをかけるのは、空《むな》しいことである。また、名誉を心がけ、高い地位にのぼろうとするのも、空しいことである。肉の願いを追い求め、そのためあとで当然重い罰を受けるようなものを望むのは、空しいことである。長生きを願いながら、よい生にあまり気をくばらないのは、空しいことである。眼の前にある生にだけ気をつかって、いまに来るはずのことに備えないのは、空しいことである。いとすみやかに過ぎ去るものに愛着して、永遠のよろこびのつづく所へいそがないのは、空しいことである。

五　眼は見るものに満足せず、耳は聞くものに充たされない（伝道一の八）というあの格言を、しばしば思い出すがいい。されば、あなたの心を見るものへの愛着から引きはなし、見えないものへ移すように努めなさい。なぜなら、自分の官能の欲にしたがう人は、良心をけがし、神の恵みを失うからである。

第二章　自身について謙遜であるべきこと

一　人間はみな生まれついて物を知りたいと思うが、神を畏《おそ》れない知識がなんの役に立つだろうか。まことに、神に仕える卑しい田舎男は、自身（の霊）をかえりみず天体の運行を観測する高慢な哲学者に優っている。自身をよくわきまえている人は、自分自身を卑しいものとし、ひとから褒《ほ》められたとてよろこぶようなことはない。たとえ私がこの世間にあるすべてのことを知ったにせよ、もし愛をもっていないとしたら、私を行ないによって裁こうとする神の御前で、それがなんの助けになろうか。

二　みだりに知ろうとする願望をおさえるがいい。なぜなら、そこにはよく意見の衝突やごまかしが見出《みいだ》されるからである。人はよく識者と見られたがり、賢者といわれたがる。だが、その知識が、魂にとり、ごくわずかしか、または何にも、役に立たない場合が多い。されば、自分の救いに役立つことがら以外のことを心がける者はまったく愚かである。言葉は（ただ）多いといって、魂を満足させない。これに反しよい生活は心をさわやかにし、清らかな良心は神への大いなる信頼を与えてくれる。

三　あなたの知識が増し、優れたものになるにつれて、清い生活をおくってゆかねば、それだけあなたはきびしい裁きを受けよう。それゆえどんな技術も知識も自慢せずに、むしろ自分に与えられた名声を畏れるがいい。たとえあなたの知識が広く、十分によい理解をもっていると思うにしても、あなたの知恵の及ばぬものがもっとずっと多いことを、悟るべきだ。それゆえ、自負することなく（ローマ一一の二〇）、むしろ自分の無知を認めるがいい。あなたより学問があり、律法に通じている人がたくさんいるのに、どうして自分が他人に優る、と思いたがるのか。もしあなたが役に立つことを何か知り学びたいと望むならば、世に知られず、つまらない者と思われるのを、よろこびなさい。

四 自分自身を真に知りわけ、軽視するのが、もっとも高く有益な教えである。自分自身をつまらぬ者と思いなし、他人をいつもよく高く評価するのが、すぐれた知恵であり、完全な行ないである。たとえ他人が公然と罪を犯し、それどころか、重大な非行を行なうのを見たとしても、自分をより優れたものと見なしてはならない。なぜならあなたは、自分がいつまで善に留まっていられるものか、知らないからである。私たちはみな脆弱《ぜいじゃく》であるが、誰にしても、あなた自身より脆弱な人はいない、と考えなさい。

第三章　真理の教えについて

一 形象や移ろう言葉によらずに、真理があるがままに身をあらわして教える、その人はしあわせである。私たちの思いなしや感覚は、しばしば私たちをあざむき、その視野もせまい。かくされた秘密やはっきりしないことをいくらやかましく論じたとても、なんの役に立つだろうか。それを知らなかったからといって、審判の日に論難されはしないからである。役に立つもの必要なものをゆるがせにして、好奇心をそそること、有害なことをわざわざ知ろうとするのは、まったく愚かなことである。眼があっても、私たちは見ないのだから（マタイ一三の一三)。

二 また、類や種について、私たちは関心をもつ必要があるだろうか。永遠の「言葉」に耳を傾ける者は、いろいろな意見を必要としない。このただ一つの「言葉」からすべては始まり、すべてがこの一つの言葉を語る。そして、これが始め(第一原理)であり、私たちに語りかけるものなのである(ヨハネ八の二五)。誰もそれがなければ悟ることも、正しく判断することもできない。その人にとってすべてが一であり、すべてを一に帰し、すべてを一の中に見る者は、心が確固として、なごやかに神にとどまることができる。ああ、真理なる神よ、永遠の愛において私をあなたと一にしてください。いろいろと読んだり聞いたりするのが、私はいやになることがよくあります。あなたの中にこそ、私の望み願うすべてがあります。あらゆる学者どもは、口をつぐむがいい。すべての被造物も、あなたの前では静謐《せいひつ》を守れ、あなただけが話しかけてくださるように。

三 人は自分とさらに一つになり、内において純一になるにつれて、それだけよけいに骨を折らずに、いっそう多くさらに高いことを、悟れるようになるのである。なぜならば、天から知恵の光を受け取るからである。清くすなおでしっかりした心の人は、いろんな仕事に気をちらすことはない。なぜなら、彼はすべてを神の栄光のために行ない、自分に安んじ、どんな自分の要求にもわずらわされまいと努めるからである。心のおさえがたい情念ほど、あなたをさまたげ苦しめるものが、ほかにあろうか。善良で信心ふかい人は、外でなすべき自分の仕事を、まず内で整理する。それで、その仕事によって、よこしまな性向の望むところへひきよせられるようなことなく、自分のほうで、それを正しい理性の判断へと向けるのである。自分自身に打ち克とうと努めるよりも烈しい戦さがほかにあろうか。しかも、これこそ私たちのなすべき務めとせねばならない、すなわち、自分自身に打ち克ち、日ごとに自分自身より強くなって、なんなりとよりよいことをめざすのである。

四　この人生のあらゆる完全さには、ある不完全さが結びついてい、私たちのどんな観想にも、なんらかの曇りがないわけではない。謙遜に自分を知ることのほうが、深遠な学問探究よりも、神に至るよりたしかな道である。べつに学問が非難に値するというのではなく、また物事の単なる知識も同様であって、それ自体として考えればよいもので、神によって定められたものである。だが、正しい良心と徳のある生活のほうが、それより先につねに選び取られねばならない。しかし、正しい生活よりも、知識を求める人のほうが多いもので、それで彼らはたびたび迷い込み、ほとんどなんの収穫も得ず、得てもたかが知れているということになる。

五　ああ、もし悪徳を根絶やしし、善徳の種子《たね》を播《ま》きこむのに、ちょうどいろいろ議論を行なうときのように努力するなら、これほどの悪とつまずきとが人びとのあいだに起こらず、これほどのふしだらが修道院にも起きはしないであろう。たしかに、審判の日が来るとき、私たちが訊問されるのは、何を読んだかではなくて、何をしたかである。また、どれほどうまく話したかではなく、どれほど信心ふかく生きたかである。これまでこの世にあるあいだに、学問により名声を博して人によく知られた、それらの学者や教師たちが、いまどこにいるか、教えてもらいたい。すでに彼らの栄誉の座は他人がしめ、人が彼らを思い出すかどうかもわからない。生前はひとかどの者と見なされていた者らについても、いま語る人さえいないのである。

六 ああ、なんと速くこの世の栄華は過ぎゆくことか、彼らの生活がもし彼ら自身の学問に相応していたら、よかっただろうに。そうしたら、彼らの学問や読書も役に立ったことだったろうが、この世の無益な知識によって滅びる人が、なんと多いことであろう。神への奉仕を、あまり心がけないもので、また、へりくだるより偉くなるのを選んで、そのため彼らはいろいろ思いあぐむうち、滅びに至ったのである。まことに偉大な人は、大きな愛をもつ者である。まことに偉大な人は、みずからを小さい者とし、どんなに高い誉《ほま》れをもくだらぬものとする人である。まことに思慮ぶかい人は、キリストを得んがためには、地上のすべてを塵芥《ちりあくた》のように思いなす人である。また、まことの知者とは、神の御旨《みむね》を行なって、自分の意欲を捨てる人である。

第四章　行ないにおいて思慮ぶかくあるべきこと

一　どんな言葉やそそのかしも信じてはならず、注意ぶかく気を長くして、神に従って物事を考量すべきである。だが、悲しいことに、他人については善いことより悪いことが、よく信じられ、いわれがちである。それほど私たちは無力なものなのだ。しかし、完全な人というのは、話し手のいうことをなんでもすぐに信じはしない。なぜならば、悪におちいりやすく、いうことを誤りがちな、人間の弱さを、彼らはよく知っているからである。

二　行為に際して性急でなく、自分の意見を執拗《しつよう》に主張しないのは、たいへん賢いことである。どんな人の言葉でも信じたり、聞いたことや信じたことをすぐ他人の耳に流しこんだりしないのも、この賢さにかかわっている。賢い良心的な人に相談するがいい。そして、あなたの思いつきに従うよりも、よりすぐれた人の教えを求めなさい。よい生活は、人を神に従う賢い者とし、多くのことに通暁した者とする。人は身をへりくだって、神の御旨に従うなれば従うほどに、ますます万事において賢く、安らぎを得た者となる。

第五章　聖書を読むことについて

一　真理をこそ、聖書の中に求めるべきで、名文を求めるべきではない。聖書はすべて、記《しる》されたときの、その精神で読まるべきである（ローマ一五の四）。それゆえ、言葉の微妙な色どりよりも有益なことを、聖書に求めるのでなくてはならない。それで私たちはかざりけのない信心の書を、気高く深遠な書物と同様に読むべきである。著者の権威や学問の多少を気にかけず、まじりけのない真理への愛にみちびかれて、読むがよろしい。誰がそういったかを訊ねず、何が（その書のうちに）いわれているか、その内容に注意すべきだ。

二 人の世は過ぎ去るが、主の真理は永遠に滅びることがない（詩篇一一六の二）。人をえり好みせず、いろいろな方法で、神は私たちに話しかけられる。聖書を読むとき、私たちはすらっと読みすごすべきところで、よく理解しかつ論じようとするため、好奇心にさまたげられることがよくある。もしもあなたが進歩をそこで求めるなら、謙遜に、すなおに、忠実に書物に接すべきで、けして学問の名声を得ようと望んではならない。すすんでたずねなさい、そして、黙って聖人たちの言葉を聴くがよろしい。また、年長者たちの話を不快に思ってはいけない。彼らがそうした話をするのは、理由なしではないのだから。

第六章　みだりがましい情念について

一 人が何かをむやみやたらに欲しがるときにはいつも、心中にすぐ不安が生じる。傲慢《ごうまん》な人、貪欲な人は、けして心が落ち着かない。これに反して精神の貧しくつつましい人は、安けさに満ちた日を送るのだ。自分をまだ完全に克服していない人は、すぐ誘惑され、小さなつまらぬことがらにも負けてしまう。精神が堅固でなく、従来とかく肉欲にひかれ、官能的な物事にひかれる人は、地上の欲望からまったく遠ざかるのがむずかしい。それゆえ（そうしたものから）身を退《ひ》こうとするときは、しばしば悲しみを覚え、もし誰か彼にさからう者があれば、すぐに腹をたてるのである。

二　だが、もし彼が乞い願っていたことをいったん遂げると、今度はたちまち良心の苛責《かしやく》に悩まされる。なぜならば、彼は、自分が求めてきた心の平和にすこしも役立たない、自分の欲情に従ったからである。すなわち、心の真の平和は欲情にさからうことによって見つけられるので、それに仕えることからではない。されば、平和は、肉欲にひかれる人の心や、外界のことに打ち込む人に宿るのではなく、（信仰の）熱い人、精神的な人に宿るのである。

第七章　空しい望みと思い上がりを避けるべきこと

一　人間や被造物に期待をおくのは、むだなことである。イエス・キリストの愛によって、他人に仕え、この世で貧しい者と見られることを、恥じてはならない。自分自身にたよらず、神に望みをおくがよい（詩篇三一の一）。自分のできることをすれば、神はあなたのよい意図を助けられよう。自分の学問を恃《たの》んではならない（エレミヤ九の二三）。また、誰にせよ生きている人の賢さを恃まず、それよりむしろ神の恵みをたよりとしなさい。神は低いものに助力を与え、思い上がるものを低くされる。

二　たとえ裕福でも、それを誇ってはならない。また、彼らが勢力があるからといって、友人を誇りにしてはならない。むしろ、すべてを与えられ、そのすべて以上に、御自身を与えようと願われる神を、誇りとしなさい。自分の身体《からだ》が立派で美しいからとて、うぬぼれてはならない。それはちょっとした病気でそこなわれ、けがれてしまうものなのだ。自分の手腕や才能を恃んで好い気にならず、神の御旨《みむね》にたがわぬようにするがよい。あなたが生まれながらにもつよいものは、みなすべて神のものだからである。

三　人の心にあるものを知っておいでの神の御前で、万一にも下劣なものと思われぬよう、自分が他人《ひと》に優っているなどと思いこむな（出エジプト三の一）。自分のしたよい仕事に傲《おご》り得意になってはならない（ヨブ九の二〇）。なぜならば、神の審判は人間の裁きとは異なっていて、人間の気に入ることでも、御心にかなわぬことがよくあるからだ。もしもあなたに何かよいところがあるとしたなら、謙遜を失わないよう、他人にはもっとよいところがある、と信じなさい。自分をすべての人の下においても、なんの害もない。だが、たとえ一人の上にでもおくとしたら、この上もなくひどい害を受けよう。平和は謙遜な人に与えられる。だが、傲慢な人の心は、いつもねたみと怒りにとりつかれている。

第八章　過度の親しみを避けるべきこと

一　誰でもかまわず心をうちあけるようなことはせずに（集会書八の一九）、賢明で神を畏《おそ》れる者にだけ、事情をうちあけるよう。若い人たち、またよく知らぬ人たちとの交際は、たまさかにしなさい（箴言五の一〇）。金持におもねったり、また、権力者の前に好んで出たりしてはならない。謙遜な人やすなおな人、信心ふかい人や心のやさしい人と交わり、信心を深める助けとなることを、話しあいなさい。ある婦人と親しくするということは避け、一般によい婦人はみな神の奉仕にすすめるよう。ただ神とその天使たちとだけ親しくされるように乞い願い、世人から注目の対象になるのは避けるがいい。

二　万人に愛をいだくのはよいことだが、ことさら親密にするのはよろしくない。未知の人で、評判もよく世に仰がれているほどなのが、実際に会ってみると、人の眼をくらくさせるようなことも時々にある。私たちは折にふれて、自分とつきあうことが他人の気に入っているように思いなすが、じっさいは、私たちの行ないがよくないために、彼らはむしろだんだんと不快を覚えるようになりがちである。

第九章　従順と服従とについて

一　従順にとどまり、上長のもとに生活し、独り立ちせずにすむのは、たいへんありがたい。人に従っているほうが、上に立って人を導くよりずっと安全である。愛のためというより、むしろ止むをえぬため、従順にしている人が多い。それで、彼らは苦痛を感じ、かるがるしく不平をいう。だが、全心をもって神への愛のために服従するのでなければ、心の自由は得られないだろう。ここかしこと走りまわっても、上長の指導のもとに謙遜に服従するのでなければ、安らぎは得られないだろう。いろいろと場所をあれこれ考えて変えてみたりして、多くの人は失敗したものである。

二 いかにも、人は好んでめいめい自分の考えで行動し、自分と同じ考えの人によけいに引きつけられる。だが、もし神が私たちのあいだにおいでならば、平和を守るためには、時には自分の意見を捨てることも必要だろう。なんでもはっきり分別できるほどに、賢い者があるだろうか。それゆえ、あまりに自分の意見に確信をおかず、むしろ好んで他人の意見に耳をかたむけるようにしなさい。あなたの意見がよいのに、しかもそれをすら神のために捨てて、他人の意見に従うならば、それによっていっそう大きな徳を得るであろう。

三 なぜならば、私のよく耳にするところでは、人の意見を聞いて受け入れるほうが、それを与えるより安全である。それぞれの意見がよいということもありえる、しかし、理性や事情がそうせよと命ずるのに、他人のいうことにおとなしく従おうとしないのは、傲慢や強情のしるしである。

第十章　言葉の多すぎるのを避けるべきこと

一　人の集まりさわぐ所を、できるだけ避けなさい。なぜならば、たとえ単純な考えから行なうにせよ、世事を論じることは、大きなさまたげとなるからである。というのは、私たちはすぐ虚栄のけがれに染んで、そのとりこになるからである。何度となく私は黙っていたらよかったとか、人前に出なければよかったとか、思うことがある。けれども、良心を傷つけずにもとの沈黙にもどれることはこうもまれなのに、なぜ私たちはこうもおしゃべり好きで、互いにいいかげんな話をしあうのだろうか。それは、互いの会話で慰められることを求め、さまざまな物思いにつかれた心を引き立たせようと望むので、こんなにおしゃべりが好きなのである。それで、私たちはたいへんに好もしいことや望むこと、また自分たちの気に入らぬことを話したり、考えたりするのを、たいへんよろこぶのである。

二　だが、残念ながら、それはむだで、役に立たないことが多い。なぜならば、その外面的な慰めは、内部からの、神による慰めを、すくなからずそこなうからである。それゆえ、時が用もなく過ぎ去らぬよう、よく見はりをつづけ、祈念せねばならない。もし話をしても差支えなく、また役立つなら、信心をすすめることを語るがいい。悪い習慣や、向上にたいする怠慢が、私たちの口をつつしまない原因をなすことが多い。これに反して、精神的な事柄についての敬虔な会話は、精神の向上にすくなからず寄与するものであって、霊において、また精神において同様な人びとが、神において互いに結ばれるばあいは、とくにそうである。

第十一章　心の安らぎを求め、向上を熱望すべきことについて

一　もし私たちが他人の言行や、自分に無関係なことに、かかわりあわないなら、十分な安らぎを得られるだろう。他人の用にかかわりあい、よそごとに首を突っ込みたがって、内に沈潜することのすくないか、あるいはまれな人が、どうして長く安らぎを保てようか。心のすなおな人は、幸いである、十分な安らぎを得られようから。

二　どうしてある聖人たちは、あのように完全で、瞑想的だったのか。それは、彼らがまったくこの世のあらゆる望みをたち切ろうとつねに努力し、努めたからで、それゆえ心の底から神にとどまり、自由に神へ身を捧げることができたからである。私たちはあまりに自身の情念にとらわれすぎ、過ぎゆくものに心をわずらわされすぎる。そのうえ、ただ一つの悪徳にも完全に打ち克てることとさえまれで、日々の向上にも熱心さを欠いている。それで、私たちはあいかわらず冷たく、なまぬるいままに過ごすのだ。

三　もし私たちが自分自身をまったく空《むな》しくして、心中にすこしの迷いももたなかった

ら、神のことをわきまえ、天国の観照をいくらかなりと体験できように。それへの全面的かつ最大の障礙《さまたげ》というのは、私たちが情念や欲望から解放されていず、聖人たちの完全な道を歩もうと努めないことである。それで、ちょっとでも反対にあうと、私たちはあまりに早くがっかりしがちで、人間からの慰めを求めようとする。

四　もし勇士らしく合戦の場にふみとどまろうと努めたならば、私たちはたしかに主の助けが天上から私たちの上にくだるのを見たであろう。なぜならば主は、戦いながら主の恵みを待ち望む人びとに、助力を与えようとかまえておいでだからだ、私たちが勝つようにと、主は私たちに戦う機会をわざわざ与えてくださるのである。もし私たちが、そうした外面的な事象の遵守《じゅんしゅ》を、教えにおける向上とでも見なすのならば、私たちの信心はすぐと終わりになってしまおう。だが、（そんなことのないよう）情念から浄められて、安らかな心が得られるように、その根底に斧《おの》を加えようではないか。

五　もしも毎年ひとつずつ悪徳を根絶やしにしていくなら、私たちはじきに完全な人になれよう。だがその反対に、回心したてのほうが、信仰に入って何年も経ってからより、さらに善良で純潔だった、と思うことがよくある。私たちの熱心と向上は、日ごとに進まねばならない。だが今では、もし誰かが初心の頃の熱心さの一部でも保ちえたなら、たいしたものと思われる。もし初めのうちにわずかでも強制したなら、あとでは何もかもたやすく、楽しくやれるであろう。

六　慣れたことをやめるのはつらいが、自分の意志に反して進むのは、いっそうつらい。だが、もし小さい易しいことに打ち克てないなら、いったいいついっそう困難なことを克服できよう。初めのうちに自分の性向に抵抗し、悪い習慣を捨てなさい。さもないと、すこしずつ次第にそのため、もっと大きな困難に引き込まれるかもしれないから。ああ、あなた自身のよい行ないによって、自分にしてはどんなに大きな安らぎを得、他人にはどんなよろこびを与えられるかにもし気がついたら、精神の向上にたいして、いっそう要心することだろう、と思わざるを得ない。

第十二章　艱難の効用について

一　ときには何かと悩んだり、困難にぶつかったりするのも、私たちにはよいことである。なぜならば、それらはしばしばどれほど自分がさすらい人であるかを人に悟らせ、この世の何物かに望みをおいてはならないことを、思い出させるからである。私たちがときとしては人に反対されたり、たとえ私たちの行動や意図がよい時でも、悪く不満に思われたりするのも、よいことである。それはしばしば私たちが謙遜になるのを助け、空《むな》しい誉《ほま》れから私たちを守ってくれる。なぜならば、私たちが世人から卑しめられ、よく思われないときこそ、私たちはいっそう内なる証人として神を求めるからである。

二　それゆえ、人間的な慰めをいろいろ求めなくてもすむよう、人は堅く神に信依せねばならない。善意を保つ人が苦難に遭い試練を受け、よからぬ思念に悩まされるとき、彼は神が自分にとっていっそう必要なことを悟るのである、神がなければ、自分がどんな善をもなしえぬことを知るゆえに。そのとき彼は悲しみ、嘆き、自分のこうむる不幸のために祈る。そのときまた、彼はこれ以上生きているのがいやになり、この世から解放され、キリストとともにいられるよう、死がおとずれるのを願う（ピリピ一の二三）。そのとき彼はまた、申し分ない堅固さや十全な安らぎというものは、この世には存立しえないことを、悟るのである。

第十三章　誘惑をしりぞけることについて

一　この世に生きているかぎり、私たちは艱難や誘惑に遭わないわけにはいかない。そこからしてヨブ記には「誘惑は地上における人の生活である」（ヨブ七の一）と記されている。それゆえ、誰でも自分への誘惑に用心して、けして眠ることなく「食いあらすものを探しながら歩きまわる」（ペテロ㈠五の八）悪魔が、だましてつけいる機会《おり》を見つけないよう、祈りながら見張らねばならない。誰もいつか誘惑を受けないほどには、完全で聖別されてはいないし、私たちはけして誘惑を受けずにすみはしないからである。

二 だが、いろいろな誘惑というものは、わずらわしく厄介ではあるが、人間にとって大いに役に立つこともよくある。なぜならば、人は誘惑において抑損を受け、浄められ、教戒せられるからである。聖人は誰もみな、多くの苦難と誘惑をのりこえて、それによって向上進歩した。そして、誘惑に耐えられなかった人は、非難され、堕落してしまった。どんな教団も誘惑や苦難がないほど神聖ではなく、どんな場所も、それほど人から隔離されてはいない。

三 人は生きているかぎり、誘惑からまったく安全ではありえない。なぜならば、情欲の中にあって私たちが生まれた誘惑の源が、私たちのうちにあるからである。一つの誘惑か苦難かが去ると、次のがやってくる。こうして、私たちはいつも悩みのたねをもつであろう、私たちの幸福の徳を失してしまったからである。多くの人は誘惑を逃れようとして、いっそうひどい誘惑におちいる。逃げるだけでは、勝つことはできない、ただ忍耐と真の謙遜によって、どんな敵にも負けないようになれるのである。

四 ただ外的に拒否するだけで、(悪を)根こそぎにしない人は、あまり進歩しないどころか、すぐいろんな誘惑がその人に舞いもどってきて、前よりいっそうひどい状態におちいるであろう。神のお力添えによって、すこしずつ気長に辛抱していくほうが、かたくなに持前の性急さでやるのよりも、うまく克服していけよう。誘惑に遭ったら、いつもよく人に相談するようにしなさい。また、誘惑に遭っている者を手きびしくあつかわずに、自分がしてもらいたいように、励ましを与えるがいい。

五　すべてのよこしまな誘惑の起因は、不安定な心と神への信頼の不足である。なぜならば、舵《かじ》のない船が波のまにまにあちらこちらと押しやられるように、だらしなく自分の決意を捨てる人は、いろんな誘惑におちいる。火は鉄をたしかめ、誘惑は正しい人をたしかめる（集会書三一の三一）。私たちは、自分の性能をわきまえないが、誘惑は、私たちの人となりを示してくれる。それでも、とりわけて誘惑の初めころには、用心せねばならない。なぜならば、けして心の戸口から中に入るのを許さず、閾《しきい》の外で、戸を叩いたらすぐ敵に向かって反抗するなら、彼に勝つのもずっと楽であろう。それで、ある人はいっている。

初めに抵抗するがいい、薬が来るのはいつもおそいから、長らくぐずぐずしているために病気がすっかりひどくなった頃で。（オウィディウス「恋の薬について」一一・九一）

なぜならば、最初は心にただの思念がおこり、つぎには強い想像が、それから悦楽やよこしまな衝動や悪への同意がおこる。このように初めに抵抗を受けないと、たちの悪い敵はすこしずつ次第に、やがては全面的に、踏み込んでくる。ぼんやりして抵抗をおこたるのが長ければ長いほど、それだけ日ごとに自分の力は弱まり、敵がいっそう自分にたいし強力になっていくのだ。

六　人によってあるいは回心したてに、あるいは終《しま》いになって、はげしい誘惑を受けることがある。ある人びとはまったく一生のあいだ誘惑に苦しめられるが、（誘惑を）ずいぶんとお手やわらかにしか受けない人もかなりいるものだ。それはつまり、その人の状態や功徳《くどく》やを考慮なさって、選ばれた人びとの救いのためにすべてを予定される、神の摂理《せつり》の知恵と正義とに従って、なされることである。

七　それゆえ、誘惑に遭わされても、私たちは望みを捨ててはならず、どのような苦難にさいしても助力を与えてくださるように、いっそう熱心に神に祈らねばならない。なぜならば、神はとにかく、パウロの言葉（コリント㈠一〇の一三）にあるごとく、私たちが耐えられるように、誘惑とともにそれに打ち克つ道を、与えてくださるからである。それゆえ、あらゆる誘惑や苦難にさいしては、私たちはへりくだって、魂を神の御手にゆだねようではないか、なぜならば、霊において謙遜な人を神は救い（詩篇三三の一九）、高く挙げられるからである。

八　誘惑と苦難においてこそ、人はどれくらい向上したかを確証される。そして、そこでこそ他にすぐれた価値が示され、他にすぐれた徳が明らかにされる。また何も悩みを覚えぬときは、人が信心ふかく熱心であるにしても、たいしたことではない。だが、逆境のときに忍耐ぶかく身を持するならば、大いに向上する見込みがある。人によっては大きな誘惑には用心するが、日々の小さな誘惑にはたびたび負ける。これは、彼らが謙遜を教えられて、けして大きな誘惑に勝ったとてうぬぼれないためである、そんなに小さな誘惑にも負けるのだから。

第十四章　やたらに（他を）批判するのを避けるべきこと

一　自分自身をかえりみて、他人《ひと》のすることをやたらに批判しないように（マタイ七の一）。他人を批判するとき、人はむだな骨折りをし、よくまちがいや罪を犯しがちである（集会書三二の一四）。だが、自分自身を批判し反省するときは、この骨折りは実りが多いのをつねとする。私たちはしばしば自分の好きなように物ごとを批判しがちだ。なぜならば、私たちは個人的な愛情のために、正しい批判を失いがちだからである。もし神がいつも私たちの願望の純粋な目的であるなら、私たちは自分の意見に反対されても、そうたやすくは心を乱されないはずである。

二　しかし、しばしば何かが内に潜んでいたり、または外から迫ってくることがあって、それが同じように私たちを動揺させる。多くの人は何かをするとき、知らず知らずに自分の利益を求めながら、自覚しないものである。また、物ごとが自分の希望や考えどおりになるあいだは、すっかり安心しているように見えるが、思いどおりにならないと、すぐうろたえ悲しむ。考え方や意見のちがいのため、友人や市民のあいだに、修道士や信者のあいだに、それで不和の生じることがじつに多いのである（マタイ一二の二五）。

三　古い習慣は捨てがたい（エレミヤ三の二二）。また、自分に関係のあること以上に、もっと広い見方を人にもたせるのは難しい。もしもあなたが、イエス・キリストにひたすら従うという徳よりも、むしろ自分の理性や努力にたよるならば、光に照らされた人になることは、めったにないし、それにひまもかかるであろう。なぜならば、神は私たちがまったく服従し、愛によって燃えたち、あらゆる理性を超えるのを、望まれるからである。

第十五章　愛のためになされる業《わざ》について

一　この世のどんなことのためにも、また誰をどれほど愛するにしても、どんな悪事もしてはならない（マタイ一八の八）。だが、窮乏している人のため役に立とうと、善業《ぜんぎょう》を時には快く中止するなり、またさらに適当した仕事にかえねばならぬことさえある。そうすることによって、よい仕事はそこなわれず、よりよいものと変わるからである。愛がなければ、うわべの仕事はなんの役にも立たない（コリント㈠一三の三）。しかし、愛のためになされることは、どんなに小さくつまらないことでも、すべて実りの多いものとなる。神は、人がどんなことをするか、というよりも、どれほど大きな愛から行動するかを、よけいに考量されるのである。

二　愛することの大きい人は、なすことも大きい。事をよく行なう人は、なす事が大きい。自分の意欲よりも共同のことに多く奉仕する人は、なすことがよい（ピリピ二の一七）。しばしば愛のように見えながらも、むしろ肉の欲であることが多い。生まれつきの性向、固有の意欲、報酬《ほうしゅう》の期待、利益への執着は、なかなかなくなろうとしないからである。

三　真の完全な愛をもっている人は、どんなことにおいても自分自身の意図を遂げようとはしない（ピリピ二の四）。かえって、あらゆることにおいて、そこに神の栄光のあらわれるのを願い求める。そういう人は誰のこともねたまない。なぜならば、どのような自分だけのよろこびも求めないからである。また、彼は自己満足を求めず、あらゆるしあわせにもまして、神において祝福されようと願う（詩篇一七の一五）。彼はすべての善いことを人間にではなく、すべてみな神に帰する。その方からすべては泉のように流れ出て来、その方のもとにすべての聖人もみな究極はよろこんで安らうからである。ああ、まことの愛のかすかな火花でももっているような人は、とりもなおさずこの世のあらゆるものは空《むな》しさに満ち満ちていると、感じるだろう。

第十六章　他人の欠点を耐え忍ぶべきこと

一　自分なり他人なりについて、直せないような欠点があったら、神が別に定められるまで忍耐ぶかくそれを耐え忍ばねばならない。それがおそらくあなたの忍耐を鍛練するのに、ずっとよいのだ、と考えなさい。それがなければ、私たちの功績も、それほどたいしたものとは見なせないのである。しかし、このような障害にであったときは、神が助けにおいでくださるように、またよろこんでそれを忍ぶことができるようにと、祈らねばならない（マタイ六の一三）。

二 もし一回か二回忠告しても聞き入れないなら、その人と争わずに、すべてを神にゆだねなさい、神の御心と誉れとが、あらゆる神の僕《しもべ》にあらわれるように。神は悪を善に転化させることもよくおできだからである。他人の欠点やまたどんな弱点にしろ、忍耐強く我慢するように努めなさい（テサロニケ(一)五の一四）。なぜならばあなたもまた、他人に我慢してもらわねばならない欠点を、たくさんもっているからである。もしあなたが、自分を思いのままの人間にすることができないなら、どうして他人を、あなたの気に入るような者にすることができよう。私たちは好んで他人が完全な者であるのを望むが、しかも自分自身の欠点は改めようとはしないものだ。

三 私たちは、他人がきびしく矯正されることを欲するが、自分自身が直されるのはいやがる。私たちは、他人の勝手なふるまいはよろこばないが、自分の要求がこばまれることは欲しない。私たちは、他人が規則に制約されるのを望むが、自分がすこしでもよけいに束縛されることはけして我慢しない。それゆえ、私たちが隣人を自分自身と同じ尺度ではかることは、どんなにまれであるか明らかである。もし人がみな完全だったら、私たちは神のために、何を他人から忍ばねばならないだろうか。

四　ところで神は、私たちが互いに人の重荷を荷《にな》いあうことを学ぶように、定められた（ガラテヤ六の二）。なぜならば、誰しも欠点のない人、誰も重荷を負っていない人、誰も自分だけで充足している人、誰も自分自身にとって十分なわきまえをもつ人はいない。私たちは互いに重荷を荷いあい、互いに慰めあい、同じように助けあい、教えあい、いましめあうのが、当然である（テサロニケ㈠五の一四）。それぞれの人徳がどのくらい大きいかは、逆境の時にいっそうはっきりする。なぜなら、そういう場合の出来事は人間を脆弱《ぜいじゃく》にはせず、かえって各自の品性を示すからである。

第十七章　修道院の生活について

一　他人と平和や協調を保ちたいと望むならば、あなたは何かにつけて自分自身を砕《くだ》くことを学ばねばならない（ガラテヤ六の一）。修道院や信心会の中に住み、不平もなくそこにとどまり、死ぬまで忠実に辛抱しつづけるのは、些細なことではない（ルカ一六の一〇）。そこでよく生きしあわせに一生を終わった人は、幸いである。もしもあなたがしっかりと務めを守り、進みたいと望むならば、自分をこの世のさすらい人か巡礼者のように見なしなさい（ペテロ㈠二の一一）。もし修道生活を送ろうと思うならば、キリストのために愚か者にならねばならない。

二　修道服や剃髪《ていはつ》は、あまり大切ではない。生活を変え、いろんな情念をまったく断つことが、真の修道者をつくるのである。ひたすら神と自分の魂の救いを求める以外に求めるところのある人は、苦悩と悲しみ以外には何も見つけないであろう（伝道一の一七）。もっとも小さい者となり、あらゆる人の僕になろうと努めない人は、もう長らくは平和に暮らせないのだ。

三　あなたが修道院に入ったのは、人に仕えるためであって、指図するためではない（マタイ二〇の二六）。耐え忍び、骨折って働くために召されたので、気楽におしゃべりするためではないのを、知るべきである。それゆえ、この世で人間は、炉《ろ》の中の黄金のように、試練を受ける。ここには、神のために心を尽くして身をいやしめる人でなければ、何人もとどまることはできないのである。

第十八章　聖なる教父たちの模範について

一　聖なる教父たちの生き生きとした模範を心にとめるがいい（ヘブライ一一）。彼らの一生には、真の完全と教えが輝いている、また、それによって、私たちのすることがなんとつまらなく、ほとんど無に近いかを、知るであろう。ああ、彼らの一生にくらべたならば、私たちの生活はなんといえよう。聖人たちやキリストの友人たちは、飢えと渇き、寒さにまた裸体のままで、労苦し疲れ、徹夜し断食し、祈りと聖《とうと》い瞑想と、多くの迫害や侮辱の中にあって、主に仕えたのである（コリント㈠四の一一）。

二　ああ、どれほど多くのひどい苦難を、使徒たちや殉教者たち、証聖者たちや童貞女たち、その他あらゆるキリストのみあとに従うことを望んだ人びとは、耐え忍んだことであろうか。なぜならば、彼らは自分の魂を永遠の生命に至るまで所有しようとて、この世ではその魂をにくんだのであった（ヨハネ一二の二五）。ああ、なんときびしい自己放棄の生涯を、聖なる教父たちは荒野で送ったことであろうか（マタイ七の一四）。どんなに長くきびしい試練に、彼らは耐えおおせたか。なんとしばしば敵のために悩まされたことだったか。なんと絶え間ない熱烈な祈りを神に捧げたろう。なんときびしい断食を守りとおしたか。なんと大きな努力と熱意を、霊の向上のためにもったろう。なんと烈しい戦いを、自分の悪徳に打ち克つために行なったろう。なんと清く正しい意向を、神にたいしていだいていたろう。彼らは一日じゅう働きつづけ、夜は長い祈りに時を過ごし、働きながらも、心のなかで祈ることをけしてやめなかった。

三　彼らはすべての時間を有益に用い、すべての時間も、神に仕えるには短く思われた。また、瞑想の大きなよろこびのために、からだの栄養として必要な糧食《かて》を取ることさえ忘れた。あらゆる富、地位、名誉、友人、親戚を、彼らは拒否し、どんなものもこの世から得ようと願わず、生命（の維持）に必要なものさえほとんど取ろうとしなかった。からだに奉仕することは、必要なときでさえ、彼らを苦しめた（マタイ一九の二九）。それゆえ、彼らは地上のものには貧しかったが、恵みと徳にはとてもゆたかだった。つまり外的には貧しかったが、内的には神の恵みと慰めに力づけられていたのである。

四 彼らはこの世にとっては他所者《よそもの》だったが、神にはごく近く、親しい者とされた（ヤコブ四の四）。自分自身にはまるで無価値な者のように、またこの世では軽蔑されているもののように、見なされていたが、神の眼には、大切な愛されているものであった。彼らは真の謙遜にとどまり、ひたむきな従順に生き、愛と忍耐の道をあゆんだ。それで、彼らは日ごとに霊において向上し、神のもとでたいした恵みを与えられているのであった。彼らはあらゆる修道者の模範とされる。そして、多くのなまぬるい（信仰の）人びとが私たちを怠けさせる以上に、私たちがよく向上するよう、当然激励してくれるはずの人びとである。

五 ああ、それぞれ自身の聖なる修道会を創立したその初めには、どの修道者もどれほど熱心だったろうか。ああ、どれほどに彼らの祈りは深い信仰に満ちていたろう。どれほど強く彼らは徳をきそいあったろう。どのように広大な規律が栄えたことか。どれほど深い尊敬と従順が、すべてにおいて師の指導下に開花したろう。彼らがまことに完全な聖人であり、かくもはげしく戦いながら、この世に打ち克ったことを、彼らの残した足跡が今に至るまで証明する。いまでは、会則を破る人でないかぎり、与えられたものをじっと忍耐しおおせる人であるかぎり、誰でも偉い人だと思われているが。

六　ああ、私たちの現状はなんとなまぬるくだらけていることか、前の日の熱情をこのようにすぐなくすとは。そしてもうぐうたらな心となまぬるさのため、人生に退屈している。信心ふかい人びとの多くの模範をしじゅう見てきたあなたの場合は、どうか諸徳の向上が、すっかり深い眠りに落ちこんでしまわぬように。

第十九章　よい修道者の修行について

一　よい修道者の日常は、あらゆる徳に満ち溢れるものでなくてはならない、外面で人にそう思われているような者に、内面においてもなるために。また、当然だが内においては、外で認められている以上に、ずっとそうでなくてはならない。私たちをみそなわすのは神であり、私たちはどこにいようと、その方をこの上なく敬い、天使たちのようにその御前で、清らかにふるまわねばならないからである。私たちは毎日決意を新たにし、熱心さを失わないように、ふるい立たなければならない、まるで今日初めて回心したかのように。そして、「主なる神よ、正しい意図とあなたへの聖い奉仕に私をお助けください、そして、きょうただ今、私に完全に着手させてください、これまで私は何一つやりおおせていないのですから」と、いうべきである。

二　私たちの精神的進歩の過程は、決心しだいであるから、もし十分な進歩を望むならば、大いにこれに努めることが必要である。もしかたく決心した人さえよく失敗するとしたら、たまに、あるいはあまりしっかりとせず、何かの決心をする人物は、どうだろうか。しかし、私たちが決心したことをやめるには、いろいろの理由があるので、修行をわずかおこたっても、なんらかの損害を受けずにすむことはまれである。正しい人びとの決意は、自分自身の知恵というより、神の御恵みによるものである、それで、彼らがどんなことを始めようと、またいつも神に信依をおくものである。なぜならば、意図をもつのは人間だが、それを決定するのは神だからで、人間の辿る道程は、自分の手中にはないのだ（エレミヤ一〇の二三）。

三 もし愛徳のため、また兄弟を助けるために、時には日常の修行をおこたっても、それはあとでたやすくとりかえしがつくであろう。これに反して、心のおこたりやだらしなさのためにあっさり修行をやめるなら、それはまったくとがむべきで、有害と認められよう。私たちがどんなに努力してみても、いまでも多くのことについて、たやすく失敗しがちであろう。それでもいつもなんとか固く決心をせねばならず、とりわけ私たちに大害を及ぼす欠点にたいしては、そうである。私たちは自分の外面のことも内面のことも、同じように吟味し整然たらしめねばならない、両方とも進歩向上に役立つからである。

四 たとえ絶えず反省する力はなくとも、ともかくときどき、すくなくとも日に一回は、つまり朝なり晩なりに、反省できるよう。朝には決意し、晩には自分の行状《ぎょうじょう》を検討しなさい、自分は今日言葉や行ないや思念において、どんなふうだったかと。なぜならば、おそらくそうした点で、あなたはたびたび神と隣人とに罪を犯したろうから。悪魔の邪悪なふるまいにたいして、男らしく武装しなさい、口舌《こうぜつ》の欲を抑えれば、あらゆる肉の欲望はいっそうたやすく抑えられよう。けしてすっかり無為に過ごしてはならない、何か読むとか書くとか、祈るとか黙想するとか、世の人に役立つことに精を出すとかしなさい。だが、からだを使う仕事は、十分に用心して行なうべきであり、また皆が同等にやるのがよいというわけではない。

五　共同で行なわない修行は、外部に見せつけないほうがよい。なぜなら、個人的な修行は、ひそかに行なうほうが安全だから。だが、共同の修行をおろそかにして、個人の修行にのみ励まないよう、注意せねばならない。しかし、当然せねばならぬ勤めや命ぜられたことどもを完全かつ忠実に実行して、なお時間が余っている場合には、あなたの信心の望むままに、その仕事に勤めなさい。誰もが同一の修行に勤めることはできない。ある人にはこれ、他の人にはそれが、いっそう適当する。また格好な時期に応じて、いろいろと修行を変えるのもよい。なぜならば、祭日にはこの仕事、平日にはあの仕事、というように、ふさわしい仕事も違うからである。試練の際にはこれこれの修行が、平穏無事のおりにはまた別の修行が、必要とされよう。悲しむ時にふさわしい思念もあれば、主において心楽しむおりにふさわしいのもある。

六 主要な祭日のおりには、よい修行をまた新たにし、諸聖人の取り次ぎをいっそう熱心に乞い求むべきである。祭日から祭日へと、あたかも私たちがそのおりにこの世を去って、永遠の祭日に行きつくかのように、決意を固めねばならない。それゆえ特別な修行の季節には、私たちは細心に準備し、いっそう信心ふかくふるまわねばならない。さらにまた、どのような勤めを守るにも、あたかもその骨折りの報いを神からじきに受けられようと思うくらいに、とてもきびしく執り行なわねばならない。

七 そして、もしこの報いが延びてなかなか来ないときにも、私たちの準備がまだ不十分で、現在まだそのように高い栄誉に値しないのだ、と私たちは考えよう、それらはやがて、かねから予定された時期に私たちに啓示されよう。それゆえ、私たちはこの世を去る時に向かって、いっそうよくそなえるように勤めようではないか。「主が来られたとき、めざめているのを見られる僕《しもべ》は、幸いである。まことに私はあなたがたに告げる、主人はその人にこそ自分の財産のすべてをつかさどらせようから」（ルカ一二の三七、マタイ二四の四七）。

第二十章　孤独と沈黙を愛すべきこと

一 自己のため費やすに適当な時を求め、神の恵みにしばしば思いをこらしなさい。奇を求めるのを避けなさい。娯楽的なものより教誨《きょうかい》のための本を、読むようにしなさい。もしもあなたがよけいなおしゃべりや、暇つぶしに出歩くのをやめ、変わったことや噂《うわさ》話を聞くのを控えるならば、よい瞑想のための余裕は、十分適当にみつかろう。もっとも偉大な聖人たちは、人間との交際をできるだけ避けて、かくれて神に仕えることを選んだのである。

二　ある人は「人びとのあいだに出かけるたびごとに、私は前よりつまらぬ人間になって戻ってきた」（セネカ『書簡』七）といっている。私たちも人と長話をしたとき、こういうことをじつにしばしば経験する。物を言い過ぎないよりは、まったく黙っているほうが、ずっと易しい。よそへ出て自分を十分に張り番しているよりも、家へ引き込んでいるほうが、ずっとしやすいことである。それゆえ、内面の霊的な徳に達したいと心がける人は、イエスに従って、群衆から遠ざかるべきである。好んで隠れている人でなければ、安んじて世に出ることはできない。好んで沈黙する人でなければ、安んじて話すことはできない。よろこんで人の下につく者でなければ、安んじて人の上に立つことはできない。服従をよく学んだ人でなければ、安んじて人に命令することはできないのである。

三　清い良心の立証を胸に保つ人でなければ、安んじてよろこぶことはできない。だが、聖人たちの安心は、いつも神への畏敬に満ちている。またそれだからといって、彼らはいっそう気遣いと謙遜とをもたなかったわけではない、偉大な徳と神の恵みに輝いていたからである。しかし、よこしまな人たちの安心は傲慢と自負心から生じ、結局は自己欺瞞《ぎまん》におちいるのである。それゆえ、たとえあなたが一見よい修道士や篤信《とくしん》の隠者と（世に）思われていても、けしてこの世で安心を自分に約束してはならない。

四　世の評価では並々ならず優れた者とされている人は、それだけ大きな危険にさらされていることが多い、自信過剰のためである。それゆえに、たいていの人にとっては、全然誘惑に遭わないのより、ちょいちょい攻め立てられるほうが有益である、それは、あまり安心したり、思いあがって傲慢におちいったり、外面的な慰めをすぐと勝手に求めたりしないためである。ああ、けしてはかないよろこびを求めない人、けして世間のことに関心をいだかない人は、どれほど清い良心を保つことだろう。ああ、あらゆるむだな気遣いを断ち切り、(霊の) 救いにかかわる神聖なことだけを思念し、自分のあらゆる希望を神におく人は、どれほど大きな安らぎと憩《いこ》いとを得るであろうか。

五　熱心に聖《とうと》い悔い改めに孜々《しし》として努めた人でなければ、天上の慰めを受けるに値しない。もしあなたが心底から悔い改めようと思うなら、自分の寝室に入って、世の騒音を締め出しなさい、「汝ら臥所《ふしど》において悔い改めよ」(詩篇四の四) と、書かれているように。独房の中では、戸外ではよく失いがちなものも見つけられよう。独房も、いつも籠もりつづけていれば、楽しいものとなるが、守り方が悪ければ、倦怠を生みだす。もしあなたが回心の初めに独房のすまいを正し、よく守っておけば、後々もそれはあなたの楽しい友、わけても快い慰めとなろう。

六　沈黙と安息のうちに、信心ふかい魂は向上して、聖書の奥義を学ぶのである。そこに

（魂は）涙の流れを見いだし、その涙で夜ごと夜ごとに洗いきよめられ、それですべての浮世の騒がしさから遠ざかれば遠ざかるほど、それだけ自分の造り主（である神）といっそう親しくなるのである。それゆえ、知人や友人から身を引き退ける者には、神が聖い天使たちとともに、近づいて来られよう。世間から引き籠もって、自分の魂の救いに心をもちいるのは、自分の魂をないがしろにして奇跡を行なうに優っている。それゆえ、修道者にとっては、たまにしか外出せず、人に見られるのを避け、世人と逢おうとも欲しないのが、誉むべきことである。

七　なぜ持つのを許されないものを、見たいと思うのか。この世とその欲望は過ぎ去る（ヨハネ㈠二の一七）。官能の望みは、さまよい出るように誘引するが、時がたってみれば、あなたの持ちかえるのは、重い良心と散漫になった心ばかりではないか。いそいそと外出しても、しばしば悲しく、帰ってくる、楽しい夜ふかしは、悲しい朝をもたらす。このように肉体的なよろこびは、はじめは愛想よくやってくるが、しまいには咬《か》みつきとり殺すのだ。ここで見られないものが、よそで見られるだろうか。そら、ここには天と地と、あらゆる元素がある、すなわちそれらのものから万象は成り立っているのだ。

八　どこにもせよ太陽の下に、永続できるどんなものを見ることができよう。たぶん人は満足できると考えようが、けしてそうはいかないのだ。万物が眼前にあるとたとえ見えても、それは空《むな》しい幻影以外の何であろう。汝の眼を挙げて、高みにいます神へ向けよ（詩篇一二三の一)、そしてあなたの多くの罪と怠慢のために赦しを乞いなさい。空しいことは空しい人びとに委せ、あなたは、神に命じられたことに心を向けるがいい。あなたの家の戸を閉め切り(マタイ六の六)、あなたの愛するイエスを呼びよせ、彼とともに独房に籠もりなさい。なぜならば、他のところではそんなに深い安らぎは、見出せまいから。もしあなたが外出もせず、噂などには何一つ耳をかさなかったら、いっそう十分な安らぎを保てたろうに。ときに噂を聞いてよろこんだりすれば、かならずそのため心の惑乱を蒙るものである。

第二十一章　心の悔い改めについて

一　もしいくらかでも向上したかったら、つねに神を畏れ、過度の自由を求めようとせず、すべての感覚を規律の下に制御し、ふさわしくないよろこびに身を委ねずに、心の悔い改めに努めれば、信心を見出すであろう。悔い改めは多くの善を生むが、それも放縦のため、いつもすぐ失われがちである。自分が追放された身であることや、その魂をとりまく多くの危難をよくよく思い返すならば、そもそも人がこの世において完全によろこびを得るというのは、不思議なことである。

二　心のあさはかさと、自分の欠点をなおざりにしておくために、私たちは自分の魂の悲嘆にも気づかずにいる。それで、当然哭《な》くべきときに、愚かにも笑うことがよくある。だが、もし神の畏れと正しい良心をもってするのでなければ、真の自由も正しいよろこびもありえないのである。心を乱しさまたげるものをことごとく捨てて、聖い悔い改めに立ち戻ることのできる者は、幸いである。自分の良心を汚したり、悩ましたりするものをみな退けられる者は、幸いである。勇ましく戦いなさい。習慣は習慣によって征服されるものだ。

三　もしあなたが他人を抛《ほう》っておくことができるなら、彼ら自身もよろこんであなたを抛っておき、自分の仕事をさせてくれよう。他人のことにかかわりあうな、また目上の人の争いごとにまきこまれるな。いつもまず自分から眼を放さず、あなたに親しい人びとを戒める前に、とくに自分自身を戒めなさい。たとえ人びとの気に入らなくとも、そのために悲しんではならない。それよりむしろあなたが、神の僕《しもべ》や敬虔な修道者の生活にふさわしいよう、十分によく用心ぶかくふるまわないのを、遺憾とすべきである。人がこの世において種々雑多な慰安を、とりわけて肉体的なものをもたないのは、むしろ有益であり安全であることが多い。だが、神的な慰めをもたず、またはたまにしか感じないのは、私たちが悪いのである。なぜならばそれは、私たちが心の悔い改めを求めないで、空しい外面だけの慰めをまったく捨てきれないためだから。

四　あなたは神的な慰めを受けるにふさわしくない、むしろ苦難をたくさん受けるにふさわしいことを、よく認めなさい。人が完全に悔い改めたとき、この世はすべて彼にとりつらく苦《にが》いものと感じられる。よい人間は哭き悲しむに十分な材料を見つける。なぜならば彼が自分をかえりみるなり、隣人のさまを考慮するなら、誰も苦難に遭わないでこの世に生きる者はないのを、覚《さと》るだろうから。そして、いっそうきびしく自分を反省すればするほど、それだけよけいに悲しむものである。正しい悲しみと内面的な悔い改めの材料は、私たちの罪と悪徳であり、私たちはたまにしか天上のことを瞑想する力がないほど、それに巻きこまれきっているのだ。

五　もし一生の長さよりも、自分の死について、もっとよけいにたびたび考えるなら、疑いもなくあなたは自分を改めるのにもっと熱心だったろう。もしも未来の地獄や煉獄の苦しみを心からよく考えるなら、よろこんであなたは悩みだの悲しみだのを耐え忍ぼうし、どんなつらいことも恐れないであろう。だが、そうしたことに十分心が思い至らないために、またあいもかわらず甘く、楽しいものごとに気を引かされているもので、私たちは、依然として冷淡にたいそう怠けているのである。

六　私たちはしばしば精神力の不足から、このようにちょっとしたことで、哀れな身体に不平をいわせる。それゆえ、悔い改めの霊を与えてくださるように、へりくだって神に祈りなさい。そして、預言者にならって、「主よ、私に涙のパンを食として与え、枡《ます》一杯の涙からなる飲物をお与えください」（詩篇八〇の五）と願いなさい。

第二十二章　人生のみじめさをかえりみて

一　あなたはどこにいようと、どちらへ向こうと、神に向かうのでなければ、みじめな者だ。願うとおり、望みどおりにならないといって、なぜあなたは困惑するのか。なんでも思いどおりになるというのは、誰のことなのか。私でもあなたでも、この地上に住む誰でもない。この世には、なんらかの艱難や苦悩をもたないという人は、帝王にせよ、法王にせよ、一人もいない。では、他人よりしあわせなのは誰なのか。それはたしかに神のために何かを耐え忍べる人にちがいない。

二　多くの無気力な心の弱い人びとはいう、ごらん、なんとしあわせな暮らしをあの人はしているか、なんとまあ金持の、なんと偉い、なんと有力で、身分が高いことか、と（ルカ一二の一九）。だが、天上の富に目を向けなさい、そうすれば、そういったものはみなかりそめの、つまらないものであり、まったく不確実で、むしろ厄介なものであるのが、わかるだろう。というのは、その持主はいつも心配や恐れにつきまとわれるからである。人間の幸福とは、はかないかりそめのものをたくさんにもっていることではなく（箴言一九の一）、（そんなものは）ほどほどでもう十分なのだ。じつのところ地上に生きること自体がみじめである。人が霊的であろうと思えば思うほど、現在の生活は彼にいっそう苦いものとなる。

なぜならば彼は人性の頽廃や欠陥を、いよいよはっきりと、いっそう強く感じるからである。なぜならば、飲食、起臥《きが》、仕事や休息、その他の自然の要求に従わねばならないというのは、信心ふかい人にとってはひどくみじめで、いっそう困ったことである、そういう人は（そうしたものから）よろこんで解放され、あらゆる罪過から自由になりたいと望むだろうから（ローマ七の二四、コリント㈡五の二）。

三　というのも、内的な人間は、身体的な要求からいっそう悩みを覚えるものだ。そこで、預言者は身体的な要求から解放されることを乞い願って、「わが必要とするものよりわれを解き放したまえ、主よ」（詩篇二五の一七）といっている。だが、自分のみじめさを覚らない人は、不幸である。またさらに、このみじめな、朽ちはてる生命をいつくしむ人は、いっそう不幸である（ローマ八の二二）。なぜならば、ある人びとはそれほどまでにこの生命に執着し（たとえ労働や乞食をしてかつがつ生をつなぐに必要なものを得ているような人にしても）、できればこの世にいつまでも生きながらえようとし、神の国はかえりみようとしないからである。

四　ああ、正気をなくした不信の人びとよ（ローマ八の五）、彼らは肉によること以外は何もわきまえられないほど、深く地上のものにおぼれている。だが、このいまもみじめな人びとも結局は、執着していたものが、どんなにつまらぬ無価値なものだったかを、痛切に悟るであろう。ところが、神聖な上人《しょうにん》たちやキリストのすべての敬虔な友らは、肉をよろこばすものや、この世に栄えるものには心をとめず、彼らの望みと意図とはすべて永遠の幸い（ペテロ㈠一の四、ヘブライ一一の二六）に向けられていた。彼らの願望はことごとく、永続する見えないものへと高く引きあげられていたのであった、目に映るものへの執着によって、奈落《ならく》の底へひきずりこまれないように。兄弟よ、霊的なものを目指して向上しようとする信念を捨ててはならない。あなたはいまなお、その機会と時間をもっているのだ。

五　なぜあなたの決意を明日に延ばそうとするのか。立ちあがって、さっそく始め、こういいなさい、「いまがやる時機だ、いまこそ戦うときだ、いまこそ改めるに都合《つごう》のよい時機だ」と。うまくゆかずに苦悩するときこそ、功徳《くどく》を積むときである。快適な場所に着くまでには、あなたは火や水をくぐらねばならない（詩篇六六の一二）。自己を強制しなければ、（自分の）欠点は克服できまい。この脆弱な身体を荷《にな》っているかぎりは、私たちは罪をもたずにいることはできず、退屈と悲しみなしに生きることもできない。私たちはよろこんであらゆるみじめさから免れ、安らぎを得たいと思うが、罪のために清浄心を失い、かつまた真の浄福も失したのである（ローマ七の二四）。それで、私たちは忍耐をもちつづけ、この不正が過ぎ去り、死ぬべき性《さが》が生命に吸い取られるまで、神の慈悲を待たねばならない（コリント㈡五の四）。

六　ああ、いつも悪にかたむきがちな人間は、なんと脆《もろ》いことか（マカベ㈡九の一一）。今日自分の罪を告白して、明日はまた告白した罪を犯すのである。いませぬように気をつけると決意したことを、一時間後には、まるで何も決意しなかったかのようにまたやるのだ。それゆえ、私たちは当然に自分の身を抑損させることができ、けして自分自身をなんら偉い者とは思わないはずである、なぜならば、私たちはこのように脆く、安定してはいないものなのだから。また、苦労したあげく、神の恵みでやっとこさと獲得したものが、怠慢のために、すぐ奪われてしまうこともあるのだ。

七 こう早くから気が弛《ゆる》むとしたら、私たちは結局どうなるのか。それこそ禍《わざわ》いである、もし真の聖性の痕跡が私たちのふだんの言行に現れてもいないのに、平和と安心とをすでに得ているかのように、ゆっくり落ち着こうと思うならば。私たちは、新入りの修練士のごとく、よい行状を学ぶように再度教えこまれる必要が十分にあることだろう、もしひょっとして将来に、いくらかなりと改まる見込み、さらにいっそう霊的に向上する見込みがありとするなら。

第二十三章　死の瞑想について

一 まったくすぐにあなたの一生はこの世で終いとなろう（ヨブ九の二五―二六、ヘブライ九の二七）。別の世界であなたがどんなになるかに、気をつけなさい。今日は一人の人がここにいても、明日はもう姿を消そう。人の眼から姿を消してしまうときは、たちまち心からも去ってゆく。ああ、現在だけを想って、未来のためにはいっこう用意しない人の心の、なんと愚かに、かたくななことか。あたかも今日この日に死ぬかの如くに、すべてのことを行ない、すべてを考うべきである（マタイ二五の一三）。もしもあなたが良心にやましいことがなければ、そうたいして死を恐れなくともよかろう（ルカ一二の三七）。死を逃れるより、罪を犯さぬよう気をつけたほうがよい（知恵書四の一六）。もし今日その用意ができていないなら、どうして明日用意ができよう（マタイ二四の四四）。明日という日は確かではない。あなたが明日をもてるかどうか、どうしてわかろう。

二　私たちがいっこう改めようとしないのに、長生きをしてなんの役に立とう。ああ、長生きはかならずしも行ないを改めさせず、かえってしばしば罪過を増大させる。ただ一日でも、この世において、よく改めて行ない過ごせたなら、ありがたかろうに。多くの人は回心後の年月をかぞえるが、悔悛《かいしゅん》の成果はわずかなことが多い。もし死ぬことが恐ろしいというなら、おそらくはさらに長く生きのびるのは、さらに大きな危険だろう。自分の死にいたる時をいつも眼前に保ち（伝道七の一）、死ぬ覚悟を毎日おこたらぬ人は、幸いである。もしもあなたがいつか人の死に出会ったことがあるなら、自分も同じ道をいつか辿《たど》るということを考えなさい（ヘブライ九の二七）。

三　朝が来たら、夕方までは行きつけまい、と思いなさい。さてまた、夕方となれば朝まで（生きていけよう）と勝手に予定してはいけない。それゆえ、いつも用意をおこたらずに、けして死のため不意打ちをくわないよう、生きてゆきなさい（ルカ二一の三六）。不意を突かれ、思いがけもせぬ時に、死ぬ人が多い。なぜならば「思いもよらない時刻に、人の子は来るだろう」（マタイ二四の四四）からである。かの最後の時が来たときには、過ぎ去った自分の全生涯を、いままでとはまったくちがったように考え始めて、自分がそのようにも怠慢でだらしがなかったのを、ひどく悲しむであろう。

四 死の際にかくありたいと願うように、そのように生きていこうと、存命中から努力する人は、なんとしあわせであり、また賢明であることか（集会書四一の一）。なぜならば、世間をまったく軽んじようという心（伝道一の一）が、いろんな徳に進もうとする熱望や規律への愛、悔悛の労やすみやかな服従への心構え、また自己否定や、キリストへの愛のためのあらゆる苦難を耐え忍ぼうとの覚悟、これらがかように努力する人にたいして、幸福な死への確信を与えるからである。健康であるあいだは、あなたはたくさん善いことを行ない得るが、病気になったら、何ができるかわからないのだ。病気のためにいっそうよくなるという人はすくない。同じように、あまり諸方に巡礼して歩いたからとて、聖者とされる人はまれである。

五 友人や近所の人びとに頼ってはいけない。また、あなたの救いを未来に延ばしてはならない。なぜならば、あなたが予想するより早く彼らはあなたを忘れてしまうからである。（それゆえ）他人の助力を願い望むより、現在、間に合ううちから用意をし、功徳を何かあらかじめ積んでおくほうがよい（イザヤ三〇の五、三二の一、四八の七）。もしもあなたがいま自身のため心配することがないなら、誰が将来あなたのために気を配ってくれよう。いまこそまことに大切なとき、いまこそ救いの日、いまこそありがたいときである（ローマ六の一、コリント㈡六の二）。だが、あなたがそれをもっと有効に用いないのは、なんと悲しいことであろう。このときこそ、永遠の生命にいたる功徳を積むに値するものなのに。いつか、一日でも一時間でも、その償《つぐな》いにぜひ欲しいというときが、やって来よう。しかも、それが得られるかどうか、わかりはしない。

六　さあ最愛のものよ、もしもあなたがいつも死を恐れ死を気にかけているならば、どれほど大きな危険を遁《のが》れ、どんな恐怖から脱することができようか。死にのぞんで恐れるよりもよろこべるように、そんなふうにいまから生きることに努めなさい。キリストとともにそのとき生を始められるよう、いまこのときに、この世にたいして死ぬことを学びなさい。そのときキリストのもとへ自由に行き着けるように、いまこの時にすべてを軽視することを学びなさい（ルカ一四の三三）。そのときに確固たる信依の心をもてるように、いま悔悛によりあなたの肉の体に鞭《むち》を加えなさい。

七　ああ、愚かな者よ、一日とてわずらいのない日はもてないのに、なぜ長いこと生きてゆけると思うのか。どんなに多くの人が、長生きができると思っていながら、裏切られて、思いがけず肉体から引き離されたことだろうか。剣で斬り殺されたとか、溺れて死んだとか、高い所からおちて頸を折ったとか、食事をしながら冷たくなったとか、遊びながら往生したとか、何度あなたは人がいうのを聞いたことだろう、火に焼かれて、または刃物で、また悪疫のため、または盗賊のため殺されたなど。そして、このように万人の行きつくところは死である、そして人の生命は幻影のように、たちまちにして過ぎ去るのだ（ヨブ一四の二〇）。

八 あなたが死んだ後で、誰があなたを思い出そうか。また誰があなたのために祈るだろうか。さあいま、最愛の者よ、なんでもできることを、いまやるのだ。なぜならばあなたはいつ死ぬかを知らず、また死後に何が自分を待っているかも知らないのだから。まだそのひまのあるうちに、滅びない富を集めなさい。自分の（魂の）救いのほかは、何も考えるな。神のことだけを心がけなさい。神の聖人たちをあがめて、その行ないをまね、いまのうちに彼らをあなたの友としなさい。この世において生を終えたとき、彼らがあなたを永遠の幕屋に迎えいれてくれるように（ルカ一六の九）。

九 地上では、世間の仕事に関係のない巡礼か、他国人のように身を保ちなさい（ペテロ㈠二の一一）、心を自由に、神に向けてまっすぐに高く保って。なぜならば、ここにはいつまでも滅びぬ都《みやこ》を、あなたはもっていないからである（ヘブライ一三の一四）。あなたの霊魂が死んでから、幸いに主へと昇ってゆくにふさわしくなれるようにと、日々の祈りと嘆きとを、涙ながらにそこ（天）へ向けなさい。

第二十四章　審判と罪人の処罰について

一　万事につけて自分の終わりをかえりみなさい、そして、どんなふうにあなたがまっすぐな審判者（ヘブライ一〇の三一）の前に立つかを、考えてみなさい、その人には何も隠しておけず、贈物で宥《なだ》めもできず、言いわけも受けつけずに、正しい裁きを与えよう。ああ、この上なくみじめで愚かな罪人よ。悪事もすべて知っておいでの神にたいして、どうあなたは答えるつもりか（ヨブ九の二）、時おりは人の怒った顔さえも恐れるのに。なぜ審判の日のために用意しないのか、その日には、誰も他人に言い開きをしてもらうのも、弁護してもらうのも許されず、めいめいが自分自身にとって十二分な重荷になろうというのに。いまこそあなたの苦労は実り多く、涙は嘉《よみ》せられ、嘆き（コリント(二)六の四）は聞き入れられ、悲しみは神のみ心をやわらげ、あなたを浄めるだろうに。

二　辛抱づよい人は、救いに役立つ大きな浄めの場なる煉獄をもっている（ヤコブ一の四）、彼は不正をこうむっても、受けた自分の害よりも、他人の悪意を悲しみ、敵のために好んで祈り、心底からその罪を容赦し、他人の恩赦を求めるに猶予しない。彼は怒るよりは、ずっと容易に同情し、自分自身をしばしば強制して、万事において肉を霊にしたがわせようと努める。浄めめねばならない罪を将来に残しておくより、いますぐに浄め、悪徳を根絶やしするほうが、優っている。しかしながらまこと私たちは、肉にたいしてもっている度を超えた愛情によって自分自身をあざむいているのである。

三 あの火は、あなたの罪以外の何を燃やしつくすのか。いまあなたがよけいに自分自身を容赦し、肉にひかれてゆけばゆくほど、それだけいっそう後でひどい罰を受け、よけいに燃やされる材料を積むことになる。人は犯した罪に応じて、それだけ重い罰を受ける。そのおりは、怠け者は焼けた突き棒で突つかれ、食いしん坊は途方もない飢えと渇きに責めさいなまれよう、贅沢《ぜいたく》な者、快楽に溺れる者は、燃える瀝青《れきせい》や臭い硫黄に突っ込まれよう。また、嫉みぶかい人びとは苦しさのあまり、狂犬みたいにほえたてよう。

四 それに応じた苛責をもたない悪徳は、一つもない。この苛責においては、傲慢な人びとはあらゆる屈辱に満たされようし、貪欲な人びとはとてもみじめな窮乏に苦しめられよう。そこでの処罰の一時間は、ここでのもっともきびしい悔悛の百年より、もっときびしいものであろう。そこで地獄に堕《お》とされた人はなんの安息も得られない（ヨブ四〇の五―九）。ところが、ここ現世では、労苦もときには中休みがあり、親しい人らの慰めも受けられる。それゆえ、審判の日に安んじて祝福された人びととともにいられるように、いまこの世で、自分の罪のために心を悩まし悲しみなさい。なぜならば、そのときこそ正しい人びとが、自分を苦しめ圧迫した者どもに向け、断乎として立ち向かおうから（知恵書五の一）。そのときこそ、いまこの世で人間の裁《さば》きに屈従している者が、裁き手として立つであろう、そのときこそ、貧しく卑しめられている者が安んじて気を大きく保《も》ち、傲慢な者は恐怖にすっかり取り込められよう。

五　そのときキリストのために愚人となり、軽蔑されることを学んだ人は、この世にあって賢明だったのが覚られよう。そのとき、じっと耐え忍んだ艱難は、みなよろこびとなり、正義に反く者はみなその口をふさがれよう（詩篇一〇七の四二）。そのとき、信心ふかい人はみなよろこび、信仰のない者はみな悲しもう。そのとき、苦しめられていた肉体は、いつも美食に養われた場合よりも、いっそうよろこびいさむだろう（コリント㈡四の一七）。そのとき粗末な着物は光輝を放ち、贅沢な衣裳は光沢《つや》を失して黒ずむだろう。そのとき、みすぼらしい小屋は、黄金の眩《まばゆ》い宮殿よりほめたたえられよう（イザヤ二九の一九）。そのとき、いつも変わらぬ忍耐心は、この世のどんな権力よりも役に立とう。そのとき、すなおに服従する者は、世間的にどれほど利口な者よりも褒め上げられよう。

六　そのとき、浄く正しい良心は、深遠な学問よりもいっそう人をよろこばせよう。そのとき、富の軽蔑は、地から生まれた物全体の宝庫より重みを増そう。そのとき、美味な食物よりも、敬虔な祈りのほうにいっそうの慰藉《いしゃ》が求められよう。そのとき、長たらしいお喋りよりも、沈黙を守ることに、より大きなよろこびがあろう。そのとき、たくさんな美辞麗句を列ねたよりも、聖い業《わざ》がいっそうの値打ちを持とう。そのとき、きびしい生活や悔悛の苦行が、地上のあらゆる楽しみよりも気に入るだろう。そのとき、ずっと重い責苦《せめく》を免《まぬが》れられるよう、いま小さいこと（苦痛）に耐えるよう心がけなさい。後々で何を辛抱できるか、いまここ（この世）でまず試しなさい、いまもしそのようなわずかなことしか耐えられぬなら、どうして永遠の責苦を我慢できよう。もしわずかな受難さえが、こうあなたを我慢しきれぬようにしてしまうなら、そのおり（死後に）ゲヘンナ（地獄）はどれほどつらいことだろうか。さあ、よく聞きなさい、二つの怡楽《いらく》を両方とも得ようというのは不可能なのだよ、この世でさんざ楽しんでおいて、天上でもキリストと首座を分つというのは。

七　もしあなたが今日までいつも名声と逸楽のうちに生きてきたとしても、いますぐに死ぬことになったら、そのすべてがなんの役に立とうか。それゆえ、神を愛し神だけに仕えること以外は、すべてが空しいものだ（伝道一の二）。なぜならば、神を心の底から愛する人は、死も、責苦の笞《むち》も、審判も、地獄も、恐れないからである。というのも、完全な愛は、神に到達する道を確実にするものだから（ローマ八の三九）。しかしながら、いままで罪を犯すのをよろこびとしてきた者が、死と審判《さばき》とを恐れるのも、ふしぎではない。そうはいっても、あなたを悪から呼び戻すことが、愛にもできないにしろ、すくなくとも地獄の恐ろしさが、悪をひかえさせるとなれば、ともかくそれはよいことに違いない。ほんとうに神の畏れをなおざりにする者は、長く善にとどまることができず、さっそく悪魔のかけわなに掛かることだろう。

第二十五章　私たちの生活全体を熱心に改めること

一　つねにおこたりなく心を尽くして神に仕えなさい（テモテ(二)四の五）。そして、自分はなんのためにここに来て、なぜ世を捨てたかを、くりかえし考えなさい。それは神に生き、霊的な人間となるためではなかったか。されば、向上に熱心であるように。なぜならば、あなたは近いうちにこれまでの骨折りの報いを受けられよう、そのときはもはや恐れも悩みもあなたの身辺には見られなかろうから（黙示録二一の四、二二の三）。あなたの苦労もほんのわずかで、それで大きな安息を、いや、永遠のよろこびを得られよう（集会書一の二七）。もしもあなたが行ないにおいていつも忠実に熱心ならば、神は疑いもなくその報いを忠実に、またおしみなく果たされよう（マタイ二五の二三）。勝利の栄冠を獲得できようという、十分な希望をあなたは保ちつづけるがよい（ローマ五の五）。だが、熱意を失ったり、得意になったりせぬよう、けして安心してはならない。

二　心に思いわずらう人が、恐怖と希望のあいだをしきりにさまよっていた、あるとき悲しみにうちひしがれ、聖堂中のとある祭壇の前にふして祈り、「ああ、まだずっと忍耐できようとわかっていれば、いいのだが」と、心中に思いめぐらしながらいった。すると、彼はすぐ胸中で神の答えを聞いた。「それがわかっていたら、お前はどうするつもりか。そのときしたいと思うことを、いまやりなさい。そうしたら、お前の心配もすっかり失《な》ろう」。するとすぐ彼は慰めを得て力づけられ、神の御旨《みむね》に身をゆだねて、不安な動揺を感じなくなった。将来自分がどんな目に遭おうかを知ろうなどと、好奇心からせんさくしなくなったのである。かえって、何か善いことを始めたり、やりとげようとするときは、神の完全で仁慈な御旨がどうあるかを理解しようと、熱心に務めるのであった（ローマ一二の二）。

三「神に望みをおいて、善い業《わざ》を行ないなさい、またこの地に住むがよい、そうすればその富に身を養いえよう」（詩篇三七の三）と、預言者はいう。多くの人びとを向上から、また熱心な回心の修行から引き戻すことが、一つある。すなわち、困難を恐れること、あるいは、戦いの労苦である。だが、自分につらく苦しく気に染まぬことを、勇ましく征服しようと努める人びと、そういう人はとりわけて他人以上に徳において進歩向上する。なぜならば、人が自分自身に打ち克ち、霊にあって身を殺す（禁欲苦行する）につれて、いっそう人は徳に進み、より大きな神の恵みに値する者となるからである。

四　だが、誰でもが、自分に勝ち身を殺す（禁欲する）のに、同じ力をもっているわけではない。しかし熱心な競争者は、たとえよけいに情念を多くもっている場合でも、他のおとなしくはあるが徳を求める熱心さは足りない者より、いっそう向上に力が入ろう。とくに二つのことがたいそう改善に役立つのだ、すなわち、生まれながらにもつ悪への傾向から強く身を引き離そうとする努力と、善を求める熱意とである。この熱意はいつもいっそう不可欠なものなのだが。他人にあって、自分がいつも嫌《いや》だと思う性質は、いっそう避けて、克服するよう努めなさい。

五　どんな場合にも向上をはかるがよい、もし立派な手本を見聞きしたら、熱心にそれにならうように。だが何かを非難すべきことと認めたならば、同じことをしないよう用心しなさい。またもしいつか、それ（同じ悪事）をやってしまったら、すぐ改めるよう努めなさい。あなたの眼が他人を観察するように（マタイ七の三）、そのようにまたあなたも他人から注目されている。熱心で信心ふかい兄弟《フラテ》（修道士）たち、躾《しつけ》のよい規律正しい兄弟たちを見るのは、なんと快く楽しいことだろう。しかし召《め》された道に励まず、規律もなくぶらついている兄弟たちを見るのは、なんと悲しくおぞましいことか。自分の使命に定まるところを等閑《とうかん》に附し、己が務めでないことに心を傾けるのは、どれほど有害だろうか。

六　定められた目的を忘れず、十字架につけられた者（キリスト）の姿を自分の前におきなさい。イエス・キリストの生涯を想えば、まことにあなたはほんとに恥を覚えるべきである、なぜならば、あなたは長らく神の道に従いながら、いっそうキリストにならおうとする努力が足りないからだ。主のこの上なく聖《とうと》い生涯と受難とを、熱心に敬虔に瞑想する修道者は、自分にとって有益で必要なものすべてを、十分そこに見出そう。そして、イエス以外に、何かもっと優れたものを、探し求める必要はないのだ。ああ、もし十字架につけられたイエスが私たちの心をお訪ねだったら（ガラテヤ四二の二）、どんなに早くまた十分に、私たちは教えを得られたことだったろう。

七 熱心な修道者は、命じられることをすべて受け入れて行なう。不注意で不熱心な修道者は、つぎつぎと苦しみに遭い、あらゆる点で悩みを覚える。なぜならば、内面的な慰めをもたず、外面的な慰めを求めることは禁じられているからである。規律を守らずに生活している修道者は、大きな破滅にさらされている。気らくでだらしのない生活を求める修道者は、いつも落ち着かないだろう。なぜならば、あれもこれも気に入らないだろうから。

八 修道院の規律に十分厳格にしたがっている他の多くの修道者たちは、どんな生活をしているだろうか。彼らはめったに外出せず、世をはなれて住み、ごく貧しい食事をし、粗末な服を着、大いに働き、言葉すくなく、長い夜の勤めを行ない、朝早く起き、長い時にわたって祈りつづけ、しばしば読書し、すべての規律をよく守っている。カルトジオ会やシトー会、そのほか種々な修道会の修道士や修道女を見なさい、どんなに毎晩、主に讃美歌を捧げるため起きるかを。それゆえ、このようにたくさんな修道者たちが神に讃歌を捧げ始めるとき、あなたがかように聖い勤めをおこたるならば、それは、まったく恥ずかしいことであろう。

九 ああ、もし私たちの主なる神を心と言葉を尽くしてたたえる以外に、何も用事がなかったならば、よかったろうに。ああ、もし食べたり、飲んだり、ねむったりする必要がなく、いつも神をたたえ、ただ霊的な勤めにだけ励むことができたならば、よかったろうに。

そのときは、あれこれの必要のため肉体に奉仕せねばならぬ現在よりも、ずっと幸福なことであろうが。そういう要がなくなり、魂の霊的な食養だけが必要ならば、うれしかろうに。だが、悲しいことには、私たちはそうした馳走をたまさかにしか味わえないのだ。

一〇　人がどんな被造物からも自分の慰めを求めない、ということになったとき、そのとき、人は完全に神を会得しはじめる。またそのとき彼はどんな出来事にも十分満足できよう。そのとき彼は大事にも有頂天にならず、小事にも悲嘆しないようになろう。ただ神にのこりなく、信頼に満ちて身をゆだねる。神こそ彼には、すべてにおいてすべてであり（ローマ一一の三六）、まったく神にとっては何者も滅びも死にもせず、万物はそのために生き、その命令にためらいなしに従うのである。

一一　つねに身の終わりを忘れないよう（集会書七の三六）、また失われた時は帰って来ぬことを。心を労して熱心に努力するのでなくては、けして徳は得られなかろう。もしも熱意を失いだしたら（黙示録三の一六）、あなたは悪くなりはじめよう。だが、熱心に励みさえすれば、すべてにわたる安らぎを見出し、また、神の恵みと徳を愛し励むが故に、苦労もいっそう軽くなるのを覚えるだろう。熱心にいそしむ人は、どんなことが起ころうとも恐れない。肉体的な労働で汗を流すより、悪徳や情念に抗するほうが、ずっと大きな仕事である。小さな欠点を直そうとしない人間は、だんだんと大きな欠点におちいるものだ。もし一日を実りゆたかに過ごすならば、夕方にはいつもよろこびが待っていよう。自分自身をいつも見張り、自身を励まし、自身をいつも戒めなさい。そして、他人がどうであろうとも、自分自身（の魂）を等閑にしてはいけない。自分自身にたいしてきびしく処置するにつれ、それだけあなたは一段と徳に進もう。

第二巻　内的生活についてのすすめ

第一章　内的な交わりについて

一　「神の国はあなたがたの内に在る」（ルカ一七の二一）と、主はいわれる。心をかたむけて主に対《むか》いなさい（ヨエル二の一二）。そして、このみじめな世を捨てなさい、そうすれば、あなたの魂は平安を見出そう。外的なものを軽んじ、内的なものに身をゆだねることを学びなさい、そうすれば、神の国があなたの内に来るのを見るであろう。なぜならば、神の国は「聖霊における平安とよろこび」（ローマ一四の一七）であって、不信の者らには与えられないからだ。もしもあなたが心の内にキリストにふさわしい住居《すまい》を用意するなら、キリストはあなたを訪れ、その慰めをあなたに示されよう。「彼のすべての栄光」（詩篇四五の一三）と荘厳《しょうごん》は、内からのものであり、彼はそこによろこびを感じとられる。彼はしばしば内的な人間を訪ねられて、ともにやさしく説き話され、ここちよい慰め、大きな平和、おどろくほどの親密さを与えられる。

二　ああ、敬虔な魂よ、あなたの心をこの花婿に準備しなさい。彼はあなたを訪れて、あなたの内に住んでもよいと思われようから。なぜならば「人がもし私を愛するならば、私の言葉を守るであろう。また、私の父もその人を愛し、私たちは彼のところに行って、その住居を彼のもとに造ろう」（ヨハネ一四の二三）と、いわれるのだから。それゆえ、キリストを内に迎え入れて、他のものはすべてみな、中に入るのをこばみなさい。キリストさえ（心中に）保っていれば、富みかつゆたかに、あなたは十分満ちたりよう。彼はみずからあなたのために世話役を務め、他人をあてにしなくともよいよう、万事につけて忠実な調達者となるであろう。なぜならば、人間はすぐ移り変わって、たちまちあなたを見捨てようが、キリストは永遠に生きていて、最後までしっかりとあなたを守ろうからである（ヨハネ一二の三四）。

三　たとえどんなに役に立つ愛すべき人であろうと、死すべき脆い人間を、あまり頼りにしてはならない。また、ときには彼に反抗されたり、反対されたりしたといっても、それであまりに悲しむことがあってはならない。今日の味方が、明日の敵となることもある。また逆のこともあり、風のようによく向きが変わる。あなたの信頼をすべて神におき、神その方があなたの畏《おそ》れで愛であるよう。彼はみずからあなたに答え、いちばんよいよう、よく慮ってくだされよう。あなたはこの世に永遠の都（ヘブライ一三の一四）をもってはいず、どこにいようと、異邦人であり、旅人であり（ペテロ㈠二の一一）、もしキリストと心から一致しなくば、いつか平安を得ることも不可能だろう。

四　この世はあなたの安息の場所でないのに、何をあなたはそこで探しまわっているのか。天にこそあなたの住居はある（コリント㈡五の一、ピリピ三の二〇）。それゆえ、地上のあらゆるものはみな、うつろうものと、見なさるべきである。万物はうつろってゆく（知恵書五の九）、あなたも万物と同じように。捉《つか》まって滅びないよう、執着せぬよう気をつけなさい。いと高い者へとあなたの想いを挙げ、あなたの祈りをたえずキリストに向けなさい。もし高い天上のことを瞑想できないなら、キリストの受難に平安を見出し、またその方の聖い傷に住まうのをよろこびとするよう。なぜならば、もしもあなたがキリストの傷と尊《とうと》い聖痕《せいこん》に信心ふかく遁れ場を求めるならば、苦難に遭っても、大いなる力づけを得て、人びとの軽蔑もあまり気にかからず、悪口もたやすく我慢できようからである。

五　キリストもまたこの世で人びとに軽蔑され、とりわけひどい苦難のさなかに、罵声のうちに（マタイ一六の二一）知人や友達から捨てて置かれた。（それでも）キリストは進んで苦難と軽蔑を受けられたのに、あなたはあえて何かに不平をいおうとするのか。キリストは反対者や非難者をもっていたのに、あなたはすべての人が友となり、自分に尽くしてくれることを欲するのか。もしも苦難が何も生じなかったら、どうしてあなたの忍耐は栄冠を得られよう。もし意に反することをすこしも耐えようとしないならば、どうしてあなたはキリストの友となれよう。もしキリストとともに王位についていたいならば、キリストとともに、キリストのために、耐え忍びなさい。

六　もしもあなたがひとたびイエスの心奥にすっかり入って、その熱烈な愛をすこしでも味わったなら、あなたは自分に都合がいいか悪いかなどはすこしも気にせず、むしろ凌辱《りょうじょく》が加えられるのもよろこびとしよう。なぜならば、イエスの愛は人に自分自身を軽視させるからである。イエスと真理とを愛する者、真に内面的な人、みだりがましい情念から自由な人は、自身を自由に神に向かわせ、霊において自分自身を超えて高きに到り、楽しく神に憩うことができるのである。

七　他人の話や評価によらず、あらゆるものを本来あるがままに認める人は、まことの賢者であり、人間よりも神から教えを受けた人である（イザヤ五四の一三）。内面的なものによって歩み、外面的なものによってあまりに物事を評価しないよう学んだ人は、敬虔な修行をするのにとくに場所を求めず時も待たない。内的な人はすぐと自分をひきしめられる。なぜならば、けして自分を外面的なものにすっかり注ぎ込むことをしないからである。外面的な苦労も、その折々のやむをえぬ用事も、彼にとっては障礙《さまたげ》とならず、事がおこるにつれ、それに応じてゆくのである。心の内が整然と片付いている人は、他人の奇怪な、あるいは邪悪な所作も気にかけない、（一般に人は事物に）心を引かれると、それだけ人はさまたげられ、惑乱するものである。

八　もしもあなたが（内的に）正しく、よく浄められているならば、すべてはあなたにとって良く、都合のいいよう運ぶはずだ（ローマ八の二八）。ところが、気に入らぬことが多く、しばしば心を乱されるというのは、つまりあなたがまだ完全に自分にたいして死なず、地上のすべてを捨離していないからである。被造物への不純な愛ほど、人間の心を汚し、わずらわすものはない。もしもあなたが外面的な慰めを斥けるなら、あなたは天上のことを瞑想し、しばしば心の内に歓喜を覚えることができよう。

第二章　謙遜な服従について

一　誰があなたの敵で、誰が味方か、あまり重く考えずに（ローマ八の三一）、あなたのするあらゆることに、神がいっしょにいてくださるよう、行ないに気をつけなさい。正しい良心をいつももつよう。そうすれば、神はあなたをお守りくださろう。なぜならば、いったん神が助力を与えようとお望みなされば、何人の邪悪といえども、害することは不可能だろう。もしもあなたが黙って辛抱できるならば、疑いもなく神の助けを悟りえよう（詩篇二八の七）。神御自身があなたを解放するときと仕方を、知っておいでだ、それゆえに、あなたは神に身を捧げねばならない。助力を与え、あらゆる混乱から解放するのは、神の御心にある。他の人びとが私たちの欠点を知り非難するのは、しばしばじつによく役に立つ、その結果私どもはいっそう大いに謙遜に身を保つだろうから。

二　人がへりくだって自分の欠点を認めるならば、そのとき、彼は容易に他人の心をやわらげ、自分にたいして腹を立てている人間をたやすくなだめることができよう。謙遜な人を神は守り、解放し（ヤコブ四の六、ヨブ五の二）、愛し、慰められる。神は謙遜な人に心をかたむけられ、大きな恵みを施与したまい、彼の身をおとしめたのち、栄光へと引き上げられる。謙遜な人に秘義をあかされ、彼をやさしく引き寄せ、御許《みもと》に召される。謙遜な人は試練を受けたのちは、安んじて平安のうちに憩う、なぜならば、彼が立つのは神のもとであり、世間ではないからである。もしも自分を誰よりいちばん劣った者と思わないなら、いくらかでも徳において進歩したと考えてはいけない。

第三章　善良で平和な人について

一　まず第一に自分を平和に保ちなさい、そうすれば他人も平和にさせられよう。平和な人は、学問のある人より役に立つ、激情にみちた人は善いものをさえ悪にしてしまい、かんたんに悪を信じる。だが、善良で平和な人は、すべてを善に変える（コリント㈠一三の五）。善良で平和の中にある人は、どんなことにも疑念をもたない。だが、不満で動揺している人は、さまざまな疑いに心を動かされ、自分も落ち着かず、他人も落ち着かせない。彼は言ってはならないことをしばしば言い、当然なすべきこともしないでおく。彼は他人がするはずのことにとかく心を労するが、自分がするはずのことはゆるがせにする（マタイ七の三）。それゆえ、まず第一に自分自身の務めに熱意をもちなさい（使徒行伝二二の三）。そうすれば、当然隣人のことをやかましく言うのも許されよう。

二　あなたは自分の行ないはよく弁解し、うまく取り繕《つくろ》うことができるが、他人の弁解は受け入れようとしない。むしろ自分を責め、あなたの兄弟には弁解してやるほうが、より正当なことであろう。もしも他人に忍耐してもらいたいなら、他人にたいしてもまた忍耐しなさい（ガラテヤ六の二）。自分がこれまで真の愛や謙遜から、どんなに遠いところにあったかを、考えてみなさい。この愛と謙遜とは、自分だけにたいして以外は、誰にたいしても怒ったり、憤ったりしないものである。善良で柔和な人とつきあうのは、たいしたことではない。それは誰しも生まれつき好むことだから。また、誰でも平和を望み、自分と考えの同じ人をいっそう愛するからである。しかし、頑固者やひねくれ者、だらしない者や自分にさからう者たちと、平和に生きてゆけるというのは、大きな恵みであり、ひじょうに男らしく褒《ほ》むべき行ないである。

三　自分自身を平和に保って、また他人とも平和にやってゆく人がある。また自分も平和にできず、他人をもまた平和にさせておけない人もある。そういう人らは他人にとっての重荷だが、むしろいつでも自分にとってさらに大きな重荷となる。また自分自身を平和に保ち、他人をもまた平和にひきもどそうと努める人もある。だが、このみじめな人生において、私たちすべての平和は、意図に反することに出会わないのより、むしろ謙遜に忍耐することに、求むべきである。よりよく忍ぶことをわきまえる人間は、いっそう大きな平和を保てよう。そういう人こそ、自己の征服者、この世の主であり、キリストの友、天を嗣《つ》ぐ人である。

第四章　清い心情とすなおな意図について

一　二つの翼によって、人間は地上から高く引きあげられる、すなわち、すなおさと清らかさによってである。すなおさが意図に、清らかさが感情に、なければならない。すなおさは神を志向し、清らかさは神を理解し味わう。もしもあなたが心の内でみだらな情念から解放されているなら、よい行ないがあなたのさまたげになることはないだろう。もしもあなたが、神の御旨《みむね》にかなうことや隣人に役立つこと以外に、何も目指さず求めもしないならば、あなたは内的な自由を十分に楽しむことができよう。もしもあなたの心が真っ直ぐだったら、すべての被造物は生命の鏡となり、聖い教えを記した書物となろう。どのような被造物でも、神の善徳を現しえないほど、小さくも卑しくもない（ローマ九の二〇）。

二　もしあなたが心の内で、善良かつ清純ならば、すべてをさまたげなしに見て、よく会得できよう。清い心は、天をも地獄をもくまなく亘《わた》る。めいめいの人が内面のありように従い、そのように外面でも判断するものだ。もしよろこびが世にあるとしたら、たしかに心の清い人こそそれをもっていよう。またもし艱難とか苦悩とかがどこか世にあるとしたら、うしろぐらい良心をもつ人こそ、いっそうよくそれを知っているのだ。火の中に投げこまれた鉄は、錆《さび》を失ってすっかり白熱状態になる、そのように、人間もまた全面的に神に向かうことによって、虚脱の状態を脱し、新しい人間に変わるのである。

三　人の心は熱がさめはじめると、わずかの苦労を恐れて、よろこんで外からの慰めを受け入れる。だが、彼が完全に自己に打ち克ち、雄々しく神の道を歩みだせば、前にはつらく感じたことも、それほどでなく思われてくるものである。

第五章　自分をかえりみることについて

一　私たちは自分自身に過大な信頼をおくことはできない（エレミヤ一七の五）。なぜならば、私たちには神の恵みとわきまえが、しばしば欠けていることがあるからである。私らの内にはわずかな光しかないうえに、すぐそれを怠慢のために失ってしまう。しかもまた、どんなに自分の心が盲目かをよく気づかずにいる。私たちはよく悪いことをし、弁解のためそれをいっそうひどくする（詩篇一四〇の四）。私たちはときにはげしい情念に動かされ、それを熱心さだと思う。他人のわずかな過ちを叱責しながら、自分のもっと大きな過ちは見逃してゆく（マタイ七の五）。他人から受けたことにはたいそう敏感で、苦情もいうが、他人が私たちから何かをされて、どのくらい感じるかには、鈍感である。自分の行ないをよく正しく批判できる人ならば、他人のしたことをきびしく批判することはないであろう。

二　内面的な人は、あらゆる心づかいに先だって、自分自身に心を注ぐ（マタイ一六の二）。そして、つとめて自分自身に心を注ぐ者は、他人については容易に沈黙を守る。他人については黙っていて、自分を特別によくかえりみる人でなければ、けして内面的で信心ぶかい人にはなれないだろう。もし自分と神とに完全に心を向けている者ならば、外界から見聞することには、あまり動かされないはずである（コリント㈠四の三、ガラテヤ一の一〇）。もしもあなたの思いが自身のてもとにないとすれば、どこにいったいいるのであるか。また、もしもあなたがあらゆることのため走りまわってやったとしても、自分のことを等閑にしたら、どれだけ向上したといえよう。もしも真の平和と神との一致を望むならば、他のすべては後回しにして、自分のことだけに目を据えなければならない。

三　もしもこの世のあらゆる心づかいにわずらわされず休めるとしたら、あなたはずっと大きな進歩を遂げることができよう。（反対に）世俗的な物事を重く見るなら、失うところが多いだろう。神と神から出《い》でること以外には、まったくどんなこともあなたにとって偉大だとか、高いとか、楽しいとか、快いとか、あってはならない。被造物の与える慰めは何にもせよ、すべて空《くう》だと見なしなさい（伝道一の一四）。神を愛する魂は、神以下のものは、すべてみな見捨ててしまう。ただ神だけが永遠に際涯もなく、すべてを充たし、魂の慰め、心の真のよろこびとなる。

第六章　正しい良心のよろこびについて

一　よい人の誉《ほま》れは、正しい良心の与える証《あか》しである（コリント㈡一の一二）。正しい良心をもちなさい。そうすれば、あなたはいつもよろこびをもてるだろう。正しい良心はじつに多くのことを耐え忍べ、逆境にあってもひじょうに楽しく過ごせる。悪い良心はいつもおずおずとして、不安である（知恵書一七の一一）。もしあなたの心があなたを咎《とが》めだてしなければ、快く休息できよう。善を行なったときでなければ、よろこびを求めるな。悪人はけして真のよろこびをもたず、内面の平和を感じない、なぜならば、主がいわれるように、「不信の者には平安がない」（イザヤ五七の二一）からである。それゆえ、もし彼らが「私たちは平安の中にある、私たちに禍いがふりかかることはあるまい」（ルカ一二の一九）とか、「誰が私たちに害を加えなどできようか」といっても、それを信じてはならない。なぜならば、神の怒りは不意に起こって、彼らのしたことは壊滅におちいり、その考えは滅びようから。

二　苦難を誉れとすることは、神を愛する人にとってはむつかしくはない。かようにそれを誉れとするのは、主の十字架を誉れとすることだからである（ローマ五の三、ガラテヤ六の一四）。人間が与えたり受けたりする誉れというのは、短い命のものである（ヨハネ五の四四）。世の誉れには、いつも悲哀がともなう。善い人びとの誉れというのはその良心にあり、人びとの口に伝わるものではない。義人たちのよろこびは神に出で、神の中にあり、彼らのよろこびは真理から出る（コリント㈡一三の五）。真の永遠の誉れを望む人は、この世のものに心をわずらわさない。（これに反し）、現世の誉れを求め、あるいはそれをしんそこ軽蔑しない人は、たしかに天の誉れをほんのすこししか愛さない人といわれる。世の賞讃にも非難にも平気な人こそ、真に大きな心の安静を得られるのだ。

三　良心の清らかな人は、容易に満足し、心の安らぎを得る。褒められたといっても、それでいっそうあなたが聖人になるわけではなく、悪口をいわれたといって、それだけつまらぬ者になったわけでもない。あなたはあるがままのあなたであり、神の見たもうとおりの者、それ以上にえらいといわれるわけはない。もしも自分の胸の奥がどうかをよく見つめて（知ってい）れば、世人があなたのことをなんというかを気にかける必要はない。人間は表面を見るが、神は心の中をごらんになる（サムエル上一六の七）。人間は行ない（したこと）をいつも考慮するが、神はまことに意向を考量される。つねに善い行ないをし、自分をつまらない者と見なすのは、謙遜な魂のしるしである。どのような被造物からもけして慰めを得ようとしないのは、偉大な心の清さと内的な信依とのしるしである。

四　どんな証拠も自分のために求めない人は、明らかに神にまったく依り神をたのむ者である。自画自賛する人がよみせられるのではなく、神の称える人がよみせられる、と聖パウロはいわれた(コリント(二)一〇の一八)。心の内では神とともにあゆみ、外ではどんな情念にもとらわれないのが、内面的な人間の姿である。

第七章　すべてに超えてイエスを愛することについて

一　イエスを愛するとはどんなことか、イエスのために自身を軽んじるとはどんなことか、これを悟った人は(詩篇一一九の一―二)、幸いである。あなたの愛するものを、愛するイエスのために捨てるべきである(申命六の五)。なぜならば、イエスはすべてに優ってひとり愛されるのを望まれるからである。被造物の愛は、あてにならず不確かだが、イエスの愛は、信実で不変である。被造物に執着する人は、倒れやすい被造物とともに崩れようが、イエスに縋《すが》る人は、永遠に確固として立とう。イエスを愛し、あなたの友として保ちなさい。イエスは、みながあなたを捨てても、あなたを見捨てず、終わりにもあなたを滅びるままに任せはしまいから。欲しようと欲すまいと、あなたはいつかすべてのものに別れなければならないのである。

二　生きるにも死ぬにも、イエスのそばにしっかり付き添い、その忠実さに身を任せなさい。すべての人があなたを見捨てても、イエスは一人であなたを助けられるのである。あなたの愛する者は、他人と愛を頒《わ》けあうことを望まぬような性質をもち、あなたの心を独り占めにし、王者のように自分だけの玉座につくのを望まれるのだ。もしもあなたがすべての被造物を心の中から斥ける道をよく知るならば、イエスはきっとよろこんであなたとともに住まわれよう。あなたがイエス以外の、人らに託したものは、みなすべて、ほとんど滅んでしまったのを、やがて覚ろう。風にそよぐ葦《あし》を信じ、凭《もた》れかかりなどしてはならない。なぜならば、すべて肉なるものは野草であり、その栄光はみな野草の花のように散るだろうから（イザヤ四〇の六）。

三　もし人の外見だけに眼をつけるならば、すぐにあなたはだまされよう。それゆえ、他人から自分の慰めや利益やを求める場合には、さらにしばしば損を受けることになろう。（これに反して）もしもすべてにつけてイエスを求めるときは、かならずイエスを見出すであろう。だが、（そこに）自分自身を求めるならば、自分自身は見出せようが、そのためあなたは滅びに至ろう。なぜならば、もしもイエスを求めるのでない場合には、人間は自分にとって、全世界やあらゆる敵対勢力よりも、もっと有害だからである。

第八章　イエスの親しい友愛について

一　イエスがいっしょにおいでになると、万事が具合よくいって、何事もめんどうには見えない。だが、イエスがいっしょにおいでなさらぬ場合は、万事がつらいものとなる。イエスが心の中で語られることがなければ、慰めもつまらなくなる。だが、もしもイエスがひと言なりとも語り出《いで》なされば、大きな慰藉《いしゃ》が感じられる。マルタはマグダラのマリアに向かって、師がおいでなさってあなたを呼んでおいでです、といったときに(ヨハネ一一の二八)、マリアは今まで泣いていた所からすぐ立ち上がったではないか。イエスがあなたを、涙から霊のよろこびへと呼ばれるときこそ、幸いなときである。イエスがおいでなさらなければ、どんなにあなたはひからびてかたくなだろうか。イエスの他に何かを求めようとは、なんとあなたは愚かで非常識か。それは、全世界を失うよりも、もっと大きな損失ではないか(マタイ一六の二六)。

二 もしイエスがおいでなくば、この世界があなたに何を与えられよう。イエスのない生活は、つらい地獄(のようなもの)だが、イエスといっしょならば、それは楽しい天国である。イエスがいっしょにおいでだったら、どんな敵も害を加えられないだろう(ローマ八の三五)。イエスを見出す人は、すぐれた宝庫を(マタイ一三の四四)、まさにどんな宝庫にも優る宝庫を、見出す者である、また、イエスを失う者は、非常に大きな、全世界よりも大きなものを失うのだ。イエスなしに生きる者は、このうえない貧乏人だが(ルカ一二の二一)、イエスと親しむ者は、このうえもない富者といえる。

三 イエスと親しく交わる手だてを知るというのは、たいした腕であり、イエスを保つ手だてを知るのは、たいした知恵である。謙遜で平和な人になりなさい、そうすれば、イエスはあなたといっしょにおいでであろう（箴言三の一三―一七）。信心ふかく落ち着いた人になりなさい、そうすれば、イエスはいつもあなたといっしょにとどまられよう。もしもあなたが外部の（世間的な）ことに向かおうと欲するならば、すぐにもあなたはイエスを追い出し、彼の恵みを失うことも可能なのだ。もしイエスを追い出して、失ってしまったなら、誰のところへあなたは逃れ、誰を友として求められるか。あなたは友なしにはよい生活を送れない。もしもイエスが誰より先にあなたの友とならなかったら、あなたはとても淋しく孤独な日々を送ろう。それゆえ他の誰かを頼みとし、よろこびとするなら、それは愚かなふるまいである（ガラテヤ六の一四）。イエスの意にさからうよりは、全世界を敵にするほうを、選ぶべきである。それゆえ、すべての愛する者の中にも、とくにイエスだけに愛を捧げなさい。

四　すべての人は、イエスのため愛さるべきである。だが、イエスは、イエス自身のために愛されねばならぬ。ひとりイエス・キリストだけが、他の友のすべてに優って善良で忠実であると認められるが故に、愛さるべきである。イエス自身のために、イエス自身において、友人も敵もひとしくあなたにとって大切であるべきだ。そして、これらすべての人がイエス自身をよく知りわけ、よく愛するよう、すべての人のためにイエスに祈るべきである（マタイ五の四四、ルカ六の二七―二八）。けして自分ひとりが褒められたり、愛されたりすることを、求めてはならない。なぜなら、それは比類を絶した神だけに許されることだからである。また誰かの心をあなただけが独占するのを求めたり、あなたの心が、ある人への愛着だけに独占されたりしないよう、そしてイエスがあなたやあらゆる善人のうちにあるよう、願いなさい。

五　どんな被造物にもわずらわされずに、心の底から清く自由であるように。もしあなたがいま自由な時をもっていて、主がどんなに優しい方かを、知りたいと思うならば、あなたはわずらいを捨て、清い心を神に捧げねばならない。そして、もしもあなたが神の恵みにひきよせられ、導かれたのでなければ、すべてを捨て、解放され、あなたひとりがイエスだけと一致するには、至らないだろう。なぜならば神の恵みが人に下るとき、人はなんでもなしえる力を与えられる。そして逆に、神の恵みがその人を離れるときは、人は貧しく無力になって、まるで鞭《むち》うたれるにまかされたようになろう。そういうときに、あなたは萎《しお》れたり、失望したりしてはならず、落ち着いて神の御旨をむかえ、イエス・キリストをたたえるために、すべてのことを忍びとおすべきである。なぜならば、冬のあとには暖い季《とき》が来るし、夜が明ければまた昼となり、嵐のあとはすっかり晴れになるからである。

第九章　いっさいの慰めが欠けていることについて

一　神の慰めがあるときは、人の慰めを軽んじることも、むつかしくはない。人の慰めも神の慰めもともに欠くというのは（ピリピ二の一二）、たいへんなこと、いかにもたいへんなことである。また、神の誉れのためによろこんで心情の追放（人に見放されること）に耐えようと望み、何ごとにも自分自身を求めず、自分の功績《てがら》をかえりみないのも、やはりたいしたことである。神の恵みが訪れるときに、快活で信心ふかくあっても、それがどうしてたいしたことか。もちろんそういうときは、あらゆる人にとって、望ましいものだ。神の恵みに助けられて、そういう人はとてもらくらくと馬を進められよう。それゆえ、全能者（神）に運ばれ、最上の指導者（神）に導かれる者が、なんの重荷も感じなくても、どうして不思議なことであろう。

二　私たちは好んで何かに慰藉を求める。そして自分自身（の愛）から脱け出るのは、むつかしいことだ。聖なる殉教者ラウレンティウスが彼の司祭とともに世に打ち克ったというのも、彼はこの世で楽しいと思われたものをすべて軽んじ、最愛の、神の至高の司祭、教皇シクストゥス（二世）から引き離されるのさえ、キリストの愛のためにおとなしく耐え忍んだからである。されば彼は、創造主への愛によって人間の愛に打ち克ち、人の慰めの代わりに、神の御旨にかなうことを選んだのであった。それゆえあなたも神への愛のために、どんなに大切な愛すべき友さえも捨てることを学びなさい。また、友だちに捨てられても、つらいことに思ってはならない。私たちは皆ついには互いに別れねばならぬと悟るべきだ。

三　自己に十分に勝ち、すべての愛を神に捧げることを学ぶまでには、人は心の中で烈しくまた長いこと戦わねばならない。人が自分自身に依存するときは、すぐに人間的な慰めを求めがちである。だが、真実にキリストを愛し、熱心に徳を求める人は、そのような慰めにおちいらず、またこうした感覚的な快楽を求めず、かえってはげしい修行やつらい辛労を、キリストのために耐え忍ぼうと望むのである。

四　されば、霊の慰めが神から与えられる場合には、感謝を捧げそれを受けるがよい。だがそれは神の賜物《たまもの》であって、自分の当然受くべきものではないのを、悟りなさい。得意になったり、よろこびすぎたり、いたずらに自負したりせず、かえって賜物のためにいっそうへりくだり、いっそう用心ぶかく、あなたのあらゆる行ないにおいていっそう慎重であるよう。なぜならば、いつかそういう時は過ぎさって、誘惑がやってくる。慰めがうばい去られても、すぐと絶望せずに、謙遜と忍耐をもって、天からの（神の恵みの）訪れを待ち望みなさい。なぜならば、神はさらに大きな慰めをまたあなたに与える力を、もっておいでだから。これは神の道を経験した者にとっては、べつに新しいことでも変わったことでもない。なぜならば、偉大な聖人たちや昔の預言者たちにあっても、こういう運命の変転はよくあることだったからである。

五　それで、ある人（ダヴィデ）は現に神の恵みを受けているとき、「私は自分が裕福だったおりに、いつまでもこれはなくなるまい、といった」（詩篇三〇の六）とある。だが、恵みを失うと、彼は自分の経験したことをこういい足した、「あなたはお顔を私からそむけられました、それで私はすっかり思い惑っております」と。しかし、そのあいだにも彼はけして絶望せず、さらにけんめいに主に祈っていった、「主よ、私はあなたによびかけます、私の神に懇願いたします」と。ついに彼の祈りは実をむすび、自分の祈りが聴きいれられた証拠に、「主は聴かれた、私をお哀れみになり、私の助け手となってくださった」といった。だが、何においてだろうか。「あなたは私の嘆きをよろこびに変え、私をよろこびでお囲みでした」と、彼はいうのであった。偉大なる聖者たちでさえ、このように扱われたとすれば、われわれ無力な貧しい者らは、ときには熱心に、ときには冷淡になったとしても、絶望してはならない。なぜならば、聖霊は自分の思いのままに来たり、去ったりされるからである（ヨハネ三の八）。それゆえ、尊いヨブは、「あなたは朝早く彼を訪ねて、不意に試練を与えられる」（ヨブ七の一八）といった。

六　されば、広大な神の慈悲にだけ、天来の恵みだけに希望をおくほか、私は何に望みをおき、何を頼みとすべきだろうか。なぜならば、善い人びとや信心ふかい兄弟たちや忠実な友人たち、神聖な書物や立派な論文、また美しい歌や讃歌が身近にあっても、それらはすべてほとんど役に立たず、ろくに興味をもおこさせないのだ、神の恵みに見離され、ひとりみじめな身の上をかえりみざるをえないときには。その時は、もう忍耐と、自己を否定して神の御旨にたよる以上に、よい救いの道はないのである（ルカ九の二三）。

七　一時も神の恵みに見離されることをおぼえず、（信仰の）熱意が衰えるのも感じない、それほどに信心ふかく敬虔な人を、私はかつて見たことがない。どのように深く歓喜にひたり光明にあずかった聖人でも、以前にあるいはその後に、誘惑を受けなかった人はいない。なぜならば、神のために、何かの苦難によって、試練を与えられなかった人は、神についての深い瞑想に値しないからである。なぜならば、誘惑が先に与えられるのは、次に慰めが来るしるしなのが常例だからで、誘惑の試練を耐え凌いだ人だけに、天からの慰めはおくられるのだ。「勝利者にだけ、私は生命の樹の実を食べさせよう」（黙示録二の七）と、キリストはいわれた。

八　だが、神の慰めは、逆境をいっそう強く耐え忍ばれるようにと、与えられるものである。また、幸福なので思いあがらないよう、誘惑がこれにつづく。悪魔は眠らず（ペテロ㈠五の八）、肉も今なお死んでいないので、戦いの用意をやめてはならない。なぜならば、左も右も、けしておこたることのない敵軍だからである。

第十章　神の恵みにたいする感謝について

一　あなたは働くために生まれたのに、なぜ休息を求めるのか（ヨブ七の一―二）。慰めよりも忍耐に、よろこびよりも十字架を荷《にな》うことに、意を向けなさい（ルカ一四の二七）。霊的な慰めでよろこびをいつも得られるならば、この世の誰が、それをよろこんで受けないだろう。なぜならば霊の慰めは、この世のあらゆる楽しみや肉の悦楽に優るからである。すなわち、あらゆるこの世の楽しみは、空しいか、ばかげたものだ。これに反して、霊の楽しみだけは楽しく、折目正しく、いろいろな徳から生まれ、神によって清い心に注ぎこまれたものである。だが、誰もそれらの神の慰めを、いつも自分の望むままに受ける力をもたない、それは誘惑の時がやがて来ずにはおかないからである。

二　だが、心の偽りの自由さと過大な自信とは、天からの訪れに甚だしい障害をなすものだ。神は慰めという恵みを与えていつくしみたもうのに、人は感謝してすべてを神に帰することを知らないで、罪を犯す。そのため、恵みの賜物が、私たちの内に満ちてあふれることができない、それは、私たちが創造主に感謝することを知らず、すべてをその源泉に帰さないからである（集会書一の五）。なぜならば神の恵みというのは、ふさわしくそれに感謝する人にたいしていつも与えられるもので、謙遜な人には与えられるのを常とするのも、高慢な人間には与えられないものなのである。

三　私は、痛悔（悔悛）の念をなくさせるような慰藉を求めず、また、高慢にならせるような瞑想も望まない。なぜならば高いものがみな聖《とうと》いのではなく、快いものがすべて善ではなく、望むものがみな清いのではなく、大切なものがみな神によろこばれるのではないからぃ。私は神の恵みをよろこんで受け、それによって、いつもいっそう謙遜に、神を畏《おそ》れるようになり、自分を捨てる心構えをいっそう固めるようにしよう。恵みの賜物により教えられ、恵みを失う罰によって鍛えられた人は、どんな善も自分に帰することをあえてせず、むしろ自分が貧しく無一物であることを自認しよう。神のものは神に与えよ（とある）（マタイ二二の二一）、そして、あなたのものはあなた自身に帰しなさい。つまり、神にはその恵みのゆえに感謝を捧げ、罪とそれにふさわしい罰とは、あなただけが負うべきものということである。

四　いつもいちばん下座《げざ》につきなさい、そうすれば、あなたはいちばん上の座を与えられよう（ルカ一四の一〇）。なぜならば最高というのは最下なしではなり立たないから。神にとっては最高の聖人たちも、自分にとっていとも小さな者であり、栄光に満ちていればいるほど、自分ではいっそう謙遜な者であった。真理と天の栄光に満ちている人びとは、空しい栄光を欲しない。基礎を神におき固い信仰をもつ人は、どんなことがあってもけして高慢にならない。そして、自分の受けたどんな善も神に帰する人びとは、互いに誉れを求めあわず、神だけからのものである栄光を望む。また彼らは自分自身やすべての聖人たちにおいて、神がすべてに優って賞讃されるのを望み、いつもこのことだけをめざして努力するのである。

五　されば、ごく小さなことにも感謝しなさい、そうすれば、さらに大きな恵みを授けるにふさわしくなれよう。ごく小さなもの（恵み）を非常に大きなものとし、ごくつまらないものも特別な恩恵と見なしなさい。もしもあなたが与え手（である主）の尊さを思うならば、どのような贈物も小さいとかごくつまらないとか、見えはしまい。なぜならば至高の神が与えられるものは、けして小さくないからである。たとえいろんな罰や鞭《むち》が与えられたにしても、それは感謝すべきものである。なぜならば、何にもせよ神が私たちの身に加えられることを許されるものは、いつも私たちの救いのためであるから。神の恵みを保ちつづけたく思う人は、恵みが与えられたとき、それに感謝し、取り去られたとき、これを耐え忍ぶがよい。そして恵みが再び帰ってくるように祈り、恵みを失わないように、気をつけて謙遜にしなさい。

第十一章　イエスの十字架を愛する人のすくないこと

一　イエスは、今やその天国を愛する者をたくさんもっておいでだが、彼の十字架を荷《にな》おうという人びとはわずかである。慰めを乞い願う人びとはたくさんもっておいでだが、苦難を望む人びとはわずかしかない。食卓をともにする者はずいぶん多く認められるが、断食をともにする者はわずかである。誰でもみなイエスとともによろこぶことを求めはするが、彼のために何かを耐え忍ぼうという者はすくない。パンを裂《さ》くまでイエスにしたがう者は多いけれども、受難の杯《さかずき》を飲むまで従うという者はすくない（ルカ九の一四、一二の四一）。彼の奇跡を敬う人は多いが、十字架の辱しめまで随《つ》いてゆく人はすくない。不運なことが起こらぬうちは、イエスを愛する人も多い。彼から何かの慰めを受け得るあいだは、彼を讃え崇める人もたくさんある。だが、もしイエスが姿をかくし、すこしでも彼らを離れると、もう彼らは不平をいい、ひどくがっかりしてしまう。

二 しかし、自分自身が何かある慰めを得ようというためでなく、イエスをイエス自身のために愛する者は、どんな苦難や苦悩に遭っても、最上の慰めを得たとき同様、イエスを讃美するのである。また、たとえイエスが彼らにけして慰めを与えようとなさらなくても、彼らはいつもイエスを讃美し、いつも感謝を捧げることを欲するだろう。

三 ああ、すこしも身勝手さや自己愛のまじっていない、イエスへの純粋な愛は、なんと大きな力をもっていることか。いつも慰めをほしがる人らは、みな金で雇われた者どもというべきではないか。いつも自分の都合のよさや利益ばかりを思う者らは、キリストよりも自分を愛する者だと、証明されないだろうか（ピリピ二の二一）。報いを求めず、無料《ただ》で神に仕えることを欲する者は、どこにいったい見出されよう。

四 すべてを放下したように霊的な者は、まれにしか見出されない。なぜならば、真に霊において貧しい人物、全被造物を離脱した人を、誰が見つけられよう。その価《あたい》は、「遠くから、世界の涯《はて》から（買いにくるほど）その価が貴い」（箴言三一の一〇、雅歌八の七）。たとえ人がその資産のすべてを与えたにしても、それではまだ何ほどにも達しない（マタイ一六の二四）。また、たとえどれほどきびしい苦行をしたとしても、それではまだわずかなことである。あらゆる学問を身につけたにしても、それだけではまだ及ばざること遠しである。たいした徳と熱烈な信仰をもっていたにしろ、それだけではまだ多分に欠けたところがある。すなわち、自分にもっとも大切なものが、それが一つ欠けているのだ。それは何か。すなわち、すべてを捨てたうえにも自分を捨て、自分をまったく脱却し、個人的な愛をまったく残さないことである。せねばならぬと知ったことを、全部しつくしてもなお、自分は何もしなかった、と思うがよい。

五　たいしたものと他人に評価されようことを、自分でもそうと思ってはならない。むしろ真実においては自分は役に立たない僕《しもべ》というがよろしい、たとえば、真理であるイエスも、「あなた方に命ぜられたことをみなし終えたとき、『私たちは役に立たない僕だ』といいなさい」（ルカ一七の一〇）と、いわれた。そのときこそほんとうに、その人は霊的に貧しく裸になって、預言者といっしょにいうことができよう、「私はただひとりいる貧者だから」と（詩篇二五の一六）。だが、自己とすべてとをともに捨てて、いちばん下の座につくことを知る人よりも、いっそう富みかつ自由で、また力強い者は、誰もいないのである。

第十二章　聖い十字架の王道について

一　「汝自身を否定して、汝の十字架を執り、イエスに従え」という、この言葉（マタイ一六の二四）は、多くの人にきびしく聞こえる。だが、「呪われた者らよ、私を離れて、永遠の火の中に入れ」という上もなく峻烈な言葉（マタイ二五の四一）を聞くのは、ずっとつらくきびしいことであろう。じつに、十字架の言葉によろこんで聞き従う者は、最後の審判のとき、永遠の断罪の宣告を聞いても恐れないであろう（詩篇一一二の七）。十字架のこのしるしは、主が審判のためおいでのとき、天に現れよう。そのとき生前に、十字架につけられたキリストに倣ってきた十字架の僕たちは、みな大いなる信依をもって、審判者であるキリストに進み寄るであろう。

二　されば、あなたが、天国へゆく道である十字架を荷《にな》うことを、何故に恐れるのか。十字架にこそ救いがあり、十字架にこそ生命があり、十字架にこそ敵からの護りがある。十字架にこそ天上の怡楽《いらく》の施与があり、十字架にこそ心の強い支えがあり、十字架にこそ霊のよろこびがある。十字架にこそ最高の徳があり、十字架にこそ聖性の完成がある。十字架の中以外には、魂の救いも、永遠なる生命の希望もない。それゆえ、あなたの十字架を執って、イエスにしたがいなさい（ルカ一四の二七）、そうすれば、あなたは永遠の生命に至ることができよう。イエスはみずから十字架を荷って先に立ち、あなたのために十字架の上で死なれた（ヨハネ一九の一七）。あなたもまた自分の十字架を荷い、十字架の上で死ぬことを乞い願いなさい。なぜならば、もしもあなたがイエスとともに死んだならば、あなたもイエスと同様に生命を得られようから（ローマ六の八）。また、彼の受けた処刑の伴侶《とも》となれれば、その栄光の伴侶にもなれようからである（コリント㈡一の五）。

三　さあ、（よく考えてごらん）、十字架にすべてはかかり、死ぬことにすべては依存している。聖い十字架と日々の苦行とによらなければ、生命と真の内的な平安に至る道はない。（そうしたければ）好きなところへ行き、ほしいものを求めるがいい、だが、聖い十字架の道をのぞいては、天にあってはいっそう高い道を見出すことも、地上にあってはいっそう安全な道を見出すこともできなかろう。すべてを自分の考えや望みどおりに処理しかたづけるがいい、だが、欲すると欲せざるとにかかわらず、いつも何かを忍ばねばならぬことだけを見出すだろう。それで結局かようにして、十字架をいつも認めることになろう。すなわち肉体に苦痛を感ずるか、魂に霊の苦難を受けるかすることになるのだ。

四　ときおりあなたを神が見捨てもしよう。また隣人に悩まされもしよう、またさらに悪いことには、たびたび自分が自分自身にとり重荷と感じられよう。しかし、何かのてだてや慰めでその荷をおろすこと、軽くすることも不可能だろう、ただ神がそう意図されるまで、耐え忍ぶほかはない。なぜならば、あなたが慰めなしに苦難を忍ぶことを学び、神にすっかり身をゆだね、苦難によっていっそう謙遜になることを、神がすなわち望まれるからである。キリストと同じ苦難を受けた者以上に、心底からキリストの受難をよく感じられる者はいない。されば、十字架はいつも用意されていて、いたるところであなたを待ちかまえている。あなたがどこへ走ったにしろ、逃れおおせることはできない。なぜならばどこへ行ったたにしろ、あなたは自分のからだを持って行き、いつも自分自身を見つけようからである。上を向こうと、下を向こうと、内を向こうと、外を向こうと、そのいたるところに十字架を認めよう。それゆえ、もしもあなたが内なる平安を得て、永遠の栄冠に値する者になりたければ、どんなときにも耐え忍ぶ心を保たねばならない。

五 もしあなたがよろこんで十字架を荷うならば、十字架はあなたを荷って、あなたを希望する目的地、すなわち苦難の終極まで、つれてゆこう、もっともこの終極というのは（この世には）ないだろうが。もしあなたが十字架をいやいや荷うなら、それはあなたの重荷となり、あなたをいっそう悩ますが、それでもそれを荷ってゆくほかない。たとえ一つの十字架を投げだしても、まちがいなしにあなたはきっと別なのを、しかも多分はもっと重い十字架を、見つけるだろう。

六 死ぬべき人間が誰もまぬがれえなかったことを、あなたはまぬがれると思っているのか。聖人たちの誰がこの世で、十字架や苦難を受けずにすんだか。まことに、私たちの主であるイエス・キリストも、この世に生きておいでのあいだは、一時《いっとき》たりと受難の苦を受けられなかったことはない。それは「キリストは苦難を受け、死者の中から復活し、かくして栄光に進み入るように定められていた」（ルカ二四の二六）と、いわれている如くである。それなのに、なぜあなたは、聖い十字架の道であるこの王道以外の道を、求めようとするのか。

七　キリストの全生涯は、十字架と殉教であったのに、あなたは自身に休息とよろこびを求めようとするのか。もしもあなたが苦難を忍ぶ以外のことを求めるならば、あなたはまちがっている、まちがっているのだ。なぜならば、死ぬべき人間のこの全生涯は、悲惨に満ちてい、十字架のしるしでかこまれているからである。そして、人は霊において向上すればするほど、それだけいっそう重い十字架をしばしば見出すだろう。なぜならば、神から追放に処せられた身のつらさは、神への愛のために、いっそう増すからである。

八　だが、かように彼は幾重《いくえ》にも苦しめられてはいるものの、慰めによる宥和《ゆうわ》を受けないわけではない。なぜならば、自分の十字架を耐え忍ぶことによって、ひじょうに大きな結実が得られるのを感じるからである。進んで十字架を荷うときは、苦難のあらゆる重荷が、神の慰めへの信頼に変わってしまう。また肉体が苦しみにさいなまれるほど、それだけいっそう精神は内面的な恵みによって強められる。また一再ならずキリストの十字架にならうことを愛するために、苦難と不幸によっておおいに固くされ、自分の悲しみや苦しみがなくなることを望まないほどである。なぜならば、神のためにいっそう苦しいこと、つらいことにも耐えられよう、と思うにつれ、それだけ自分がいっそう神の御旨《みむね》にかなおうと、信じるからである（コリント㈡四の一六、同一一の二三―三〇）。この弱い肉身にこれほどのことをさせる力をもち、また実際にさせるのは、自分の徳ではなく、キリストの恵みである。またその結果、生まれつきいつも嫌って逃げていることも、熱烈な霊の力によりよろこんで迎え、愛することになるのである。

九　十字架を荷い、十字架を愛し、身体を責め苛《さいな》み隷従に服させ、名誉を遁《のが》れ、侮辱によろこんで耐え、自分自身を賤しめ、他人に賤しめられることを望み、あらゆる逆境を損害ともども忍んで、いかなる幸福もこの世では求めないのは、人間の本性に順《したが》うものではない。もしも自身に反省してみるならば、こういうことはどれ一つとして自分ではできなかろう(コリント(二)三の五)。だが、もしあなたが主に信依するなら、固い信念が天からあなたに与えられ、世界も肉体もあなたの命に従うだろう。また、もしもあなたが信仰によって武装され、キリストの十字架のしるしを身に帯びているならば、敵である悪魔をも恐れずにすもう。

一〇　それゆえ、キリストのよい忠実な僕として、あなたのために、愛ゆえに十字架につけられたあなたの主の十字架を、雄々しく荷うように決意しなさい。このみじめな人生において、多くの逆運や種々な不都合なことに耐えられるよう準備しなさい。なぜならば、あなたがどこにいようと、あなたはそんな目に遭うだろうし、どこにかくれていようと、事実はこんなふうなのを覚《さと》ろうから。このようなのが当然だし、それを耐え忍ぶ以外に、いろんな禍いによる苦しみや悲しみを遁れる方法はないのだ。主の杯《さかずき》を、愛情をこめて飲みなさい(マタイ二〇の二三、ヨハネ一八の一一)、もしもあなたが、キリストの友であり、その味方と見なされたいと願うならば。慰めは神にまかせなさい。神はみずから、御旨にいっそうよくかなうよう、そうした慰めをあつかわれよう。だが、あなたは懸命に苦難に耐える決意をし、苦難を最大の慰めとしなさい。なぜならば、たとえあなたがひとりでもってあらゆる苦難に耐えられるにしろ、現在の苦難は、未来の栄光を得るのにふさわしくないからである（ローマ八の一八）。

一一　キリストのために艱難が楽しく（ローマ五の三）味のよいものとなるに至ったならば、順調にすすんでいると思いなさい。なぜならば、あなたは地上に天国を見出したのだから（ローマ五の三）。しかし悩みがつらく苦しく、遁れ出たく思うあいだ、そのあいだはまだ未熟なので、どこへいっても、苦難の恐怖につきまとわれよう。

一二　もしもあなたが当然なすべきこと、すなわち、苦難と死とにたいし十分な心構えができていれば、すぐと万事が順調にはこび、平和を見出すことができよう。たとえあなたがパウロに伴い第三天まで上げられたにしろ、さればといって、どんな苦難にも遭わないという保証ではない。「私は、私の名のために、彼がどれほどのことを忍ばねばならぬかを、彼に示そう」（使徒行伝九の一六）と、イエスはいわれた。されば、もしもあなたがイエスを愛し、いつまでも彼に仕えたいと望むならば、耐え忍ぶほかはないのである。

一三　あなたがイエスの御名のために、なんらかの苦難を受けるにふさわしくありますように（使徒行伝五の四一）。そうすれば、なんと大きな栄光があなたを待っていようか。それは神のすべての聖人にとって、なんと大きな歓喜であろう、また、どれほどあなたの隣人にとり助けになろうか、なぜならば、耐え忍ぶことをすべての人が賞賛するが、しかし（真実に）苦難を受けることを欲する人はごくすくないのだ。あなたも当然苦悩をすこしはキリストのため、よろこんで忍ぶがよかろう、多くの人がこの世のためにもっと大きな苦しみを忍ぶのだから。

一四　死すべき者として生きてゆかねばならないことを、はっきりと認めるがいい（詩篇四四の二二）。それで、人が自分にとって死ぬことの多ければ多いほど、それだけよけいに神にたいして多く生き始めるのである。キリストのために艱難を忍ぶのでなければ、誰も天上のことを覚《さと》る（把握する）資格はない。キリストのためによろこんで苦しむこと以上に、神の御旨にかなうことはなく、この世においてあなたの救いに役立つことはない。そして、もしもあなたが選択をゆるされるなら、多くの慰藉によって元気づけられるより、むしろキリストのために艱難を忍ぶほうを望むべきである。なぜならば、あなたはそれによっていっそうキリストに似た者となり、いっそうすべての聖人たちに似た者となれようから。すなわち、私たちの功徳《くどく》と霊性の向上は、たくさんの楽しいことや慰めによるのではなく、むしろ多くの重荷や苦難を耐え忍ぶことによるのだから。

一五　まことに、人間の救いにとって、もしも悩みを受けることよりよい、役に立つものが何かあったら、キリストは言葉なり模範なりできっとそれを示されたろう。なぜならば、彼は自分にしたがっていた弟子たちや、ついて行くのを望んだ者らを、十字架を荷《にな》うようにはっきりと勇気づけて、「もし誰かが私の後に随うことを望むならば、自分自身を否定し、自分の十字架を取り上げて、私について来るように」（ルカ九の二三）といわれた。それゆえ、万事をよく検討し、吟味したうえで、かように最後の決定をくだすがよかろう、「私たちは多くの苦難を経て、神の国に入らねばならないのだ」（使徒行伝一四の二二）と。

第三巻　内面的な慰めについて

第一章　キリストと忠実な魂の内面的な対話について

一 [信者] 主なる神が私に向かって何をお話しか聞くとしよう（詩篇八五の八）。主が彼の心に向かって語られるのを聞き（サムエル上三の九）、その口から慰めの言葉を受ける魂は、幸いである。主のささやきの趣旨を聞いて（マタイ一三の一六）、この世のささやきはすこしも意に介さない耳は幸いである。外にひびく声ではなく、内において真理を教える者を聞く耳はまことに幸いである。外のものには閉ざされているが、内面的なものには注意をおこたらない眼は、幸いである。内面的なことに徹し、天の奥義を悟るために日々の修行で準備をおこたらない人は、幸いである。もっぱら神への奉仕を願って、この世のあらゆる障害からのがれ出る人は、幸いである。以上のことに留意しなさい、わが魂よ、そして、主なる神があなたの心中でなんと語られるかを聞けるように、お前の感覚の（欲望の）扉を閉じるがよい。

二 [キリストは、永遠なものを求めよといわれる] お前の愛する方はこういわれる、「私はお前の救いであり（詩篇三五の三）、お前の平和、お前の生命だ。私のそばについていなさい、そうすれば、平和を見出そう。すべてかりそめなものは皆捨て、永遠なものを求めなさい」と。すべての一時的なものは、誘惑するものばかりではないか。そして、もしお前が創造主に見捨てられたら、すべての被造物が、お前にとってはなんの役に立とうか。それゆえ、すべてを放棄して、真の幸福を理解する力を得るよう、お前の創造主の御旨にかなう、忠実な者になりなさい。

第二章　真理はさわがしい言葉を用いず心の内に語るということ

一　[信者は、神がみずから語られることを、願い求める]　どうかお話しを、主よ、あなたの僕《しもべ》は聞いていますから（サムエル上三の九）。私はあなたの僕です。あなたの証《あかし》を悟れるように、私に知恵をお与えください（詩篇一一九の一二五）。私の心をあなたの御口ずからの言葉に傾けるよう、あなたの言葉が、露とひとしく流れてくるように（申命三二の二）。むかしイスラエルの子らはモーセにいったそうです、「あなたが私たちに語ってください、そうすれば、私たちも聞きましょう。主が私どもにじかにお話しなさらぬように、もしや私らが死んでは困りますので」（出エジプト二〇の一九）と。これは違います、主よ、そうお願いはしませんで、そうではなく、預言者サムエル同様、いやなお、謙遜に心をこめて、「主よ、お話しください、あなたの僕は聞いていますので」（列王上三の九）とお祈りします。モーセやまたは誰か他の預言者に語らせないで、むしろあなたが私にお話しください、主なる神よ、あなたはあらゆる預言者に霊感を与え、光を与えるお方ですから。なぜならば、あなたはひとりで、彼らの助けなしに、私を完全に教える力をおもちなのに、彼らはあなたなしにはなんの役にも立たないのですから。

二　なるほど彼ら（預言者たち）は言葉を響かすことはできても、霊を授けることは不可能です。彼らはみごとに語りますが、あなたが黙っておいでだと、人の心を燃やしたてはできません。彼らは書かれたものを伝えはしますが、あなたは意味を明かしなさいます。彼らは秘義をもち出しますが、あなたは封じられたその意味を解き明かされます。彼らは掟を布《ふ》令《れ》はしますが、あなたはそれを行なうのをお助けです。彼らは道をさし示しますが、あなたはその道を行くよう力づけてくださいます。彼らは外面的だけに働くのですが、あなたは心を教え照らし明かす、彼らは（種子の）外に水を注ぐだけ、しかしあなたは実を結ばせてくださるのです（コリント㈠三の六）。彼らは言葉で宣教するが、あなたは聞き手に理解する力をお与えなさるのです。

三　それゆえ、モーセに私へ話をさせずに、わが主なる神よ、永遠の真理であるあなたがお話しくださるよう、もしやあるいは私が死んで、実を結ばずに終わりなどしませんように。私が外面的にだけ警告され、内面的には火をとぼさず燃えたたないとか、御言葉を聞いて行なわず、心得ながら愛しはせず、信じても守らなかったことによって、私が裁かれませんように。されば主よ、お話しください、あなたの僕《しもべ》が聞いていますので。あなたは永遠の生命《いのち》の言葉をおもちだからです（サムエル上三の八）。お話しください、私の魂になんらかの慰めとなり、私の全生涯が改善されるよう、かつ、あなたには讃美と栄光と永遠の誉れがありますように。

第三章　神の御言葉を謙遜に聞くべきこと、しかもそれを重んじない人の多いこと

一　［キリスト］　聞きなさい、わが子よ、私の言葉を、この世の哲学者や賢者のあらゆる知恵にもまさる、いと快い言葉を。私の言葉は霊であり、生命であり（ヨハネ六の六三）、人間の知恵では測りえないもの、空しい楽しみのため引用さるべきではなく、沈黙して聞かるべきもの、心からの謙遜と大きな愛をもって受け入れらるべきものである。

二　［信者］　そこで、私はいった、「主よ、あなたが彼らの禍いの日々をやわらげ、彼らがこの世で淋しく見捨てられないよう、あなたが知恵を与え、法を教えられた人は、幸いである」（詩篇九四の一二―一三）と。

三　［キリスト］　主がいわれたように、私は初めから預言者たちを教え（ヘブライ一の一）、今まであらゆる人に語ることをやめなかったが、私の声にたいしては聞く耳をもたず頑《かたく》なな人が多かった。神の御言葉よりも世間の言葉に好んで耳をかたむけ、神の御旨よりも自己の肉の欲にいっそう容易《たやす》くしたがう人は、もっと多い。この世はかりそめなつまらぬも

のしか約束しないが、人はがつがつとしてこの世に仕えている。私のほうは最上の永遠なものを約束するのに、人間の心は鈍感である。この世とその主人たちに仕えるほどな熱心さであらゆることで私に仕え、したがう者が誰かあろうか。「赤面しなさい、シードーンよ」と海はいった（イザヤ二三の四）、その理由を知りたいなら、なぜかを訊くがよい。人はわずかの報《むく》いを得るためには、遠い道もかけてゆくが、永遠の生命を得るためには、ほとんど地面から足を一度あげようともしない人が多い。くだらない利益を人は求め、一枚の貨幣のために時にはあさましく争う。空しいことやつまらない約束のために、昼も夜も苦労するのをいとわない。

四 だが、ああ、なんと恥ずかしいことか、かけがえのない善のため、評価できない報いのため、無上の誉れのため、限りない栄光のためには、ほんのわずかな苦労さえ怠けたがるとは。されば、怠け者で不平家の僕《しもべ》よ、生命を得るためお前の用意ができているよりも、世の人びとが滅びる用意を十分していることを知って、恥じるがよい。お前が真理をよろこぶよりも、彼らの空しいことをよろこぶ心が、いっそう強い。たしかに、時には人が自分の希望にあざむかれる、しかし、私の約束は何人もあざむかず（ローマ一の一六、マタイ二四の三五）、私を信頼する人を手ぶらで去らせはしないものだ。もし人が最後まで忠実に変わることなく私を愛しつづけるなら、私は約束したものを与え、いったことは果たすであろう。私はすべての善い人びとに報いる者（黙示録二の二三、マタイ五の六）、かつあらゆる敬虔な信徒らの堅固な証《あか》し手である。

五　私の言葉をお前の心に刻み込み、熱心に黙想しなさい。なぜならば、それは誘惑のときに非常に必要だろうから。お前が読んでわからないことも、私が訪ねてゆく日には悟れよう。私は誘惑と慰めという二つの仕方で、私の選んだ人びとを訪れるのがならわしである。また、私は彼らに毎日、二つの教訓《おしえ》を読んできかせる、一つは彼らの悪徳を非難するもの、も一つは徳を増すよう勧めるものである。私の言葉を受け取って、しかもあなどる者は、最後の（審判の）日に自分を裁く者をもつのだ（ヨハネ一二の四八）。

六　［信心の恵みを乞い願う祈り］　わが主なる神よ、あなたは私のあらゆる善です。あなたにあえて話しかけるこの私は何者でしょう（創世記一八の二七、サムエル上一八の一八、二三）。私はあなたのこの上なく貧しい小僕、けがらわしい虫けらです。私が自覚し、あえていうにもまして、さらに貧しく見さげた者です。主よ、私が取るに足らぬ者で、何ももたず、なんの価もないことを、御記憶ください。あなただけが善く、正しく、聖でおいでなさる。あなたはなんでもお出来で、なんでも遂行され、すべてを充たす、ただ、罪びとだけは空しく捨てておかれる。（賜わった）数々の御慈悲を想い出しになって（詩篇二五の六）、聖《とうと》い恵みで私の心をお充たしください、あなたの御業《みわざ》がむだになるのを、お望みにはならぬでしょうから。

七　もしもあなたの御慈悲と恵みが、力づけてくださらないなら、どうして私がこのみじめな生に耐えてゆけましょう。あなたの御顔を私からそむけないで、御訪ねをあとへ延ばさないで、御慰めを取り去らないでくださいませ、そのため私の魂が、水を失した土みたようにならないように（詩篇一四三の六）。主よ、あなたの御旨をはたすよう、私をお教えくださいませ（詩篇一四三の一〇）。御前《おんまえ》にふさわしく謙遜に暮らせますよう、私をお教えくださいませ。なぜならばあなたは私の知恵であり、真に私をお認めなさって、またこの世界が創られる前、私がこの世に生まれる前に、私をお認めなさった方だからです（詩篇一四三の一〇）。

第四章　真理と謙遜にあって神の御前に生きるべきこと

一　［キリスト］　わが子よ、私の前を真理において歩みなさい。そして、すなおな心で、私をいつも求めなさい（創世記一二の一、知恵書一の一）。私の前を真理にあって歩む者は、襲ってくる悪から守られよう。また、真理は彼を誘惑者と悪意ある人びとの非難から自由にしてくれよう（ヨハネ八の三二）。もしも真理がお前を自由にしてくれたときは、お前はほんとうに自由になり、世人の空しい言葉を気にかけずにすもう。

二　［信者］　主よ、あなたのおっしゃるとおり、それはほんとうです。どうか私もそうなれるよう、お願いします。あなたの真理が私を教え、真理そのものが私を守り、最後の救いに至るまで私を保ってくださるように。真理そのものが私を、悪い情念や節度を欠いた愛着から解放してくれますよう、そしたら私はすっかり心の自由を得てあなたとともに歩めましょう。

三　［キリスト］　真理はいう、私の前で、何が正しく、何が私の心にかなうかを、教えてやろう、と。自分の罪を、強い不快と悲しみの心をもって反省しなさい。また、善い行いのためにひとかどの者になったなどと、けして思ってはならない。事実お前は罪びとであり、多くの情欲にわずらわされ、とりつかれている。お前ひとりではいつも滅びに向かってゆく。お前はすぐと足を滑らせ、すぐ打ち負かされ、すぐ攪乱《かくらん》され、すぐ破滅におちいらされよう。お前は何も自慢のできるものを持たず（コリント㈠四の七）、かえって恥とすべきものばかりたくさん持っている。なぜならば、お前は自分が理解できるよりもずっと弱いからだ。

四　それゆえ、お前はどんなことをしたにしても、何もたいしたことなどと考えてはならない。永遠であるもの以外は、何もたいしたものと、貴いものと、驚嘆すべきこと、賞讃に値することなどと、考えてはいけない。何も高尚でも、真に賞讃して願い求むべきものでもないのだ。永遠の真理をあらゆるもの以上に愛し、自分のこの上もない卑しさを常に厭悪《えんお》するように。また自分の悪徳と罪過ほどに、お前が恐れ、非難攻撃し、それから逃れ出さねばならぬものはないのだ。それこそ、かれらは、どのような損失よりもお前がもっとも厭悪するはずのものである。私の前をまごころをもって歩まない者がある（集会書三の二一―二三、コリント㈡二の一七）。彼らは何かの好奇心や傲慢さにみちびかれて、私の秘密をうかがい、神の至高の摂理《せつり》を知ろうとし、そのくせ自分自身と身の救いをもなおざりにしている。私が彼らに反対するので、彼らはその高慢と好奇心とのために、ひどい誘惑と罪過にしばしばおちいるのだ。

五 神の裁きを恐れ、全能なる者の怒りに慴伏《しょうふく》せよ。いと高き者の業《わざ》にあれこれと論議せずに、自分がどれほど罪を犯し、どれほど多くの善をおろそかにしたか、自分の不正を検《しら》べなさい。自分の信心をただ書物だけにおく人も、画像におく人も、外面的な記号や形象だけにおく人もある。口先で私を唱えながら、心ではあまり信じない人もある（イザヤ二九の一三）。

六 これと違って、知恵に照らされ、愛情を浄められ、永遠なものにいつもあこがれている人びともある。彼らは地上のことを重い心で聞き、人間としてやむを得ぬ要事を悲しげに充たす。また、彼らは、真理の聖霊が心中で語ることを感じ取るのである（詩篇二四の五）。なぜならば、真理の霊は、地上のものを軽んじ、天上のものを愛することを、この世界をなおざりにして天国を昼夜を通して願うべきことを、彼らに教えるからである（詩篇一の二）。

第五章　神の愛の不思議な効果について

一　［信者の祈りと感謝］　天なる御父《おん》、私の主イエス・キリストの父であるあなたを、讃美いたします。あなたはまずしい私を、思い出すに値する者としてくださったので。ああ、もろもろの慈悲の御父、すべての慰めの御神よ（コリント㈡一の三）、私はあなたに感謝します。どのような慰めにも値せぬ私を、時にはあなたの慰めでお力づけくださるからです。私はいつもあなたを、ひとり子（のイエス）と激励主《はげまして》なる聖霊とともに、世々の末まで讃美し、栄光をお称えします。ああ、主よ、私を愛してくださる聖なる神よ、あなたがこの胸においでになれば、私の身体《からだ》の内は歓喜にあふれましょう。あなたは私の栄光、私の心の歓喜、あなたは私の希望、私の艱苦のおりの避難所です（詩篇三一の七）。

二　でも私はなお愛が微力で、徳が不完全なもので、そのためあなたに力づけられ、慰められねばなりません。それゆえ、より頻繁に私を訪れ、聖なる教えをおさずけください。数々の悪い情念から解放し、節度を欠いた、どのような愛着からも私の心を医《いや》してください、それで身内《みうち》が丈夫になり、よく浄められて、愛するのにもふさわしく、悩みにたいして力強く、耐え忍ぶにも落ち着きがありますように。

三　［キリスト］　愛は大きなもの、まったく大きな善であり、愛だけがあらゆる重い負担を軽くし、あらゆる不平等なものを平等にする。なぜならば、重荷を重いとせずに運んでゆき（マタイ一一の三〇）、苦いものもみな甘くて味のよいものとする、イエスへの貴い愛は、大きな仕事をするようにうながし立て、いつもより完全な徳を望むよう激励する。愛はいっそう高くなるのを望み、どんなに低いところにも引き止められるのをいやがる。愛は自由であることを望み、あらゆるこの世の執着をも捨てようとする。それは内的観想がさまたげられずに、はかない一時の幸福のため面倒なことが起こらぬように、また不都合なことのため圧倒されなどしないようにと。まったく愛よりも楽しく、強く、また高く、あるいは広く、またよろこばしく、満ちあふれ立ち優るものは、天にも地にも見出せない。なぜならば、愛は神から生まれ、あらゆる被造物にも優って、神においてのほかは憩うことがないからである。

四　愛する者は飛行し、走り、歓喜し、自由であって拘束されない。彼はすべてにすべてを与え、すべてにおいてすべてを所有する。その故は、すべての善が流れ出る源なる唯一者、あらゆるものにも優る唯一者において、彼は憩うからである。彼は贈物には目もくれず、あらゆるよいものにも優越するその贈り主に当面する。愛はしばしば節度をわきまえず、あらゆる節度を超えて熱狂する。愛は重荷を感ぜず、労苦をいとわず、力以上のことを求める。不可能を口にしないのは、すべてを自分が成せると思い、許されていると思うからである。したがって愛は万能であり、愛者（信者）でなければ失敗し倒れるはずのばあいにも、多くのことをやりとげて奏功させる。

五　愛はまた夜も眠らず、眠っていてもぐっすりねこみはしない（ローマ一の九）。疲れていてもしどけなく怠けはせずに、苦しめられても困惑はせず、脅やかされても途方にくれず、さかんな焔《ほのお》が燃えさかる松明《たいまつ》みたいに、上へ上へと突進し、あらゆる障礙《しょうげ》を乗り越えて上へと登ってゆく。神を愛する者は、その声が何を叫ぶかわきまえている。燃え立つような魂の愛着自体が、神の耳には大きな叫びとして伝わる、「私の神よ、私の愛よ、あなたはまったく私のもので、私はまったくあなたのものです」と。

六　［信者の祈り］　私の中の、愛を広め深めてくださいまし、愛することがどれほどに快いかを、私が心の底で学べますよう、また愛に融けきり、愛を身にあびるのが。非常な熱心さと驚きのため、自分の身を超越し、あなたの愛に抱かれたいと思うものです。愛の歌をうたいたいもの、私の愛するあなたに従い、高いところへ登ってゆきたい、私の魂が、あなたの愛のため歓喜して、あなたを讃美しながらに力がつきて倒れますよう。まことにあなたを自分以上に愛し、あなたのためでないならば、自分を愛しもしないように。そして、あなたからの輝き出でる愛の掟が命ずるように、真にあなたを愛する人びとを、あなたにおいて私が愛しますよう。

七　［キリスト］　愛は速く、まじり気がなく、いっそう楽しく、心もちよく、強力で、忍耐ぶかく、忠実で、思慮に富み、寛容で、男らしく、自己の利を求めない（コリント㈠一三の四―六)。されば人が自分の利益を求める場合は、愛から離れ去るのである(コリント㈠一〇の三三)。愛は用心ぶかく、つつましく、まっすぐである。また柔弱におちいらず、うわつかず、空しいものを追求しない。まじめで、貞潔で、しっかりしていて、平静で、すべての感覚において堅く守られている。愛は従順で、長上に服従し、自分をいやしめ軽んじ、神にたいして信心ぶかく感謝を忘れず、神の恵みを味わえないときも、つねに神への信仰と希望とを失わない。なぜならば嘆きなしには、人は愛に生きてゆけないからである。

八 愛する(されている)もの(神)の御旨《みむね》にしたがい、すべてを耐え忍ぶ覚悟のまだできていない人間は、愛する(している)ものとよばれるにふさわしくない(ローマ八の三五)。愛(を)するものは、(自己の)愛する神のために、あらゆるつらさや苦しさをよろこんで受け入れ、意にそわぬ不幸な出来事が生じたにせよ、神に背《そむ》くことがあってはならない。

第六章　真実な(神を)愛する者の試練について

一〔キリスト〕わが子よ、お前はまだ(十分に)堅固で思慮ぶかい(神を)愛する者ではない。

二〔信者〕主よ、なぜですか。

三　［キリスト］　なぜならば、お前はちょっと支障があると、やりかけたことを止め、がつがつと怡楽《いらく》を求めすぎるからだ。堅固な愛する者（信者）は、さまざまな誘惑に遭ってもしっかりしていて、敵の狡《ずる》い説きつけにも動かされない。また順境のとき私を愛すると同様に、逆境においても私を疎《うと》んじることがない（ピリピ四の一一―一三）。

四　思慮ぶかい愛者は、愛する人（相手）の贈物より、贈り主の愛を大切にする。彼はその金高より愛情を重んじ、どのような贈物も愛する人のつぎにおく。気高い愛する者は、贈物に安んじるのではなく、あらゆる贈物にもまして、私に安んじるのだ。それゆえ、私や私の聖人にたいして、お前が意図するほどに愛を感じなかったにしろ、すべてが失われたわけではない。お前が時として感じる、あの善い快い愛情は、お前に授けられた私の恵みの効果であって、いわば天の祖国（故郷）をあらかじめ味わうようなものである。だが、それを頼りにしすぎてはならない。それは来たり去ったりするからである。しかし、時々生ずる悪い心の動揺と戦い、悪魔のそそのかしを斥けるのは、徳のしるしで、大きなてがらといわれる（マタイ四の一〇）。

五　それゆえに、どのような因《もと》から生じたにせよ、異常な空想に乱されてはならない。神に向かって、堅い決心と正しい意図を保ちなさい。お前が時には急に恍惚とした放心の状態《さま》におちいり、またすぐふだんのだらけた心に戻るというのは、けして幻覚ではない。なぜならば、自分でそうするというより、望まないのにそうなるので、お前がそれをよろこばずに反対するかぎり、それは功徳《くどく》であっても、損失ではないのである。

六　古い敵は、善事についてのお前の望みをなんとかしてさまたげ、すべての信心ぶかい修行から引き離そうと努めていることを、覚《さと》らねばならない。すなわち、この敵は聖人をあがめること、私の受難のつつましい追憶、有益な罪の回想、自分の心を守ること、徳の向上を熱心に心がけることなどから、お前を引きはなそうとするのだ。彼（悪魔）はたくさんな邪念を送りこんで、お前に嫌気《いやき》をおこさせ、恐怖させ、祈りや聖い読書から遠ざけようとする。彼はつつましい告白を好まず、できることなら、聖体拝領もやめさせたいと思う。たとえ彼がしばしばごまかしの罠《わな》を掛けたにしても、彼を信用したり、耳を傾けたりしてはならない。彼が悪いことや汚れたことを注ぎこんだなら、その責任をとらせなさい。そして、こう彼にいってやるがいい、「去れ、けがらわしい霊よ（マタイ四の一〇、一六の二三）。恥じろ、みじめなやつめ。お前はまったくけがらわしいやつだ、こんなことを私の耳に注ぎこむとは。私から離れろ、この上なくけしからん誘惑者め、私はけしてお前とぐるにはなるまいから。その代わり、イエスさまが強い戦士のように、私についてくださろうし、それでお前はまごついて立ちつくそうよ。お前のいうことを聞くくらいなら、むしろ死ぬるか、どんな罰でも受けるがましだぞ。黙って、口をつぐんでいろ（マルコ四の三九）。これ以上やっかいなことをしかけてこようと、もういうことなど聞いてやらぬから」と。主は私を照らす光、私の救いであるというのに、私が誰を恐れようか（詩篇二七の一—三）。たとえ敵の陣営が私の前に立ちふさがろうと、私の心は恐れを知るまい。主は私の助け手、私の救い主である。

七　立派な兵士みたように戦いなさい（詩篇二七の一四、テモテ㈠六の一二）。よし、羸《るい》弱《じゃく》で倒れかかっても、お前は私のいっそうゆたかな恵みを信じて、前よりいっそう強い気力を取り戻せ、空しい自負や慢心には用心しながら。そのためには過ちを犯す破目に至り、時には医《いや》しがたいほどな盲目のさまにおちいったりする者も多いが、この愚かにも思いあがった人びとの破滅の姿に、よく用心して、いつも謙遜に身を持するがいい。

第七章　謙遜を身の守りとして神の恵みを秘すべきこと

一　［キリスト］　わが子よ、信心の恵みをかくし、自慢におちいらず、それについていろいろと話をしたり、あまりに重く思ったりなどせぬほうが、ずっとお前の役に立とうし、安全でもある。それよりむしろ自分自身を軽んじて、授かった恵みに自分がふさわしくないことを恐れるがいい。すぐ変化して反対のものになりやすいこのような感情には、あまり執着すべきではない。恵みを受けているときは、恵みを受けぬ場合には、どんなにいつも貧しくてみじめだったか考えなさい。霊的な生活の向上は、お前が慰めの恵みを受けた場合に生じるのでなく、謙遜に自己を捨てて、忍耐ぶかく、恵みが取り去られたことも耐えおおせたとき、起こるのである。また、この向上とは、そのとき怠けて熱心に祈るのをやめたり、日常行なうその他の仕事をけしておこたったりしないことにある。そして、力と知恵のおよぶかぎり、自分のできることを、よろこんでしなさい。また、心の渇きや不安のゆえに、そうしたことを感じたにせよ、自身をまったくなおざりになどしてはならない。

二 なぜならば、思いどおりに事が運んでいかないときは、すぐに辛抱できなくなったり、怠けたりするものが多い。だが、人生の行路というのは、人間の左右できるものとはいつも限らない（エレミヤ一〇の二三）、（神が）お好みのとき、お好みなだけ、お好みの人にたいして与えなり慰めなりされるのは、すべてみな御心にあり、よいとお思いの、それ以上にはなさらないのだ。しかし不注意な人たちは、信心の恵みのためにかえってその身を滅ぼした。なぜならば、彼らは能力以上のことを企てたので、自分の力不足の度合いを思わず、理性の判断よりも心の望むところにしたがったからだ。それゆえ神の御心にかなうよりも過大なことを企らんだので、そのためたちまち恵みを失くしてしまった。天上に自分の巣《ねぐら》をおいたものら（イザヤ一四の一三）が、力なくも哀れに見捨てられたのは、彼らがいやしめられ、貧しくされて、そのあげく自分の翼で飛ぶのではなく、私の羽根につつまれて希望をもつよう学ぶためである。主の道にいまだならわず、経験のない者どもは、分別ある人たちの勧めにしたがい、身を修めなければ、たやすくだまされ滅び去るおそれがあるのだ。

三 なぜならば、もしも彼らが経験のある他人よりも、自分の意見にたよろうと思うならば、自分の意図を変えようとしないかぎり、その結果は危険の多いものであろう。賢いと自任する人間が、他人の指導を、へりくだって辛抱する場合はすくない。つつましくわずかな知恵と理解力とをもっているほう（詩篇一六の二）が、何にもならぬ自惚《うぬぼれ》ばかりで多くの知識の宝庫をもつより、優っている。自慢のできるたくさんなものをもっているよりも、すこししか物をもたないほうが、お前のためである。自分の以前の貧しさや、主への聖い畏れを忘れ、自身をまったく逸楽にゆだねる者は、十分に分別のある行為とはいえない、主は一度与えられた恵みを取り消されるかもしれない、それを恐れねばならぬ。また逆境のとき、また何かのつらい目に遭って、ひどく絶望したあげく、当然以上に私にたいする信頼の念を失い、あるいは感じることのすくない者は、十分に徳があるとも賢いともいえないのだ。

四　平和なときに、あまりに安全に無事であろうと望んでいたのが、戦さとなると、今度は過度に落胆して恐怖におちいる者がよく見られる。もしもお前がいつも謙遜に、つつましく堅固に身を持し、自分の精神《こころ》を節制しよく支配してゆくことを心得ているなれば（テサロニケ㈠五の六）、かようにすぐと危険におちいり罪を犯すようにはならないだろう。信心の熱意がさかんなうちに、もしこの光が消え去ったらばどうなろうかと、思ってみるのは、よい思案である。そういうことが起こったなら、その光がまたそのうちにもどってくることもあろうと、考えてみなさい。その光は、お前を戒めるため、しかし私の栄光のために、私が一時取りあげたのであるから（ヨブ七）。

五　いつも万事が思いどおりに都合よくゆくよりも、こうした試練はしばしばずっと役に立つものだ。なぜならば、功徳というのは、どれほど多く幻想を見るとか慰めをもっているとか、聖書に通じているとか、どれほど高い地位についているとかで判断されるものではない。それよりも真の謙遜を旨《むね》としてきたか、神の愛に充たされているか、神の誉《ほま》れを純粋完全にいつも求めているかどうか、自分を無（価値な者）と見なし、真に自分を卑しめ、他人に誉《ほ》めそやされるよりも、卑しめ侮られるのをよろこぶかどうかに、よるのである。

第八章　神の御前に自分をつまらぬ者と見なすべきこと

一　〔信者〕　あえて私の主に話しかけます、私は塵《ちり》と灰とにすぎませんが（創世記一八の二七）、もしも私が自分をそれ以上に評価したなら、それこそあなたが私にたいして立ち上がられ、私の不正のかずかずが真実だと証言しても、私はそれに反対できないのです。さりながら、もしも私が自分自身をつまらぬ者、まったく取るにも足らぬ者と卑しめたなら、また自負心をまったくかなぐり捨て、もともとそうであるように自分を塵とおとしめたなら、あなたの恵みは私の上にやさしく降り、あなたの光は私の心のすぐと間近にあることでしょう。そしてすべての自尊心はどんなにすこししかないにしても、虚無の谷間に沈め去られて、永遠に滅びましょう。かくてあなたは、私がいま何であるか、何であったか、どういう者になりおえたかを、示しなさいます。なぜならば、私は無であって、しかもそれを知らなかったのです（詩篇七三の二一―二二）。もし私がそのままにほっておかれたら、ごらんのとおり無にすぎず、どこからどこまで無力なものです。でも、もしあなたがちょっとでもかえりみてくださるならば、私はすぐに力強くなり、新たなよろこびに充たされます。このように、自身の重みでいつも底へと沈む者が、不意に引き上げられて、かくもご親切にあなたに抱き取られるのは、とても不思議なことであります。

二　こうしてくださったのは、あなたの愛です。この愛はやさしく私を導き、かくも多くの危難のあいだに私を助け、大きな危険から私を守って、まったく言葉どおりに、無数の悪から私を引き離してくださいました。しかし、私は悪い自愛のために、自分を破滅におとしいれた（ヨハネ一二の二五）。でも私は、あなただけを求めひたすら愛することにより、あなたと私をひとしく見つけて、その愛のため自分をいっそう深く無に放下したのです。なぜならば、あなたは、ああ、この上なく優しいお方よ、私のもつ、あらゆる功徳以上に、私があえて望むなり求めるなりする以上にも、私をおもてなしくださるからです。

三　祝福をお受けください、わが神よ、私はどのような幸いにも値しないのを、あなたの気高い御心と無限の仁慈は、恵みを忘れてもうとうから御旨にそむいた私どもまで、恵みをおかけなさるのを、けしておやめなさらぬゆえ（マタイ五の四五）。私どもが感謝を捧げ、へりくだって信心ふかくなりますよう、私どもをあなたのほうへお向けください。あなたこそ私どもの救い、私たちの徳と力なのですから。

第九章　すべてを、最後の目的としての神に帰すべきこと

一　［キリスト］　わが子よ、もしもお前が真に幸福になりたいと望むならば、私がお前の最高最後の目的でなければならない。この意図からして、お前の情念は浄められよう、それはしばしば自分自身や被造物やにたいし、まちがって注がれていたものだが。なぜならば、もしもお前が何かにおいて自分の我意を張ろうとすると、お前はすぐに体内の力を失し、索漠としてしまおうから。それゆえ、まず第一にすべてを私に帰しなさい、私がすべてを与えたのだから。すべてのものは至高善から流出すると、覚りなさい（伝道一の五）。また、それゆえにこそ、その源泉としての私に、すべては帰されるべきである。

二　どんなに小さいものも大きいものも、貧しいものも金持も、生命の泉からと同様、私から生命の水を汲み取るのである（ヨハネ四の一四）。また、自発的によろこんで私に仕える人は、その好意の礼として恵みを受けよう。だが、私以外のものに誉れを求め（コリント㈠一の二九、四の七）、何か自分ひとりの利益を楽しもうとした者は、真のよろこびに安んじられず、心が悠々とせず、いろんなところで妨害を受け、悩まされよう。それゆえよいことは何事でもお前自身のせいにしてはならない、どんな徳義も誰か人間のせいと見てはなら

ず、すべてを神に帰せねばならない、神なしには、人は何も所有できないのだから。すべては私が与えたものだ。私はすべて（の報償）をお前から取り立てようと思うのだ、そしてきわめてきびしく（お前が私に）感謝することを要《もと》めるものだ。

三　これが、それによって虚栄心の追放される、真理である。もし天の恵みと真《まこと》の愛が人の心にはいっていけば、どんな嫉《ねた》みも、心の狭さもなくなるだろうし、利己的な愛にとらわれもしなくなろう。なぜならば、神の愛はすべてに打ち克ち、魂のあらゆる気力を大きくするからである。もしもお前が正しい知恵をわきまえるなら、お前は私だけをよろこびとし、私だけに希望をおくであろう。なぜならば万物にもまして賞讃され、万物において祝福さるべき、神のほかには、何人も善ではないからである（マタイ一九の一七、ルカ一八の一九）。

第十章　世を軽んじて神に仕えるのは楽しいこと

一　［信者］　こんどはまた私が話しましょう、主よ、だまっていないで、天においでの私の君主《きみ》なる神の御耳にお入れいたします。「ああ、主よ、あなたを畏《おそ》れる者らのためかくしておきの、あなたの優しいたのしさは、なんとゆたかに大きなものか」（詩篇三一の二一）。でも、あなたは愛する者らにとって、何でしょう。全心をもってあなたに仕える人らにとって、何でしょうか。あなたを愛する人びとにお与えなさる、あなたを観想すること、それはほんとに言葉につくせぬたのしい心地であります。とりわけつよくあなたの愛の快さを私にお示しなさったのは、まだ私がいなかったとき私を創り、また私があなたを離れて遠くさまよい出たときに、あなたに奉仕するようにと私を連れもどして、あなたを愛するように教えてくださったことです（創世記一の二七、詩篇一一九の七三、マタイ一〇の三七、一五の一〇）。

二　おお、尽きることのない愛の泉よ、あなたのことを何といいましょう。私が弱り果て倒れた後にも、ありがたいことに私を覚えていてくださったのに、それをどうして忘れられましょうか。あなたは私のあらゆる希望以上にも、あなたの僕《しもべ》を憐れみなさり、あらゆる功《く》徳《どく》以上にも、恵みと友情とをお示しくださいました。この恵みにたいして、あなたにどんなお礼をしたらいいのでしょうか（詩篇一一六の一二）。なぜならば、すべてを捨ててこの世を遁れ、修道生活に入ることは、すべての人に許されていることではありません。あらゆる被造物が奉仕をいたすはずのあなたに、お仕え申し上げるといって、それがたいした手柄《てがら》でしょうか（士師記一六の一五）。あなたにお仕えするのを、たいしたことと思ってはならないのです。それどころか、こんなに貧しく数ならぬ者を、よろしく僕として受け入れなさり、あなたの愛する僕のうちにお加えくださったことが、私としては、ずっとたいした有り難いことに思われるのです。

三　ご覧のとおり、私のもっているものすべて、それで私があなたにお仕えするもの、それはみなあなたに属しております（コリント㈠四の七）。ところが、じつはその反対に、私があなたにお仕えする以上に、あなたが私の世話をしてくださるのです。ごらんのとおり、人間に奉仕するようあなたが創造なさった天と地は、待ちかまえていて、あなたのお命じなさったことはなんでも、毎日行なっております。でも、これは小さなことですが、その上あなたは、人間に奉仕するよう天使たちにもお命じでした（詩篇九一の一一、ヘブライ一の一四）。しかし、これらすべてに立ち優るのは、あなた自身が、あえて人類に奉仕なさると、またみずからをお与えなさると、約束をしてくださったことであります。

四　この数え切れぬほどたくさんな善徳にたいし、何をいたせばよいでしょうか。せめて私の一生のあいだ、毎日毎日そっくりとあなたにお仕えしつづけられたら（幸いですが）。よし一日でもふさわしく奉仕をするに足りるようになりたいものです。まったくあなたは、あらゆる奉仕、あらゆる栄誉、永遠の讃美にもふさわしいお方です。まことにあなたは私の主と、私はあなたの貧しい僕で、力を尽くしてあなたにお仕えするようにと定められて、けして一時もおこたることなくあなたの讃美をしつづけねばならないのです。これが私の望み、また希望であります、されば何か私にいたらぬ所がありましたら、どうかあなたがそれをおぎないくださりますように。

五　あなたにお仕えし、あなたのためにすべてを軽んじるのは、大きな誉れ、大きな栄光です。なぜならば、進んであなたへの聖《とうと》い奉仕に身を投げだす人びとは、大きな恵みを得ましょうから。またあなたへの愛のためにあらゆる肉の楽しみを投げ捨てる人びとは、聖霊のこの上なく快い慰めを見出しましょう（マタイ一九の二九）。あなたの御名のために狭い道に踏み入り（マタイ七の一四）、すべて現世の心づかいをかえりみない人びとは、心の大きな自由を得ることでしょう。

六 ああ、神への奉仕は、なんとうれしく楽しいことか（マタイ二の一〇―一二、ヨハネ五の三）。それによって人はほんとうに自由にも聖くもなります。ああ、人間を天使たちにも等しいものとし、神の御心にはかなうもの、悪魔には恐るべきものと、全信徒には模範たるべきものとするのは、修道生活の聖い日常にほかなりません。ああ、これこそ、私たちの歓んで迎え、いつも変わらず望むべきもの。それによって、私たちは最高善を受けるに値するものとなり、際涯のないよろこびを得られるのです。

第十一章　さまざまな心の望みはよく検討し、つつしむべきこと

一　［キリスト］　わが子よ、まだよく学んでいないたくさんなことを、お前はこれから学ばねばならない。

［信者］　それは何ですか、主よ。

［キリスト］　お前の希望をすっかり私の望む意図にしたがわせ（詩篇一〇七の一、マタ

イ六の一〇―一四)、自分自身を愛する者ではなく、私の意志の熱心な追随者となることである。いろいろな欲望がしばしばお前を燃え立たせ、はげしく駆りたてる、しかしお前がひどく動かされるのは、私の誉れのためか、それともむしろ自分の都合のためかを、考えてみなさい(ピリピ二の二一)。もし私のためならば、私がどんなふうに決着をつけたにしても、お前は十分満足しよう。だが、もしそこに自分の利益を求める心がいくらかひそんでいたとすれば、それこそきっとお前をさまたげ悩ますものだ。

二　それゆえ、私に相談せずに、前からいだいていた欲望に、あまり熱中しすぎないよう、用心しなさい。初めは気に入り、最上であるかのように熱中したのが、ひょっとして後で(そうしなければよかったなど)悔やんだり、いやになったりしないようにである。というのも、よいと思うどんな気持にも、即座にしたがうべきではなく、反対のどんな気持も、はじめから避くべきではない。ときおりは、有益な熱心さや願望にも、抑制を加えるほうがよいこともある。心がせいて迫るあまりに、攪乱されてはなるまいし、規律がないため他人にたいし、つまずきを引き起こすようではならぬ、またさらには、他人から抵抗を受け、たちまちにして混乱におちいったり倒れ潰《つい》えたりなどしてはなるまい。

三　時にはほんとうにはげしい力をふるって、感覚的な衝動に雄々しく抵抗せねばならぬこともある(ピリピ二の二一―二二、ローマ八の一二―一三)。また、肉体が何を欲し、何を欲しないかは、問題にせず、むしろその意に反しても、いやがる肉体を精神にしたがわせるよう努めねばならない（コリント㈠九の二七、一〇の三）。そして、万事にたいして用意ができ、わずかのもので満足し、質素をよろこぶことを学び、どんな不都合にも不平をいわなくなるまで、それまでは肉体をきびしくしつけ、服従するように強いねばならない。

第十二章　忍耐の観念について、および欲望との戦いについて

一　［信者］　主なる神よ、忍耐が私にはおおいに必要なようですが（ヘブライ一〇の三六）。この世の生活では、思うに任せぬことがたくさんおこるからです。というのも、私の心の平和のためにどんなに努めようと、戦いと悩みなしに生きていけないのです（ヨブ七の一）。

二　［キリスト］　そうだ、わが子よ。しかし私は、誘惑もなく、思うに任せぬこともおこらないような、平和をお前が求めることは望まないのだ。かえって、お前がいろいろ苦難に責め立て悩まされ、多くのままならぬことに試みられるときこそ、平和を見出した、と思いなさい（ヤコブ一の二）。

三　もしお前がたくさんの苦難に耐えられないというなら、どうして煉獄の火に耐えられようか。二つの禍いのうちの小さいほうを、いつも選ぶべきだ。それゆえ未来の永遠の刑罰を避けることができるように、神のために現在の禍害を心静かに耐え忍ぶよう努めなさい。

それともお前は、この世の人間は全然つらい目に遭わないか、すこししか苦しまないとでも思っているのか。どんなに安楽な生を送る人びとに聞いてみても、そうではないことがわかろう。

［信者］　でも彼らは楽しみがたくさんあり、自分の思いどおりに生きているので、それで自分の悩みはたいして苦にしていないのです。

四　［キリスト］　よろしい、欲しいものはなんでもみなもっている、としておこう。でも、それがどれほど長くつづくのかね。見なさい、この世の富める者らも、煙のごとく消えうせ（詩篇六八の二）、過ぎ去った昔のよろこびの思い出は、何も残らないであろう。しかし、彼らが生きているあいだじゅうも、けして苦さも退屈も恐れも感じずに、のんびりと平和に過ごしていたわけではない。なぜならば、快楽を得て来るその源から、その同じところから、彼らはしばしば苦悩という罰を受け取るのだ。それも当然で、彼らはむやみやたらに快楽を追求するので、混乱と苦さなしには、この快楽を享受できないのである。

五　ああ、それらの快楽はみな、なんと短く、偽物の、なんとみだりがわしい、恥ずべきものだろうか。しかし、彼らはそれを、酔って盲目になっているため、覚らないのだ。それどころか、物いわぬ獣類同様、じきに失せて滅びる人生のわずかな快楽のために、魂の死を招くのだ。それゆえ、わが子よ、お前は自分の欲求の後を追わず、意欲に背いて（集会書一八の三〇）、主にあってよろこびなさい、そうすれば、神はお前に、お前の心の求めるものを、与えられよう（詩篇三七の四）。

六　すなわち、もしほんとうにお前が私からよろこびを得、さらにたっぷり私に慰められたいなら、よいかね、あらゆるこの世のものを軽んじ、あらゆる取るに足りないよろこびを切り捨てることに、お前の祝福があり、たくさんな慰めが与えられよう。そしてお前が、あらゆる被造物の慰めから身を引くにつれ、それだけ私に、快い力強い慰めを見出すであろう。だが初めには、いくらかの悲しみや闘争の労苦なしには、それを獲得できなかろう。生まれつきの習慣はこれに反対しようが、それもよりすぐれた習慣によって征服されよう。肉体はまた不平をいおうが、魂の熱意に制御されよう。昔からいる（かつてアダムを誘惑した）蛇はお前を唆《そその》かし、いらだたせようが、祈りによって逃げ出しを余儀なくされよう。そのうえに、効果ある骨折りによって、蛇の大きな出入口も鎖《とざ》されるにちがいない。

第十三章　イエス・キリストの模範にならうつつましい僕《しもべ》の服従について

一　［キリスト］　わが子よ、服従を逃れようと努める者は、みずから神の恵みをしりぞける者だ。さらに私的なものを得ようと努める人は（マタイ一六の二三）、公のものを失う。よろこんで自発的に自分の長上に従わないというのは、彼の肉体がまだまったく（心に）従わず、たえず反抗したり、不平をいったりすることの証拠である。されば、もし自分の肉体を服従せしめたいと願うならば、さっそく自分の長上に自ら服従することを、学びなさい。なぜならば、もし内部の人（間性）が荒廃しきっていないならば、外部の敵はそれだけいっそう早く克服されるからだ。精神とよく調和しないときは、お前自身ほどお前にとって、やっかいで悪い魂の敵はない。されば、もしお前が肉と血とにたいしいっそう優位を占めたいならば、徹底的に自己を軽蔑することを、身につけねばならない。なぜならば、お前は今まで度はずれに自己を愛しすぎてきたので、自分をはっきりと他人に委《まか》せてその意志にしたがわせるのを、恐れるのだ。

二　だが、全能で至高な私、万物を無から創造した私が、お前のためにへりくだって自分を人間に服従させたというのに、塵《ちり》で無（価値）であるお前が、神のために自分を人間に服従させたとしても、何でたいしたことになろうか。お前が私の謙遜によって自己の傲慢に打ち克つために、私は自分をすべての中でもっとも卑しく低い者とした（ルカ二の七、ヨハネ一三の一四）。塵である者よ、身を矯《た》めてしたがうことを学びなさい。土と泥なる者よ、へりくだることを、またあらゆる人の足もとに身をかがめることを、学びなさい。自分の欲望を砕き、どのような服従にも身をゆだねることを、学びなさい。

三　自身にたいし怒りを燃やし立てなさい。そして、身内に慢心が生きているのを許してはならぬ、かえって、万人がお前を踏んでゆき路上の泥みたいに足蹴《あしげ》にすることができるように、自分が卑しくつまらない者であることを、示しなさい。はかない人間であるお前に、なんの不平があるか。けがれた罪びとよ、それほどたびたび神にたいして罪を犯し、何度となく地獄に落ちても当然だったお前が、非難する人びとにたいしなんの弁解ができるか。それなのに、私の眼がお前を見逃しておいたのは、お前の魂が私の眼には貴かったからである。お前が私の愛を認め、いつも私の仁慈に感謝し、またたえず真の随従と謙遜にその身を捧げ、自身を見くだすことに辛抱づよく耐えるためである。

第十四章　善業に得意にならないよう、神のかくれた裁きをつつしんで思うべきこと

一　[信者]　あなたは私の頭上に、あなたの審判を鳴りとどろかせる、主よ、そして、恐れとおののきで私の骨を残らずゆすぶり、私の魂をまったくこわがらせます。私は魂消《たまげ》て立ちつくし、天もあなたの御眼から見れば、清浄ではないことに（ヨブ一五の一五）、想い到ります。もしもあなたが天使たちのあいだにも邪悪（な所業）を認め（ヨブ四の一八）、しかもそれを見逃さないとしたら、私はどうなることでしょうか。星さえ天から落ちたというのに（黙示録八の一〇）、塵にひとしい私が何を期待できましょう。その仕事が賞讃に値すると見なされた人びとさえ、地獄の底に落ち、天使らのパンを食べていた人びとでさえ、豚の餌でよろこんでいるのを、見てきたのです。

二　それゆえに、主よ、あなたが手をお引きになるなら、聖いものは何もありません。もしもあなたが舵取《かじと》りをおやめなさるなら、どんな知恵も役に立ちません。またもしあなたが守護することをおやめなさるなら、どんなに強い志でも助けにはなりません。あなたがお守りなさらなければ、いかなる純潔さとても安全ではありません。もしもあなたが聖い見張りをなさらなかったら、どんな自分の張り番とて役に立ちません。なぜならば、もし見捨てられたら、私たちは罪におちいり、滅びに帰します。でも、もしお訪ねくださるならば、私たちはすっくと立ち上がり生きてゆけるのです。いかにも私たちは不安定ですが、あなたのおかげで確信を得、なまぬるい者も、あなたによって燃え立つのです。

三　ああ、どれほどに卑しい、つまらぬ者と私は自分を考えねばならないのですか。もしも私が何かの徳をもっているように思えても、どれほど自分をくだらぬ者と思いなさねばならないのですか。ああ、主よ、どれほど深く、あなたの底しれぬ深淵のような審判に私はこの身を従わせねばならないことか、そこで私は、自分がまったく無の無にほかならないのを悟るのです。ああ、計りしれぬ罪の重さよ。ああ、泳ぎわたれぬ海原――そこで私は、自分が何につけても無にほかならないのを知るのです。されば、いったいどこに自慢の隠れ場がありましょう。どこに徳についていだく自信がありえましょう。すべての空しい慢心は、私の上にくだされたあなたの審判《さばき》の深淵《ふかさ》の中に、呑みこまれてしまったのです。

四　すべての肉（人）は、御眼になんと見えるでしょうか。泥土が、自分を形づくる者にたいして、なんの自慢ができるでしょうか（イザヤ二九の一六）。心からほんとうに神に服従する者が、どうして空しい言葉をつらねていばれるでしょうか（イザヤ二九の一六）。真理が自分に随従させたそういう者なら、全世界が持ちあげたにしろ、その人をいばらせることはできないはず、また、自分の希望のすべてを神にかけた者ならば、万人の賞讃とてもその人を動かすことはできないでしょう。なぜならば、そう口にする人全体が、ごらんのように、みな無だからです。そして、その言葉のひびきとともに消え去りましょう。ところが、主の真理は永遠に滅びません（詩篇一一七の二）。

第十五章　すべての望ましいことにおいて、どうふるまい、どう話すべきか

一　［キリスト］　わが子よ、万事につけてこういいなさい。「主よ、もしもあなたがそう思し召しなら、そうなさいますように」「主よ、もしそれがあなたの御栄えならば、御名においてそうなりますように」「主よ、もしそれが私にとって、よいことであり、役に立つこととお認めならば、御栄えのため、用いるのをお許しください。でも、もし私に害があり、霊の救いにも役立たない、とお認めなら、そうした願いを私から取り去ってくださいませ」と。なぜならば、たとえ人間には正しく善いと思われるものも、すべての願望《ねがい》が聖霊から出

ているとは限らないからである。あれやこれやの欲望へとお前を促すのが、はたして善い霊なのか悪いものか、それとも、自分の精神で動いているかを、ほんとうに判断するのは、困難である。初めは善い霊によりみちびかれていると思ったものが、結局はだまされていることが多い。

二　それゆえ、なんにせよ望ましいものを思いついたら、いつも神への畏敬と謙遜の心をもって願い求むべきである。とくに自分を捨ててすべてを私にゆだね、こういわねばならない。「主よ、あなたは、どうすれば、いちばんよいか、ご存じです。あれもこれも、御旨のままになりますように。お望みのものを、お望みのほどだけ、お望みの時に、お与えくださ い。お考えのよう、いっそう御旨にかないますよう、いっそうの御栄えがありますように、私をご処置くださいませ。お望みの場所に私を置かれ、万事において私を自由にお導きのように。私はあなたの御手の中にあります。廻すなり引き戻すなり、御意のままに。ごらんのとおり、私はあなたの僕《しもべ》、なんでもいたすつもりでいます。なぜならば、私は自分のためではなく、あなたのために、生きたいと願うからです、ふさわしく、欠けるところなく」と。

三　［神の御旨を行なうための祈り］　この上なく御親切なイエスよ（知恵書九の一〇）、あなたの恵みが私とともにあり、ともに悩み、私のもとに終わりまでずっととどまることを、お赦しください。あなたにもっともよろこばれ、もっとも大切にと思し召すこと、それを、私がいつも願い求めますように。御旨が私の望みであり、私の望みがいつも御旨に従い、それとぴったり一致しますよう。望むにも望まないにも、あなたといっしょでありますように。またあなたがお望みなさり、またはお望みなさらないのいずれにしても、ちがったようには、望むのも望まないのも私にはできませんよう。この世にある、すべてにたいして死に、あなたのために軽侮されて満足し、またこの世では人に知られず過ごせますよう、お計らいを。すべての望みにもまさってあなたの中に私を憩わせ、私の心にあなたにおいて安らぎを得させてくださいますように。あなたこそ心の真の平和、あなたが唯一つの休息所、あなたのほかは、何もかもかたくなで不安です。この平和そのものの中に、すなわち、唯一のいと高く永遠なる善であるあなたの中に、私は眠り、憩いたく思う者です（詩篇四の八）。アーメン。

第十六章　真の慰めは神にだけ求むべきこと

一　自分の慰めとして望んだり、考えたりできることのすべてを、私はここ、この世ではなく、後の世に期待する。なぜならば、たとえ私がひとりでこの世のあらゆる慰めを手に入れ、あらゆる快楽を楽しむことができたとしても、長つづきしないのは、たしかなことだ（マタイ一六の二六）。それゆえ、わが魂よ、貧者の慰め手、謙遜な者の守り手である神においてのほかは、お前は十分には慰められず、完全に力づけられることはない（詩篇七七の一

—二)。期待はすこしにしなさい、わが魂よ、期待は神の約束なさったものにとどめなさい、そうすれば、お前は天でいっぱいにあらゆる善福を得られよう。だが、もしもお前がむやみやたらに、それら現世のものを追求すると、永遠な天上の福を失うだろう。この世の(はかない)ものは入用だけにし、永遠なものを願い求めなさい。どんなに善いものも、はかないものでは満足はできない。なぜならば、お前はそれを楽しむように、創られていないからである。

二　たとえお前がすべて造られた(世にある)よいものを手に入れたにしろ、お前はしあわせでなく、祝福されもしないだろう。ところが、万物を創造された神においてのみ、お前のあらゆる幸いと祝福とは見出されるのだ(知恵書二の二三)。しかしそれも、愚かなこの世を愛する人びとがそう思ったり、褒めたりするようなものではなくて、キリストのよい信者たちの期待するようなものであり、霊的で心の清い天国の住人が、ときおり(この世で)前もって味わうようなものである(ピリピ三の二〇)。人間のもつ慰めは、みなむなしく短い。祝福された真の慰めは、内的に真理によって与えられるもので、信心ふかい人は、イエスを自己の慰め手としてどこへでも伴ってゆき、彼にこういう、「主イエスよ、いつでもまたどこへでも、私といっしょにおいでください。人間のどんな慰めもよろこんで受けないようにすることが、私の慰めでありますように。たとえあなたの慰めがない場合でも、あなたの御旨と正しい試練が、私にとって最上の慰めとなりますように。なぜならば、あなたは永久にお怒りにも、永久におどしつけにも、なりますまいから」（詩篇一〇三の九）と。

第十七章　心配ごとはすべて神にゆだねるべきこと

一　［キリスト］　わが子よ、私の思うとおりに、お前を扱わせなさい。私は何がお前のためになるかを知っている。お前の思慮は（限りある）人間のもので、その感情は多くのばあい情念により動かされる。

二　［信者］　主よ、あなたのおっしゃることはほんとうです。私のための御心づかいは、私が自分のためになし得るどんな配慮より、ずっと大きなものです（マタイ六の三〇）。なぜならば、自分のすべての心づかいをあなたにお任せしない者は、まったく不安定な状態にあるのですから。主よ、私の意志がいつも正しく、あなたへしっかり向けられているかぎりは、お好きなようにどうなりと私を扱いくださいませ。なぜならば、なんでもあなたが私についてなさることは、みな善でないのはありえませんから。もしもあなたが、私を暗黒の中におこうとお望みなら、祝福されておいでのように。もし私を光の中におこうとならば、それもまた祝福されておいでのよう。もし私を慰めるのがよいとお思いでしたらば、祝福されておいでのよう。また、もし私に苦難をお与えなさろうとなら、それも同じくいつも祝福をお受けのように。

三　［キリスト］　わが子よ、もしもお前が私といっしょに歩むのを望むならば、このような心がけを持たねばならぬ。すなわち、お前はよろこぶのと同様に、苦しみをすぐ受ける心構えを持たねばならない、満ちたりて裕福なのと同様に、よろこんでまた乏しく貧しくもある心構えを。

四　［信者］　主よ、どんなことが私の上に起こるのをお望みなさろうとも、私はあなたのためによろこんで受けるつもりです（ヨブ二の一〇）。私はあなたの御手から、善だろうと悪だろうと、甘いものも苦いものも、楽しいことでも悲しいことでも、区別なしにお受けしようと望んでおります、そして、私について起こるすべてに、感謝しようと。あらゆる罪から私を守ってくださいませ、それで私は死も地獄も恐れますまい（詩篇二三の四）。あなたが私を永遠にお見捨てなさらず、私の名を生命の書からお消しにならない（黙示録三の五）かぎりは、どんな苦難がふりかかろうと、些《さ》の害悪も受けますまい。

第十八章　この世のみじめな思いを、キリストの範にならって、心静かに忍ぶべきこと

一　［キリスト］　わが子よ、私はお前の救いのために、天から降りてきた（ヨハネ三の一三）。私はよんどころなしにではなく、愛にひかれて、お前のみじめな出来事を引き受け

たのだ（イザヤ五三の四）、お前が忍耐を学び、この世のつらい事々を不平をいわずに耐え忍ぶように。なぜならば、私は私の降誕の日から十字架上の死にいたるまで（ルカ二の七）、苦しみを忍ばずにはすまなかったからである。私はこの世の多くの事物の欠乏に大いに悩み、いくたびとなく、自身への苦情を聞いた、侮辱や非難を甘受もした。また祝福にたいしては忘恩を、奇跡には冒瀆を、教戒には叱責を受けた。

二　［信者］　主よ、あなたは生涯を忍耐をもってお過ごしでした、この点ではとくに父（なる神）の命令《いいつけ》を実行なさいました（ピリピ二の八）。されば、みじめな罪びとである私が、あなたの御意《みこころ》にしたがって辛抱づよく立ちふるまい、あなたがお望みなさるまで、朽ちはてるはずのこの世の重荷を、自分の救いのため荷《にな》うのは、当然です。なぜならば現世はとても重い荷物のように見えても、お恵みによりたいそう仕甲斐《しがい》のあるものになり、ことさらあなたのお手本や聖人たちの足跡により、弱い者にもずっと辛抱しやすく、明るいものとなっているからです。それに加えて、以前は天の門がぴったりとざされていて、天への道もいっそう暗く見えました、そしてごくわずかな者しか天国を求めようとは心がけなかった、そうした昔の古い律法時代よりも、（今の世は）ずっといろんな慰めをゆたかにもっておりますす（マタイ七の一四）。でも、その頃は、救われるはずの正しい人びとさえ、あなたの御受難と、聖い死による贖《あがな》いの以前は、天国へは入れないのが定《きま》りでした。

三　ああ、あなたが私と信者全体とに、あなたの永遠の御国に到る正しくよい道をお示しくださったことを、どれほど私は感謝申し上げねばならないでしょう。なぜならば、あなたの生涯は私たちの道であり、私たちは（お手本である）聖い忍耐心により、私たちの栄冠なるあなたのもとまで、（その道を）歩んでゆくのですから。もしもあなたが私たちを教え導きなさらないなら、誰が後《あと》から従《つ》いていく気になったでしょう。ああ、もしあなたのかくもみごとな模範《おてほん》を仰がなかったら、どれほど多くの人びとがずっと後ろに取り残されていたことでしょう。ごらんください、私たちはこんなに多くあなたの印《しるし》と教えとを見聞きしながら、このように熱意を失いぼやけております。あなたの後から従いてゆくために、かほどに強い光明をもっていなかったら、私たちはどうなったでしょう（ヨハネ一二の四六）。

第十九章　不正を忍ぶこと、また誰が真に耐え忍ぶ者か、その試練について

一　［キリスト］　わが子よ、お前のいうのはどういうことか。不平をいわずに、私や他の聖人たちの受けた苦難を考えてみなさい。お前はまだ血を流すほどに抵抗したことはない（ヘブライ一二の四）。かくも多くの苦難に遭い、かくも雄々しく誘惑に耐え、かくも烈しい逆境に立ち、かくもさまざまな試練を受け苦悩を味わった人びと（ヘブライ一一の三七）に比べたとき、お前のこうむる苦しみはわずかなものだ。それゆえお前のごくわずかな苦しみ

を、いっそう楽に忍ぶためには、他人のもっとひどい苦悩を心に思いうかべるがよい。そして、もしその苦悩が、ごくわずかのものとしか見えなかったら、お前の忍耐力が足りないからではないかどうか、注意しなさい。だが、小さかろうと大きかろうと、なんでも辛抱づよく耐えるよう努めなさい。

二 受苦の用意がよくできていればいるだけ、いっそうお前の行ないは賢くなり、功徳《くどく》はますであろう。また気の持ち方と慣れとでその用意を努めておこたらなければ、いっそうたやすく辛抱できよう。それにお前はこんなことをいってはならない、「私はこんな目にこの人から遭わされるわけにいかない。また、私はこんなことには我慢がならない、なぜならば、彼はひどい損害を私に与え、思いもよらないような非難を私にくわえたのだから。だが、他の人からならよろこんで我慢もしようし、我慢をしなきゃならんと思うのだが」など。忍耐の徳を考慮せず、それが誰によって栄冠を与えられるのかも考えずに、むしろその人物や、自分にくわえられた非行だけをはかるかような考え方は、愚にもつかないものである。

三 自分でいいと思っただけしか、また、自分の好きな人からでないと、苦しみを受けることを承知しないのは、ほんとうの忍耐ではない。ほんとうの忍耐では、誰にわずらわされるかは問題でない。たとえば、自分の長上《めうえ》だろうが、同等の者だろうが、目下の者だろうが、また、すぐれた聖職者だろうが、邪悪なつまらぬ人だろうと、問題ではない。かえって、あらゆる被造物から、どれほどだろうと、どれほどたびたびだろうと、何か難儀が起こった時は区別なしに、万事を神の御手からよろこんで受け、巨大な利益と見なすのである。なぜならば神のもとでは、どれほどわずかな分量でも、神のために耐え忍んだかぎりは、功徳とされずに滅びることはないからである。

四　それゆえ、もしもお前が勝利を得たいと思うならば、戦いの準備をしておきなさい。戦いあうことなしには、忍耐の栄冠は獲得できないのだ（テモテ㈡二の三―五）。耐え忍ぶことを欲しないのは、栄冠をこばむことだ。それゆえ、もし栄冠を授かりたいと望むならば、勇ましく戦い、辛抱づよく我慢しなさい。苦労なしには、平安を得ることはできず、戦わずしては、勝利を博することはできないのだ。

五　［信者］　主よ、生来の力では自分に不可能と思われることが、お恵みにより可能となりますように。ご存じのとおり、私は我慢の力がわずかしかなく、ちょっとした支障が起こっただけで、すぐとがっかりしてしまいます。どのような苦難の試練も、あなたの御名により、私にとって好もしく望ましくなりますように。なぜならば、あなたのために耐え忍び苦しむことは、私の魂の救いにとってほんとうに役立つからです。

第二十章　自分の弱さの告白とこの世の悲惨について

一　〔信者〕　私は自身にたいして自己の不正を告白し（詩篇三二の五）、あなたに、主よ、私の弱さを告白いたします。よくちょっとした小さなことで私はがっかりし、悲しい思いをします。私はいさましく行動しようと決心します、ところがちょっとした誘惑に遭うと、ひどく心に悩むのです。時にはとてもつまらぬことから、ひどい誘惑がもたらされます。それで、自分がいくらかは安全だと思っているのに、知らないうちに、自分が時おりほんのひと吹きで吹き倒されそうになっているのに、気がつくのです。

二　それゆえ主よ、いたるところでご存じのような私のこの卑しさ弱さを、ごらんください（詩篇二五の一八）。私を憐れみ、私がはまりこまないように、泥の中から救い出してくださいませ（詩篇六九の一四）、私がいつまでも倒れておりませんように。というのは、つまり私をたびたび周章《あわて》させ、あなたの御前でまごつかせるのは、私がかくも倒れやすく、情念に抵抗する力が弱いことです。たとえ私がすっかりそれに同意しなくても、それらの情念の追求は、私には厄介で苦しいもので、とてもかように毎日毎日闘争のうちに生きてゆくのは、まったく閉口なので、これからしても私には自分の弱さが覚られます。なぜならばいとわしい想像が、いつもなくなるよりもずっとたやすく、浮かびあがってくるからです。

三　信者の魂を熱愛されるイスラエルのこの上なく強い神よ、どうぞあなたの僕《しもべ》の苦しみと悩みをかえりみ、その企てるすべてについて、御助力くださいますように。まだ十分霊に服従させられていない古い以前の人、哀れな肉（体）が、勢いを得て私を征服してしまわぬよう、天上の力をもって私を堅固にしてくださいませ。このいともみじめな世に生きて息づくあいだは、この肉と戦わねばならないからです。ああ、この世はなんというものか、さまざまな苦難や悲惨に事を欠かず、すべてが罠《わな》と敵意とに満ちている、この世とは。なぜならば、一つの苦難や誘惑が去ったと思うと、他のがまたやって来ます。しかも以前の闘争がまだつづいているのに、他のがぞくぞくやって来るのです、もっとたくさん、思いもかけずに。

四　それゆえ、どうしてこの世が愛され得るでしょうか、かほどもたくさんな苦いものに満ち、かほどに多くの不幸と悲惨にひしがれているのに。どうして、それでも、なお人生と呼ばれましょうか、これほど多くの死や禍いやを生みだしているのに。しかもなお、人はこの世を愛《いと》しがり、多くの人はそこでよろこびを求めます。この世界はしばしばいつわりで空しいものと非難されます、しかも、それをあっさり捨てる人はいない、その理由は、肉の欲望が、あまりにも強くこの世を支配しているからです。しかしながら、そのあるものは愛へと引きつけ、あるものは軽蔑《さげすみ》へと引きつけます。この世の愛へと引きつけるのは、肉の欲望、眼の欲望、それに生の驕奢《おごり》です。他のほうで、この世の嫌悪や厭離やを生みだすものは、まさしくそれら（欲望や驕奢）につづいて引きおこされる苦痛だのみじめさなどです（ヨハネ㈠二の一六）。

五　しかも、悲しいことには、よこしまな快楽が、この世に溺惑しきった心を征服して、茨《いばら》のもとに臥《ふ》すのさえ楽しいことと思わすのです（ヨブ三〇の七）。なぜならばそういう人は神のやさしい御心も徳の内面的な悦ばしさも認めずに、その味わいも知らないからです。それにひきかえ、この世をまったく軽んじて聖い規律の下に神にしたがい生きようと努める者ら、その人びとこそ、真にこの世を捨離した者らに約束された神のやさしさを、よく心得た人びとです。そして、この世がどれほどひどく昏迷し、どんなにいろんな過ちを犯しているかを、いっそうはっきり見て取るのです。

第二十一章　すべてのよいもの、贈物にもまして、神に安らうべきこと

一　［信者］　あらゆるものにもまして、またあらゆるものにおいて、私の魂よ、いつも主のうちに安らいなさい、主こそ聖人たちの永遠の安らいなるゆえに。

［祈り］　この上なく優しく愛に満ちたイエスよ、すべての被造物にもまして、あなたのうちに安らわせてください、どんな健康や美しさより、どんな栄光や誉れよりも、どんな権力や地位よりも、どんな知識や巧緻《こうち》さよりも、どんな富や技術よりも、どんな愉悦や歓喜よ

りも、どんな名声また賞讃、どんな甘美さまた慰藉《いしゃ》より、どんな希望や約束、どんな功績や願望よりも、あなたが授与のおできなさるどのような賜物、恵みより、また心の受け感じることのできるどんな歓楽や悦楽よりも。最後には、天使や大天使よりも、また、天の全軍よりも、またあらゆる目に見えるもの見えないものより、また、私の神であるあなた以外のどんなものより。

二　なぜならば、わが主なる神よ、あなたはすべてに優って善であり、あなただけが至高で、あなただけが全能で、あなただけがまったく満ちたり完全で、あなただけがこの上なく優しく慰めに満ち、あなただけがこの上なく美しく愛に満ち、あなただけがすべてに超えてこの上なく貴く栄光に輝いているからです。あなたの中には善福ことごとくが一時に完全に、現在、過去、未来を通じて存在します。さらにまたその故にこそ、あなた御自身を私にお与えくださる以外は、どんなものをくださろうとも、よし御自身の啓示を約束なさろうと、私が御姿を見、あなたを十分わがものとしないかぎりは、それらはつまらぬ不十分なものです。なぜならばもしまったく、あらゆる賜物や被造物をも超越してあなたのうちに憩えないなら、私の心はほんとうに安らうことも、まったく満足することもできないからです（アウグスティヌス）。

三　おお、私のうえなく愛する花婿イエス・キリストよ、いともきよい愛人よ、つくられたる万物の支配者よ、あなたをめざして飛び、あなたに憩うために、誰が私に真に自由の翼を与えてくれましょう（詩篇五五の六）。おお、私の主なる神よ、どんなにあなたが優しいかを、私が十分悟る余裕は、いつ与えられましょう。あなたへの愛のために、自分自身を感じないで、しかもあらゆる感覚と尺度を超えて、誰にも知られていない方法で、あなただけを感知するように、いつ私は十分に、あなたに思いを潜《ひそ》めることができましょうか。でも、いま私は、何度となく溜息をつき、自分の不幸を悲しみながら耐えております。なぜならば、たくさんな禍いがこの悲惨に満ちた谷で起こり、それがしょっちゅう私を悩まし悲しませ、曇らせるのです。もうしょっちゅう私をさまたげ、攪乱し、誘い寄せたり、巻き込んだりし、自由にあなたのもとに行けないようにするので、祝福された魂のため、いつも取っておかれる、楽しいあなたの抱擁にも、あずかれないでいるわけですが。どうか私の溜息とこの地上のさまざまな悲嘆とが、御心を動かすことができますように。

四 ああ、イエスよ、永遠の栄えの輝き、巡礼者の魂の慰めである、みもとでは、私の口は声を失い、沈黙だけがあなたにお話しかけられるのです。いったいいつまで私の主はおいでになるのをお延ばしでしょう。哀れな僕《しもべ》の私のもとにおいでなさり、よろこばせてくださるよう御手をさし延べ、みじめなこの身を、あらゆる苦艱《くげん》から解き放してくださいませ、どうかおいでを、ぜひ。あなたなしには、一日、いや一時も楽しくは過ごせませぬ、なぜならばあなたは私のよろこびであり、あなたなしには、私のつく食卓は空しいものです。おでましなさって、その光で私を力づけ自由を与え、愛《かな》しい御顔をお示しなさるその時まで、私はみじめに、まるで牢屋に入れられて、足枷《あしかせ》を重くとりつけられたようなのです。

五　他の人たちは、あなたの代わりに、なんなりと好きなものを求めるがいい。だがそのあいだも、私の希望、永遠の救いなる私の神よ、あなた以外の何者も私の気には入らず、これから先も気に入ることはありますまい。お恵みがまたもどってきて、胸のうちで話しかけるまで、私はけして黙っていず、お願いするのをやめますまい。

六　［キリスト］　さあこのとおり、私は来たのだ（イザヤ五八の九）。ごらん、お前が私を呼んだので、お前のところへやって来たのだ。お前の涙、お前の魂の望み願い、お前の謙虚、胸中の悔い改めが、私の心をかたむかせ、お前のところへ連れて来たのだ。

七　［信者］　そこで私はいった、主よ、私はあなたをお呼びいたし、お会いしたいと願いまして、あなたのためにすべてを捨てる覚悟をしております。なぜならば、私があなたを求めるように、あなたが先に私をうながしなさったのでした。それゆえ、主よ、祝福されておいでのように。あなたがゆたかな御慈悲によって、あなたの僕《しもべ》にこのような恵みをお授けくださったので。あなたの僕が主に向かってこれ以上何を申しましょうか。御前にあって自分の罪や卑しさをいつも忘れず、身をすっかり卑しめること以外には。なぜならば、天地のあらゆる不思議の中で、あなたに比べらるべきものはないからです（詩篇八六の八）。あなたの御業《みわざ》はいともすぐれ、審判は真に正しく、摂理《せつり》によってこの宇宙は治められておりますく創世記一、詩篇一九の一〇）。されば、あなたに讃美と栄光とがありますよう、ああ、父

（なる神）の知恵よ、私の口、私の魂、創られたる万物が、ひとしくあなたを讃美し祝福申し上げますように。

第二十二章　神のいく重もの恵みを心にとむべきこと

一　［信者］　主よ、私の心をあなたの掟《おきて》に打ち開き、お指図に従いまして歩いてゆくように、私を教えてくださいませ（詩篇一一九全篇）。どうか、（私に）あなたの御旨を悟ることができますよう。そして、深く大いなる敬虔とおこたらぬ思慮とによって、下さいました御恵みを、一般の場合も特別の場合も、憶《おぼ》えているのがかないますよう。また、あなたにふさわしいよう、これから先も、感謝を申し上げられますように。どんなわずかな点についても、御恵みにたいする当然な感謝をさえのべられないのを、私はよく自覚して、告白いたします。私は与えていただいた、どのようなしあわせよりも、ずっと小さい者ですから。あなたの高貴さを思うにつけて、私の霊は、その偉大さに挫けてしまうのです。

二　私たちが魂や肉体の中にもつもの、内的や外的に、自然によって、また自然を超えた力によって所有するもの、すべてみなあなたの御恵みによるので、あなたが御恵みふかく、心優しく、すぐれて立派な方なのを教えてくれます。そのお方から、私たちはあらゆる善を受けているのです。たとえばある人はたくさん、ある人はすくなくそれを受けたにしても、すべてはあなたに帰するもの、あなたによらずば、いかほどわずかのものにせよ、得られはしません。他人《ひと》よりよけいに（よいもの、しあわせを）受けた人も、それを自分の手柄《てがら》として得意がることはできず、他人以上にえらがることも、より劣る人をあなどることも許されません。なぜならば人に優れて立派な人は、いっそう自分の手柄にせず、いつも感謝の心をもって謙遜《ひかえめ》にし、人より信心ふかいからです。そして自分をどんな人よりもつまらぬ者と思いなし、価値のないものと判断しますが、そういう人こそ、いっそ大きな賜物を受けるにふさわしい人なのです。

三　しかし、他《ひと》よりすこししか受けない者とて、悲観するには当たりません。不平をいったり、裕《ゆた》かな人をねたんだりしてはならないので、かえっていっそうあなた（神）に心を向けるべきです。それで、かくも溢れるほどに、かくも無償《むしょう》でこころよく、誰彼の差別なしに、恵みを与えてくださることにたいしては、そのご仁慈を心から讃美いたすが当然です。それらはすべてあなたから出ているもので、あなたこそすべてにおいて讃美さるべき御方、めいめいの者に何を与えるべきか、なぜこちらはすくなく、あちらは多くもらったのか、ご存じです。それを区別するのは、私どもの仕事ではなく、あなたのお仕事なのですから。あなたのお手許では、各人の功徳がちゃんと判っているので。

四　されば主なる神よ、たんに外面的に見て、あるいは他人の噂《うわさ》によって、賞讃や名声を得るたぐいのことを、自分にあまりもっていないのを、大きな恵みと思っております、つまり誰でも、けして自分の身の貧しさや卑しさを考えてから、ふさぎ込んだり、悲しんだり、がっかりしたりすることなく、むしろそこから慰めと快活さとを十分にもつのがよいことです。なぜならば、神よ、あなたは貧しく謙遜な者、この世から軽んじられている者を、親しい友や召使にお選びなさったからであります（コリント㈠一の二七―二八）。その証人は、あなたがこの地上すべてに頭《かしら》とお立ての、ほかならぬ、あなたの使徒のかたがたです（詩篇四五の一七）。ところで、あのかたがたは、不平もいわずにこの世をお送りなさいました（テサロニケ㈠二の一〇）、あれほどつましくすなおな心で、なんの悪意やいつわりもなく、また御名のためには幾多《いくた》の侮辱さえよろこんでお忍びなさり（使徒行伝五の四一）、世をあげて身ぶるいして避けるものまで、その人びとは大きな愛で迎えたのでした。

五　それゆえに、御旨が彼において行なわれ、あなたの永遠な意図のご嘉納なさることが実現される以上に、あなたを愛する者どもやあなたの恵みを会得した人びとを、よろこばせるものは何もないのです。それについて、彼がまったく満足し、慰めを得るはずなのは、他の人びとがたいした偉い人間になりたがるのと同じくらいで、自分ではごくつまらない人間でよろこんでいたいと考えるのです。また、最上席でと同様に、最下の席でもおとなしく満足していて、この世ではよろこんで軽んじられ排斥され、またどのような名声や評判にも無関心なことは、一般の人が一段と名声を受け重んじられたがるのと同様です。なぜならば、あなたの御旨とあなたの誉れを願う思いが、すべてに優先するはずであり、彼のこれまで受けてきた、あるいは彼が受けるはずである、どのような恵みよりも、いっそう彼の慰めとなり、また彼をよろこばすべきだからです。

第二十三章　大きな平和をもたらす四ヵ条

一　[キリスト]　わが子よ、ではこれから、平和と真の自由との道をお前に教えてやろう。

二　[信者]　主よ、おっしゃるように、なさってください。そううかがうのは、私にとってうれしいことです。

三　[キリスト]　わが子よ、自分の意図より他人の意図を行なうように努めなさい（マタイ二六の三九、ヨハネ五の三〇、六の三八）。いつも他人より所有のたくさんあるのよりも、所有のすくないほうを選びなさい（コリント㈠一〇の二四）。いつも他人より低い地位につき、すべての人の下につくことを求めなさい（ルカ一四の一〇）。神の御旨がお前において完全に行なわれるよう、つねに願い祈りなさい（マタイ六の一〇）。いいかね、こういう人こそ平和と平安との境界に入れるのです。

四　[信者]　主よ、その御言葉は短いけれど、中には完全に至る大きな意味がふくまれています。言葉はちょっとしたものですが、意味が深く、実りはゆたか、というのも、もし私が忠実に御言葉を守れましたら、こんなにすぐと胸に迷いの起こるはずはないのですが。なぜならば、心中に不安と悩みを覚えるごとに、このお諭《さと》しからはなれたことを、悟るのです。されば、あなたはなんでもおできなさって、私どもの魂の向上をいつもよろこびなさいますゆえ、いっそうの大きな恵みをお加え（なさって）御言葉を私どもが実行いたし、この身の救いを成就させてくださいませ。

五　［邪念をふせぐ祈り］　主なる私の神よ、どうか遠くへ私を捨てておいでにはなりませんよう（詩篇七一の一二）。私の神よ、私を助けるために、お振り返りを。私の胸には、さまざまな思いなしやらはげしい恐れやらが涌《わ》きでて、私の魂を悩ますもので。どうしたら私は傷を受けずにそのあいだを通過できましょう。どうしたらばそれを打破してまいれましょう。「私はお前の先に立って行こう、そしてこの世の傲慢《ごうまん》な者らを屈従させよう。私は牢獄の門を開いて、そこにかくれる神秘をお前に示してやろう」（イザヤ四五の二―三）と、主はいわれた。

主よ、おっしゃるとおりになさいませ、そして、あなたの御前から、あらゆる不正な思惑が逃げていきますように。私の希望と唯一つの慰めは、どのような苦しみに遭ってもあなたのみもとへ遁れ、あなたに信依し、心の底からあなたに喚《よ》びかけ、じっと辛抱してあなたの慰めを待つことです。

六　［心中の光明のための祈り］　御恵みふかいイエスよ、内なる光の輝きで私を照らし、私の心のすみかから闇をすっかり追い出してくださいませ。さまざまな心の迷いを抑え止め、勢猛に襲いかかる誘惑をお打ち破りを。また私のために勇戦し、悪い野獣をみな殺しにして、といいますのは、よこしまな道に人を誘う淫欲のことですけれど、あなたの徳によって平和が生まれるようにと。また、あなたを讃美する歌がゆたかに、尊い館《やかた》の中庭にひびきわたるよう、とはつまり清浄の良心をいうことなのです（詩篇一二二の七）。もろもろの風と嵐に命令して、海には「静まれ」と（マタイ八の二六、マルコ四の三九）、また北風には「吹くな」と、お命じくださいませ、さすれば、すっかり静まりましょう。

あなたの光と真理とをお放ちください、この地上を照らすように（詩篇四三の三）。というのもあなたがお照らしくださるまでは、私は空しく用もない土にすぎません。恵みを天からおそそぎかけを。また私の心を天上の露であまねくうるおし、信仰の水をお与えのよう、大地の面《おもて》に水をそそぐため、この上もなくよい実を結ばせるために。さまざまの罪の重荷でおしひしがれた私の心を、引き立ててから、天上のものに私のあらゆる願望を結びつけてくださいますように。私の心が天上の幸福の快さを味わったからは、地上のことを考えるのも、はや厭わしく思われますので。

七　被造物《つくられたもの》によるかりそめな慰めのすべてから引きはなして、私を自由にしてください。というのも被造物は何にかぎらず、私の願いを十分充たして、慰めてくれる力をもっていないからです。解き放せない愛の絆《きずな》で、私をあなたにしっかり結《ゆ》わえつけてください、なぜならばあなただけが愛するものを満足させる、そしてあなたなしには、この世のすべてがくだらぬものとなるからです。

第二十四章　他人の生活を好奇心でせんさくするのは避けるべきこと

一　［キリスト］　わが子よ、好奇心をもってはいけない。無用のことに気を遣ってはならぬ（テモテ㈠五の一三）。あれやこれやが、お前になんの関係がある。お前は私について来ればよいのだ（ヨハネ二一の二二）。あの人がああであろうと、こうであろうと、あるいはこの人がこうしようと、ああいおうと、お前になんの用があろう。お前は他人について責任をもつ要はないが、自分自身については、十分説明せねばならない（ガラテヤ六の四―五）。それなのに、なぜお前はおせっかいを焼くか。いいかね、私はなんでも知っていて、太陽の下の出来事はなんでも見ている。それで、めいめいがどんなぐあいか、何を考えているか、何を望むか、その意図が何をめざしているかを、知っている。されば、お前はすべてを私にまかせるがよい。それでお前は自身を十分平和に保っておき、おせっかい者には、好きなだけ、おせっかいを焼くにまかせろ。そういう者のいったこと為《し》たことは、なんにせよ、その身に戻っていくだろうから。なぜならば、その男とて私の目をくらませはできないからだ。

二　大きな名声をもつ人の庇護《ひご》、多くの人びととの親交、人びととの個人的な好悪に、気を遣わないがよろしい。なぜならば、そういうものは心を乱し、心にひどい陰影をもたらすからだ。もしもお前が私の訪ねてゆくのを熱心に見守っていて、心の扉を私に向かって開くならば、私はよろこんでお前に私の言葉を聞かせ、いろいろかくされたことを啓示しようが。つねに未来のことを慮り、祈りを捧げつつ見張っていて、万事において謙虚を心がけるがいい。

第二十五章　確固たる心の平和と真の向上は何処に存するか

一　［キリスト］　わが子よ、私はこういった、「私はお前たちに平和を遺《のこ》し、私の平和をお前たちに与える。この世が与えるようにではなく、私がお前らに与えるのだ」（ヨハネ一四の二七）と。平和は誰も望むが、誰もが真の平和に至る道に、心を用いるとはかぎらない。私の平和は、謙遜で心の柔和な者とともにある。お前の平和は、大いに耐え忍ぶことによって得られよう。もしお前が私のいうことを聞いて、私の言葉に従ったなら、深い心の平和を楽しむことができよう。

二　［信者］　では、どうしたらいいでしょうか。

三　［キリスト］　万事につけて、自分は何をするのか、何をいうのかを、自分で注意しなさい。そして、お前が私の心にだけかなうよう、また私のほかには何も望みも求めもしないように、お前の意図を向けなさい。それで他人の言行をやたらに批判しないよう、また、自分にまかされてない事柄には、かかわらないように努めなさい。そうすれば、お前はすこしか、あるいはたまさかにしか、心を乱されずにすむであろう。

四 だが、いささかも不安を感ぜず、心や身体《からだ》の悩みも一向こうむらないことは、現世においで望まれるものではなく、永遠に静謐《せいひつ》な世の姿である。されば、もしお前がなんの悩みも感ぜぬにせよ、真の平和を見出したと、考えてはならない。また、誰にも反対されぬからとて、万事がうまくいっていると、考えてはならない。あるいは、なんでも自分の思いどおりになるからとて、これは申し分ないものと考えてはならない。また、もしお前が深く信心し、大きなよろこびを得たとしても、自分を何かたいしたものと思ったり、特別な愛護に与るものと考えてはならない。なぜならば、ほんとうに徳を愛する者というのは、そうしたことで識別されるわけではなく、また、そうしたことに、人間の向上だの完成だのが存するものではないからである。

五 [信者] では、主よ、どこにそれらは存するのですか。

六 [キリスト] 心底から自分を聖《とうと》い神の御旨に捧げて、かつまた、小さいことにも、大きいことにも、一時のことにも、永遠のことにおいても、我意を張ろうとしないというのだ。それはつまり、いつも平静な態度を保ち、たえず感謝を捧げていること、順境においでも、逆境においても、万事を同じ秤《はかり》ではかって。もしもお前の志が固く、辛抱づよく希望を保ち、心の内なる慰めをよし奪われても、なおさらに大きな苦悩に耐えるよう心の準備を固めておくなら、また、このようなひどいめに遭ういわれはないなど、自己弁護をしたりせず、私の定めたことは、何においても正しいとし、私を聖いものとして讃美をする、かような場合には、はじめてお前が平和の真の正しい道を歩むとされよう。また、歓喜のうちに、ふたたび私の顔を見られようとの希望は、疑いのないものとなることであろう（ヨブ三三の二六）。もしもお前が完全に自己を軽んじえる心境に到達できれば、知るがよい、この世で許されるかぎりの、ゆたかな平和を享受し得ようと。

第二十六章　読書よりも謙遜な祈りによって得られる自由な心がずっとよいこと

一　［信者］　主よ、天上のものへの志向からけして心をゆるめず、多くのわずらいごとがあっても、さながらわずらいなどないと同じに過ごし、しかも呆《ほう》け者のようにではなく、自由な心の特権とでもいったものによって、どんな被造物にも度はずれな愛着をもたないのは、完全な人間のまさにとるべき道であります。

二　愛に満ちておいでの神さま、お願いですから、あまりに深く巻きこまれないよう、この世のさまざまのわずらいからお守りください。また、身体のいろんな必要事にも情欲にもとらわれませんよう。また、魂の広範な障害やさまざまな悩みごとにも打ち砕かれず、挫折せぬよう。というのは、現世的なおろかな人が夢中で求めるそのようないろんな事物という意味ではなく、あなたの僕《しもべ》の心を、死すべき者に共通な呪いによって、罰としてのように重圧し障碍《しょうげ》をもたらし、その魂が霊の自由な境地に入って行こうとするたび、いつも力をなくさせる、さまざまな悲惨さから、と申すのです。

三 ああ、いいがたいほど優しくおいでの私の神よ、永遠なものへの愛から私を引きはなすあらゆる肉の慰めを、私にとって苦く厭わしいものに変じてくださいませ。それは何か楽しい幸福を見せつけ、ふらちにも私を自身へ誘惑しようとするのですから。どうか私が負けないよう、私の神さま、肉と血とが私を征服しませんように（ローマ一二の二一）、この世と短い世の栄えとが、私を欺瞞しませんように、悪魔と彼の抜け目のないずるこさが、私を打倒しませんように。私に抵抗する力、それを我慢する忍耐力、もちこたえてゆく不動の心をお与えください。この世のあらゆる慰めに代え、あなたの御霊《みたま》のいと快い香油を、お与えください。また肉にたいする愛に代えて、あなたの御名への愛をおそそぎくださいませ。

四 ごらんのように、食物、飲物、着る物、その他、身体《からだ》を保つに必要な日用の品も、（信仰に）燃える魂をもつ人にとっては重い厄介ものです。どうか私がこのような身の養いはほどほどにつつましく用い、あまりはげしい欲望にとらわれないよう。また何もかも捨て去るわけにはゆかない、とは。自然の要求するところは足《た》してやらねばならないのですが、それでも、よけいなものや、享楽に走るたぐいを求めることは、聖い掟《おきて》が禁じております。というのも、さもないと、肉が霊にはむかうようになりましょうから。こうしたことのあいだにも、何彼《なにか》につけ度を過ごさぬよう、あなたの御手が私を導きお教えのよう、お願いいたします。

第二十七章　自愛が、最高善からとりわけ人を引き離すこと

一　〔キリスト〕　わが子よ、お前はすべて（全部）のためにお前のすべてを与え、何ものも自分自身の有として残してはならない。自分自身を愛することは、この世の他のどんなものよりも身をそこねるということをわきまえなさい。お前のいだく愛や執着に応じて、どんなものでも多かれ少なかれ、お前をとりこにするのだ。もしもお前の愛が純粋で、率直で、節制のあるものだったら、ものにとらわれることはないであろう。持つべきでないものを、欲しがってはならない。お前をさまたげ、内的自由を奪うかもしれないものを、持ちたいと思ってはならぬ。お前が望むなり、または持つなり、することのできるすべてとともに、お前が心の底から自身を私にゆだねないというのは、不思議なことだ。

二　なぜお前は、つまらぬ悲しみにやつれているのか（出エジプト一八の一八、ミカ四の

九)。なぜよけいなもの思いに心を悩ますのか。私の宜《よ》しとするところに従いなさい。そうすれば、お前はどんな損害も受けないだろう。もしもお前が自分の都合で、また自分の気に入るものをもっと得ようなどと考えて、あれやこれやと求めたり、あちらこちらに行きたいと思うならば、お前はけして落ち着かずに、心配を免れることもできないであろう。なぜならば何事にも欠点は見つかろうし、どんな処にも反対をする者はいようから。

三　されば、お前の役に立つのは、外面的になんなりともの(財産)を手に入れたり、大いにふやしたりすることではなく、そうしたものを無視し、心の中からすっかり取り去ることである。お前はこれを、ただ金銭や富の評価についてのみならず、名誉への欲望や何にもならぬ賞讃を得ようとの願望についても、悟るべきである。こういうものはすべて世とともに過ぎ去るからだ。はげしい信仰が欠けているなら、お前がどんな身分にあっても守る役には立たない。また、せっかくの平安も(イザヤ四一の一三)、外部から得られたものでは、長くはつづくまい、もし心の状態《ありさま》が真の固い基礎をもっていなかったら、すなわち、私にしっかり信依していない場合は、お前がどう変わったにしろ、向上はできなかろう。なぜならば(平和を得られる)機会が生じて、それをつかもうとしても、お前は前に避けていたもの(禍い)をまた見出すにすぎなかろうから、しかも前よりいっそうたくさんに。

心の浄化と天上の英知を願う祈り

四　神よ、聖霊の恵みをもって私をお強めくださいませ（詩篇五の一二）。内的な人間においての徳行が強められますように（エペソ三の一六）。また、私の心から、すべての用もない心配や苦悩やをお除きくださいませ（マタイ六の三四）。また、卑しいと貴いとにかかわらず、どのようなものごとについても、さまざまな願望にひかれずに、すべてをかりそめなものと見、同様にこの身もやはり過ぎ去ってゆくかりそめなものと見られますよう。なぜならば太陽の下、恒久なものは何一つなく、そこではすべてが空しく、魂に苦悩をもたらすものだからです（伝道一の一四、二の一七、二の二六）。ああ、かように観想する人は、なんと英知に富む者でしょう。

五　主よ、どうか私に天上の英知をお授けくださいませ、どんなことより、まず第一にあなたをたずね見出せますよう、何よりもまずあなたを知って愛すること、そして、他のことは、あなたの英知の順序次第にしたがって、あるがままに認識すること、それを私が学べますよう。うまいことをいう者は用心して避け、逆らう者は辛抱して我慢できますように。なぜならば、どんな言葉の嵐に遭っても動かされず（エペソ四の一四）、セイレーネス〔楽しい歌で人を引きつけ殺害するギリシャ神話の半人半鳥の妖女〕のわざわいな甘い歌にも耳を貸さぬのは、とても賢明なことですから。つまりは、こうして始めて、ふみだした道を無事に辿っていけるのです。

第二十八章　人の悪口にたいして

一　［キリスト］　わが子よ、もしも誰かがお前のことを悪く思って（コリント㈠四の一三）、とうていうれしくは聞けないことをいったにしても、腹を立ててはならない。お前はそれ以上に自分のことを悪く考え、自分以上に弱い者は一人もいないと思わねばならない。もしもお前が内面的に暮らしているなら、軽々しい人の言葉をたいして気にはかけないだろう。悪い時には口をつぐみ、内面で私に心を向かわせて、人の批判にわずらわされぬというのは、すくなからず賢いことである。

二　お前の心の平安を、人びとのいうところにおいてはいけない。なぜならば、人がお前をよく取ろうと悪く取ろうと、それでお前が別人になるわけではない。真の平安、真の栄えは何処にあるか。私にあるのではないか（ヨハネ一六の三三）。それ故に、人の気に入ることを求めず、気に入られないとて恐れない人間こそ、大きな心の平安を得られよう。過度の愛情と、いわれない恐怖心から、あらゆる心の不安だとか情感の乱れとかは生じるのだ。

第二十九章　苦難にあたって、どのように神に呼びかけ、神を祝福すべきか

一　〔信者〕　主よ、あなたの御名が、世から世へと讃頌《さんしょう》されますように、あなたはこの誘惑と苦難とが私におそいかかるようにと、お許りなさったからであります（ヨブ一の二一、詩篇一一二の二）。私はそれを遁れえないので、どうしても、あなたが私をお助けなさり、私のためになるように変えてくださることを願って、お手もとへ遁れてゆくほかありません。主よ、私は現在苦難に遭って、心もつらく、いま目前の難儀にたいそう悩んでおります。さればいま愛する御父（なる神）よ、どういいましたらよいのでしょう（ヨハネ一二の二七）。私は苦しい思いにとりこめられておりますので、この危機から私をお救いくださいませ。でも、私がこの危機に際会したのは（ヨハネ一二の二七）、私がひどく卑しめられてから、あなたによって自由にされることにより、御栄《おん》えが世に現れるためにであります。主よ、私を救われることが、御旨にかないますように（詩篇四〇の一三）。といいますのも、貧しい私に何ができましょう。あなたがおいでではないのに（ひとりで）どこへ行きましょう。主よ、この危機にもまた、耐える力をお与えください。お助けを、ぜひ、わが神よ、そうすれば、どんなにつらい目に遭おうとも、恐れますまい。

二　それで現在かような目に遭いながら、どう申しましょう。主よ、あなたの御旨の行なわれますように（マタイ六の一〇）。私が苦しみ悩むのも、それに十分値します。なんとしても持ちこたえねばなりませぬ。嵐が過ぎさり、もっとよい時がくるまで、辛抱できますように。しかしあなたはおできなさるのです、全能の御手をもって、この誘惑をとり除いて、私がすっかりまいってしまわないよう、その烈しい力を和らげるのもおできなさいます、私の慈悲なる神よ、前にもたびたび私のためにお許らいくださったように。いと高い御者《おんもの》〔摂理者、馭者《ぎょしゃ》のたとえ〕の右手の変化も（詩篇七七の一〇）、私にはむつかしければむつかしいだけ、あなたにはそれだけ容易と存じますが。

第三十章　聖い御助けを乞い求めて、御恵みにまたあずかれるのを確信すべきこと

一　〔キリスト〕　わが子よ、私は苦難の日に力づけてやる主である（ナホム一の七）。うまくいかないときには、私のところへ来なさい。天上からの慰めをいちばんさまたげるのは、お前の祈りにとりかかるのが、遅すぎることだ。なぜならば、お前は心から私を求める前に、そのあいだにいろんな（他の）慰めを求めて、外面的なものによって元気を取り戻そうとする。ところが何もほとんど役に立たない、それではじめて私に向かう、というのも、私は私に希望をおく者だけを救ってやるので、私のほかには力のある援助も、役に立つ相談相手も、永続的な治療の手だてもないからだ。ともかくもう嵐のあとゆえ、気力を取り直し、私の憐れみの光の下で元気を取り戻しなさい。なぜならば、ただ完全にというだけでなく、またゆたかにも十分にたっぷりと、すべてをふたたび立て直すため、私はそばにいるの

だ（と主はいわれる）。

二　そもそも私に、困難ということが何かあるだろうか、また、言行の一致しないところがあろうか（マタイ二三の三）。お前の信仰はどこにある。しっかりと立っていなさい、じっと辛抱して、気を長くし、志操の固い人間として。適当な時機に慰めがお前に来よう。私を待て、待つのだ。そうすれば、私がいってお前をなおしてやろう（詩篇九一の二一―三）。お前を悩ますものは、誘惑である。また、お前を嚇《おど》しこわがらすのは、いたずらな恐怖である。これから先に起こるかもしれないことを心配するのは、憂いに憂いを重ねる以外、なんの役に立とうか。一日の苦労は一日で足りる（マタイ六の三四）。未来について心配したりよろこんだりするのは空しくもまた無用なことだ、それはけして起こらぬかも知れないのだから。

三　だが、こんなふうな想像にあざむかれるのは人間的なことではあるが、かように軽々しく敵の暗示にひっかかるのは、まだ心の弱いしるしである。なぜならば、敵としては、あざむいたり欺《だま》したりするのに、真実によるか偽りによるかは、いっこう気にかからない。お前を打ちのめすのに、目前にあるものへの愛着によるか、未来のものへの恐怖によるかは、気にかけないのだ。それゆえ、自分の心を惑乱されたり、恐怖におちいったりしないよう気をつけなさい（ヨハネ一四の一）。私を信じ、私の憐れみに信頼をもてばよいのだ（詩篇九一の二）。お前が私から遠く離れていると思う時でも、すぐそばにいることがよくある。またもはや万事休《ばんじ》したと思う時でも、しばしばとくに大きな徳を得る機会が迫っている場合がある。事志《ことこころざし》に反する時も、すべてがだめになったのではない。物事を現在の感じによって判断してはいけない。また、重圧する何らかの苦悩について、それがどこから来るにもせよ、あまりにこだわり、またわずらわされるようではいけない、まるでこれを遁れ出る望みはまったくなくなったかのように。

四　一時お前に何かの苦難を与えておいて、お前の願う慰めをさえ奪い去ったように見えても、まったく自分は見捨てられた、と思ってはならない。なぜならば天国への道は、いつもこうしたものだからだ。また万事が思うとおりになるのよりも、困難によって鍛練を受けるほうが、お前なり、また他の私の信者なりにも、疑いもなくずっと役に立つからである。私はお前の胸にかくれたさまざまの思いも知っている。なぜなら、お前がたまたま仕事がうまくゆくもので思いあがったり、自分の実際ある態《さま》を勘違いして、うぬぼれたりしないように、時には味気ない思いをさせるのが、お前の救いにたいへん役に立つからである。私は、自分の与えたものを取り上げることができ、また、思いのままに再び返し与えることもできるのだ。

五　私が与えたとき、それは私のものである。取り返した折も、お前のものを取ったのではない。なぜならばあらゆるよい賜物、あらゆる完全な賜物は、私のものだからだ（ヤコブ一の一七）。もしも私がお前に悩みごと、その他何か具合の悪い事態を送った場合でも、けして不足に思ったり、気を落としたりしてはならない。私はすぐに助け起こして、どんな重荷もよろこびに変えられるからだ。しかしともかく、私はいつも正しくあるので、お前をさように扱うにつけ、大いに讃えられるべきである。

六　もしもお前がほんとうに賢く、正しくまことを見るならば、不都合なことに遭った場合も、けしてがっかりして悲しんではならない。むしろ大いによろこび、感謝すべきだ。私がつらいことでお前を悩ませ、容赦しないのも、まったくこれを無類のよろこびとせねばならない。御父が私を愛したもうたごとくに、お前たちを私は愛する（ヨハネ一五の九）、と私は愛する弟子たちにいった。その人たちを私は、けしてはかないこの世のよろこびへではなく、烈しい戦いへとつかわした。名誉を得るためにではなく蔑視されるように、安逸へではなく労苦へと、休息のためではなく、耐え忍んで多くの実をむすぶためである（ルカ八の一五、ヨハネ一五の一六）。わが子よ、これらの言葉をおぼえておきなさい。

第三十一章　創造主が見出されるためには、あらゆる被造物は捨てておくべきこと

一　［信者］　もしも私が、誰も、どんな被造物も、邪魔のできないところまで到達せねばならないならば、なおもっと大きな御恵みが私には入用です。なぜならば、何者かが私を

引き留めているあいだは、私は自由にあなたのもとへ飛んでゆけないからです。「誰が私に鳩みたような翼《つばさ》を与えてくれよう、そうしたら、私は飛んでゆき、憩うだろうに」（詩篇五五の六）といった人は、自由に飛びたいと願ったのでした。すなおな眼よりも、何がいっそう静かに落ち着いていましょう（マタイ六の二二）。また、この世で何も欲しがらない人より、誰がもっと自由でしょうか。されば、あらゆる被造物を超越して、自己をさえまったく見捨て、恍惚とした心境に入って、万物の創造主なるあなた（神）はどんな被造物にもぜんぜん似てはいないのを、看《み》て取らなければなりません。また、あらゆる被造物から自由でなければ、誰も自由に神に属する神聖なものに向かうことは許されないのです。それゆえ、観想生活を送る人は、わずかしか存在しない、というわけは、過ぎゆくものの被造物から、十分に身を引き離しえる人間は、わずかだからです。

二　魂を高め自身を超える境地に入るには、そうしてくださる大きな恵みが要求されます。そして、もし人が霊的に向上していず、あらゆる被造物から解放され、神とまったく一致していない場合は、どんな知識や所有物も、なんの重要性もないことになります。唯一の無限なもの、永遠の善以外のどんなものでも、これを偉大と思う者は、そのかぎりつまらぬ者で、地上に低迷することでしょう。というのも、神でないものは無であり、無と見なさるべきものです。神によって明るくされた信心ふかい人間の知恵と、学問のある篤学な聖職者の知識とは、たいへん違っています。天上からの聖い御力から流れでてきた教えというのは、人間の才知によって骨折って得た教えよりも、ずっと貴いものであります。

三　観想を望む人はたくさんありますが、そういう人も、そのために必要なことを、やろうとは努力しません。外面的なしるしや感覚的なことにこだわって、完全な欲望の制圧にほとんど努めないのが、大きな障害になっています。私どもは世間では聖職者ということになっているのに、かりそめなつまらないことに、ひどく骨折ったり、さらにいっそう意を用いながら、内面的な事柄はまれにしか、十分によく潜念して考慮しないというならば、それはいったいどういうことか、私たちはどんな精神にみちびかれているのか、私たちは何を目的として志すのか、まったくわかりません。

四　ああ、なんと哀れなことか、すこしばかり瞑想をしたと思うと、すぐやめて外にとびだし、自分のやったことをきびしく吟味しまたは思慮しないとは。私たちの愛着が（真実は）どこにあるかを気をつけて検べもせず、また、（我々の生活の）すべてがどんなに不純かを、なげきもしないとは。まったくすべての肉がその道を腐敗させてしまったもので（創世記六の一二）、そのために大洪水がつづいて起こったわけでした。されば、私たちの内にある情念がひどく腐敗しているならば、それに従う行動も、内面的な気力が失せたのをさし示すので、したがって腐敗するのも当然です。清い心からこそ、よい生活の実は生じるのですから。

五　世間では、人がどれほどのことをしたかを問題にしますが、それがどれほどの徳によってなされたかは、あまり熱心に考慮しません。どんなに強いか、金持か、きれいか、器用か、あるいはよい作家か、歌の上手か、よい働き手かは、せんさくされます。でも、どんなに心の貧しい人か、忍耐づよく柔和であるか、どんなに信心ぶかく、内面的な人間かは、問題にしない人が多い。自然は人の外面的なものに目を向けますが、神の恵みはその内部へと向けられます。前者は過ちを犯しがちだが、後者は神に望みをおくので、あざむかれません。

第三十二章　自己否定とあらゆる欲情の放棄について

一　〔キリスト〕　わが子よ、もしもお前が自分自身を全面的に否定しないなら、完全な自由を得ることはできない（マタイ一六の二四、一九の二一）。財産をもっている者や自分自身を愛する者は、みな足枷《かせ》をつけられた囚人である、そして貪欲にもの欲しげで、ぐるぐるとうろつき回り、いつも快楽を求めてやまないが、彼らはイエス・キリストには属さず、一時の、かりそめなものをこしらえ、でっちあげるにすぎない。というのも、神にもとづかないものは、ことごとくみなやがて滅びるものだからである。この（次の）短いが要を尽くした言葉を、銘記しなさい、「すべてを捨てよ、そうすれば、お前はすべてを見出せよう。欲情を捨てよ、そうすれば、お前は平安をまた見出そう」。これを心によく玩味《がんみ》して、実行するなら、お前は「すべてを悟りえよう。

二　［信者］　主よ、これは一日の仕事でも、小さな子供の遊びでもありません。それどころか、この短いお言葉には、修道者を完成するあらゆる徳がふくまれています。

三　［キリスト］　わが子よ、お前は完全に至る道のけわしさを聞いて、臆《おく》したり、すぐがっかりしたりせず、いっそう高いものへと励まされ、すくなくとも希望をもってそれをあこがれ求めねばならない。どうかお前の場合もそうであるように。また、お前が自己愛におちいらずに、私の意志にすっかりしたがい、私が御父としてお前に授けたその方の御旨にしたがう心がけにまで到達するよう。そうすれば、お前は大いに私の意《こころ》にかない、よろこびと平和のうちに一生を送ることを得よう。そうなるまでには、捨てねばならないものがたくさんある。それらのものを私のためにすべて捨てるのでなければ、求めるものは、手に入れられまい。私はお前が裕福になれるようにと、火で焼いた純良な金を私から買い取ることを（黙示録三の一八）勧めるのだ。それはすなわち、あらゆる無下なるものを脚下にふまえる天上の知恵だ。地上の知恵、すべて人間の知や自惚《うぬぼれ》のための知識など捨てておくがよい。

四　人の世のものについては、高価で貴重なものを売って、ずっと安いものを買うのがよい、と私はいった。なぜならば、真の天上の知恵は、たいへんに安価で小さく（見え）、ほとんど忘れられてしまったように見えるからである、また賢者というのは自分について慢心せず、地上では褒めそやされることを求めない、ところが、口先だけではそれを褒めても、実生活ではまったくそれと反対な者がどんなに多いことであろう。さりながら、そのもの自体は、多くの人の目にかくされた価の高い真珠（のようなもの）である（マタイ一三の四六）。

第三十三章　人の心情の定まらぬこと、最後の目的を神におくべきこと

一 〔キリスト〕 わが子よ、自分の感情に信をおいてはいけない。これはいまそうあっても、すぐと別なものに変わるからである。生きているかぎり、人は否応《いやおう》なしに、変わり易さに付せられている（ローマ八の二〇）。いまよろこんでいるかと思うと、すぐ悲しくなり、安心したと思うと、すぐ惑乱し、いま信心ふかいと思うと、すぐ信心を失ってい、熱心になったと思うと、すぐ嫌気がさし、いまふさいだかと思うと、すぐ陽気になる、というありさまだ。さりながら、賢明で霊的によく訓練された者は、このような移り気を超越して、自分がどう感じようと、不安定さの風がどちらへ吹いてゆこうと、気にかけない。かえって、自分の心のあらゆる志向が、正しく望ましい目的へ向かって進むように気をつけているのである。なぜならば、こうしてはじめて、種々な出来事のあいだにも、ずっと、一筋な志向をこめた眼をじっと私に、まっすぐ向けながら、変わらずに動揺しないでいられようから。

二　さりながら、志向の眼が清らかに澄んでいればいるほど、それだけいっそうしっかりとして変わらずに、さまざまな嵐を突破できよう。だが多くのばあい、かようにすんだ志向の眼もくもりを帯びがちなのは、何か楽しいものに出くわすと、さっそく眼をそれへふりむけるからだ。それで、自分の利益を追求する欠点からまったく解放された人というのは、ごくまれにしか見つからない。こういうわけで、ユダヤの人がその昔ベタニヤに、マルタとマリアを訪ねてきたのも、イエスのためばかりではなく、ラザロを見るためでもあった（ヨハネ一二の一九）。それゆえに、志向の眼は、清らかに一筋をかけ、まっすぐ保ち（マタイ七の三―五）、あいだにあるいろんなもの全部を超えて、私へと向けられていねばならない。

第三十四章　神を愛する者は、何物よりも、また何につけても、神をよく味わい得ること

一　［信者］　さあ、私の、すべてである神さま、これ以上何を望みましょうか、これ以上幸いな何を望むことができましょう。ああ、なんと甘美な快い言葉でしょう。でもそれも、「言葉」を愛する人にとってで、この世やこの世の物を愛する人にではありません。私の神よ、私のすべてよ。理解をもつ者にとっては、こういうだけで十分です。たびたびこうくりかえすのが、神を愛する者にとっては、うれしいのです。たしかにあなたがそばにおい

でになれば、何もかも楽しくなります、反対においでなければ、何もかも嫌気をさします。あなたは心を穏やかにし、大きな平和や賑やかな楽しさをお授けになる、あなたは誰にも好意をもたせ、何につけてもあなたを讃美するようにおさせなさいます、何事にも、おいでがないと、楽しさがまた長つづきはできないのです。それで、もし楽しいとか、心地がよいというものがありとするなら、あなたの御恵みがそこにそなわり、あなたの知恵という調味料で、味つけされているに違いありません。

二 あなたの味*を知る人なら、何を正しく味わえないことがありましょう。あなたの味のわからぬ人が、何をよろこぶことができましょう。ところが、この世の味と肉の味とにひかれる人らは、あなたの知恵の味がわからなくなっているのです（コリント㈠一の二六、ローマ八の五、ヨハネ㈠二の一六）。というのも、この世においては大方が空しいものばかり、またこちら（肉）には死がひそんでいるので。それに反してこの世のものをうとんじて、肉（の思い）を捨て去ってから、あなたに従う人びとこそ、ほんとうに賢い者と認められます。なぜならばその人びとは空しさから真理へ、肉から霊へと、移ってゆく者だからです。そういう人びとこそ神の味のわかる人らで、何によらずよいものが被造物にも見つけられるというならば、それらはすべてその創造主の讃美へと向けられるのです。それにしても、創造主の味と被造物の味、永遠の味とかりそめの味、照り返しでない、原《もと》の光と照らされる光の味は、違います、たいへん違っているのです。

＊　ラテン語の sapere「味わう、味がする」は同時に「わきまえる、賢くある、知る」を意味する。仏 savoir の原語、また savour（英）、saveur（仏）も同じ語根から。

三　ああ、永遠の光よ、あらゆる被造物を超える光よ。高みから私の心の奥底まで貫きとおす閃光を、きらめく稲妻のように輝かせてください。私の魂をそのもついろんな力ぐるみに、清らかにし、よろこばせ、明らかにし、活気づけてくださいませ、並々ならぬ歓喜をもてあなたに取りすがれますように。ああ、あなたの御出《おんいで》ましが私を満足させ、あなたが私にとりすべてにおけるすべてになる、祝福された望ましい時は、いつ来るでしょう。でも、それがまだ許されないあいだは、十分なよろこびはありますまい。それまでは、なんと悲しいことか、私の中に古いあの人間がなお生きていて（ローマ六の一〇―一一）、まだ完全に十字架につけられていず、死にきってもいないのです。それまで彼は、霊に反してはげしく欲望をかき立て、心中の戦さをおこし、魂の王国が平和であるのを許しません。

でも、海ばらの威力を治め、その大波の動揺をさえやわらげるというあなたが（詩篇八九の九）、どうか立ち上がって、私をお助けくださるよう。戦さを求めるもろもろの民を、散乱させてくださいませ（詩篇六八の三一―三二）、あなたの力で彼らをとりひしいでくださってから（詩篇八九の一八）。願わくは、あなたの偉大な御業《みわざ》をここにお示しになり、右の御《おん》手が讃美されるよう（ユディット九の一一、集会書三六の七）。なぜならば、私の主なる神よ、あなたの御許《みもと》以外には、どこにも望みはなく、隠《かく》れ家《が》も私にはないのですから（詩篇三一の一四)。

第三十五章　この世には誘惑からの安全さは存しないこと

一　[キリスト]　わが子よ、お前はこの世ではけして安全ではなく、生きているかぎり(ヨブ七の一)、いつも霊的な武器がお前には必要である。お前は敵のあいだを動きまわり、左右から攻撃される(コリント(二)六の七)。それゆえ、もしもお前が忍耐の楯を四方に向けて使わなければ、長いこと負傷せずにはいられなかろう。そのうえに、もしもお前が、私のためにすべてを耐え忍ぶという純粋な意図をもって、お前の心をしっかりと私にゆだねない場合は、戦いの激しさを支えきれず、祝福された聖人たちの栄冠を得もできなかろう。それゆえに、お前は勇ましくすべてを突破してゆき、敵対《はむか》う者にたいしては力強い手をふるわねばならない。なぜならば勝利者には天の食《マンナ》が与えられるが(黙示録二の一七)、呆《ぼ》けているものには、いろいろなみじめさだけが残っているのだ。

二　もしもお前がこの世において平安《やすらぎ》を求めるとなら、それにどうして永遠の平安に至るを得ようか。十分な平安ではなく、大きな忍耐力を心がけなさい。ほんとうの平和を求めるのなら、地上ではなく、天上においてである。人間やそのほかの被造物についてではなく、神にだけである。神への愛のためお前はすべてをよろこんで忍ばねばならぬ、すなわち苦労や悲しみ、種々な誘惑や心労やさまざまな気づかい、窮乏や病弱、暴行や悪罵、非難や屈辱、侮蔑や抗言や軽視などを、忍ばねばならない。これらはみな徳の向上に役立つのだ。これらはキリストのまだ新米《しんまい》の弟子の試練になるので、やがては天上の栄冠を作りあげるものである。私は短いあいだの苦労にたいして、永遠の報酬を与えようとするのだ、つかのまの悩みにたいして、終わりない栄光をである。

三　お前は思うがままに、精神的な慰めがいつも得られるものと思っているか。私の聖人たちでさえ必ずしもそうした慰めを得られないで、たくさんなつらい経験、さまざまな誘惑やはげしい悲嘆など味わってきた。だが、彼らはそれらすべてをじっと我慢しとおし、自分自身より神に信依をおいていた。なぜならば、この世においての苦難は、これから得られる将来の栄光にくらべてみれば、けして等価でないことを、彼らは知っていたからである（ローマ八の一八）。多くの人が多くの涙とたいへんな苦労ののちにやっと手に入れたものを、お前はすぐさま得ようと欲するのか。主を待ち望み、雄々《おお》しくふるまい、勇気をもちなさい（詩篇二七の一四）。望みを失わず、逃げ出さずに、心身をいつも神の栄光のために捧げなさい。私はこの上なくゆたかに報い、あらゆる苦難においてお前とともにあるであろう（詩篇九〇の一五）。

第三十六章　人びとの空しい裁きにたいして

一　［キリスト］　わが子よ、お前の心をしっかりと主にゆだねなさい。そして、良心がお前の信心と無罪とを証明するとき、人の裁きを恐れてはならない。このような目に遭うのは、よい、幸いなことである。また、それは謙遜な心にとっては、また自分よりも神を信頼する心にとって、つらいことではないだろう。いろんな人がいろんなことをいうのだから、あまり信用するにはあたらない。また、誰もかもを満足させるのは、できることではない。パウロは主においてすべての人をよろこばそうと努めた、そしてあらゆる人のためあらゆるものとなったが、しかも彼は人間の裁きによって裁かれたのを、ごくつまらないことと見なしたのであった（コリント㈠四の三）。

二　彼は他人の向上（信仰を固めること）や救いのためには、自分の力の及ぶかぎり十分に尽くした（コロサイ一の二九）。だが、時には他人に裁かれたり、軽蔑されたりするのを、避けることができなかった。そこで、彼は万事を知っておいでの神に、万事をまかせ、忍耐と抑損をもって、意地悪い評判やでたらめや嘘《うそ》をつくり出す人びと、気のむくままに勝手なことをいう者らにたいし、身を守った。だが、それでも時には自分が黙っているために、（心の）弱い人がつまずかないようにと、彼らに答えたこともあった（使徒行伝二六の

二六、ピリピ一の一四)。

三　やがて死ぬ人間に恐れをいだくとは(イザヤ五一の一二)、お前はどういう者か。人間は今日はいても、明日はもう姿を見せない。神を恐れなさい、そうすれば、人間どもの恐れがお前をおののかすことはあるまい。言葉をもって、また不正な行為で、人がお前になんの害を加えられよう。それはお前よりもむしろその人自身を傷つけるのだ。また、彼がいかなる者であろうと、神の裁きを遁れることはできないだろう(ローマ二の三、コリント(一)一一の三二)。お前は眼前にいつも神を見ていなさい。また、怨言《かごと》がましい言葉で人と争いあうな。たとえお前がいま負けて、不当な恥辱を受けると見えても、そのためけして腹をたて、忍耐心を失って、お前の栄冠をそこなうことがあってはならない(ヘブライ一二の一―二)。それよりも、あらゆる恥辱や不正からお前を救い出し、人それぞれの所業に応じて、報いる力をもつ私へと、天へと眼を向けるがよい。

第三十七章　心の自由を得るためには、自己をまったく欠けるところなく捨離すべきこと

一　[キリスト]　わが子よ、自己を捨てなさい、そうすれば、お前は私を見つけられよう。えりごのみせず、自分の利害を考えるな、そうすれば、お前はいつも得をするだろう。

なぜならばお前が自分を捨離して、取り返そうとしなければすぐに、もっと大きな神の恵みが、お前に授けられようからだ。

二　〔信者〕　主よ、何度私は自分を捨てればよいでしょうか、また何において自己を放棄いたしましょう。

三　〔キリスト〕　いつも、どんなときにも、である。小さいことにおいても、また大きいことにおいてもだ。何も除外例なしに、万事につけてお前が自己を捨て、はだかになるのを望むのである。さもなければどうしてお前が私のものに、また私がお前のものになれよう、もしお前が内的にも外的にも、我意を脱却していなければ。一刻も早くお前がそうしていればいるほど、お前にとっていっそうぐあいがいいであろう。また、いっそう十分、また熱心にすればするほど、いっそう私をよろこばせ、いっそう得ができるであろう。

四　ある人びとは自己を捨てはするけれども、それに何かの除外例を設けておく。つまり、神にたいして十分な信頼をおかないわけだ。それゆえ、身の振りかたにもいろいろ用心しておくのだ。さらに、初めのうちはすべてを捧げておくものが、後では誘惑に負けてまた自己にもどり、そのため徳においていっこう向上しないことになる。こういう人びとは、あらかじめ完全に自己を捨離し、日々の犠牲を捧げなかったら、純粋な心の自由にも、私との楽しい交わりという恵みにも、あずかることはできないだろう。これなしでは、実りゆたかな私との合一は、現在も未来も存しえないのだ。

五　私は、お前にくりかえしなんどもいったが、今もう一度いって聞かそう。自分を捨てなさい（マタイ一六の二四）、自己を放棄しろ、そうすれば、お前は大きな心の平和を味わい得よう。すべてを得るため、すべてを与えよ。何ものも求めてはならぬ。なんの報いも求めるな。いささかのためらいもなく、しっかり私に頼りなさい。そうしたら、お前は私を所有できよう。お前の心は自由になり、闇がお前をふみにじることはあるまい。このために努力し、祈り、これを願うがよろしい。お前があらゆる利己を脱して、はだかではだかのイエスに従い、自己に死して、永遠に生きる道を得るためである。そのとき、あらゆる空しい幻想やよからぬ惑乱、よけいな心配ごとは、消散しよう、またそのときは、度はずれな恐怖は遠のき、みだりがましい愛情は絶たれるだろう。

第三十八章　外面的な物ごとをよく処理し、危険にさいし神に助けを求むべきこと

一　［キリスト］　わが子よ、お前は熱心に次のことを志さねばならない、すなわちあらゆる場合と行動において、外面的な世間の仕事においても、内面的には自由であり、自分自身を支配する力をもち、また万事についてお前がそれらを支配するので、けしてお前がそれらに制御されることなどないようにしろ、つまり、お前が自分の行動の主人であり、指揮者

であって、召使でも金で買われた奴隷《どれい》でもないように。そうではなく、拘束されない真のヘブライ人《びと》として、神の子たちの運命と自由とを受けることができるように。彼らは現在のものを越えて、永遠なものを観照し、左眼にははかない過ぎゆくものをながめ（軽んじ）、右眼には天上のものを眺める。はかないこの世のものは、彼らをとらえて執着させることもかなわず、かえって彼ら自身がこのはかないものを、よく役立つように、手もとにひきよせ（使う）のである、さながら、神が順序をきめられたように、また、その創造においては何一つ無秩序のままには放置されない、創造主の至高な配慮によるかの如くに。

二　だが、もしお前があらゆる出来事において、外見によって進退せず、また見たり聞いたりしたことを肉の眼によって判断しないで、主の導きを得るために、モーセのように神の幕屋《まくや》へ、どんなことにおいても、すぐに入ってゆくならば（出エジプト三三の九）、お前は一度ならず神の答えを聞くことができ、また現在や将来についていろいろと教えられてもどって来れよう。というのも、モーセは疑問や難題があると、それを解決するのに、いつも幕屋へもどって来て、危険なことや人びとの悪意を避けようとて、しりぞいて祈りの助けを求めたものであった。そのようにお前も、神の御旨を一心に祈り求めて、お前の心の奥底へ逃げ込まねばならないのだ（マタイ六の六）。なぜならば、ヨシュアとイスラエルの子たちが、ギベオンの民にあざむかれた、と記されているのは、彼らがまず神の御声をたずねずに（ヨシュア九の一四）、ギベオンの民の甘い言葉をあまりにも軽々しく信じ込んで、みせかけの敬虔さにまどわされたからである。

第三十九章　人は用事にかかわり過ぎてはならないこと

一　［キリスト］　わが子よ、お前の身上をいつも私にまかせなさい。私がそれぞれ適当なときによく取りはからってやろう。私の指図を待っていなさい、そうすれば、それがお前の得になるのがわかろう。

二　［信者］　主よ、私はいかにもよろこんであなたに万事をおまかせします。なぜならば、私の思案はいつもあまり役に立たないからです。これから先の出来事をあまり気にかけずに、御旨にかなうよう躊躇《ちゅうちょ》せずに、すぐと自分を捧げられたらいいのですが。

三　［キリスト］　わが子よ、人はしばしば何か願いごとをはげしく追い求めるが、その望みを達すると、気が変わりだすものである。なぜならば、それについてのいろいろな情熱は、長つづきせず、むしろ一から他へと移るからである。されば、ごくつまらないことにおいても、自分自身を捨てるというのは、けして全然些細《ささい》なこととはいえない。

四　人間の真の霊的向上は、自己自身を否定することにある。また、自己を否定した人間は、真に自由でわずらいを持たない。だが、あらゆる善に反抗する昔からの敵は（ペテロ㈠五の八）、誘惑するのをやめないで、ひょっとしたらたばかりの罠《わな》にうっかり者を掛けられようかと、日夜ひどい悪だくみをめぐらしている。それゆえ誘惑におちいらないよう、めざめて祈れ（マタイ二六の四一）、と主はいわれる。

第四十章　人は自分としては何も善い点がなく、何ごとも自慢はできないこと

一　［信者］　主よ、あなたがいつも心におかけくださるとは、人間とはどういうものでしょう。またあなたがお訪ねくださるとは、人の子とは何でしょうか（詩篇八の四）。あなたが恵みをお授けくださるほどのどんな手柄《てがら》を、人間はたてたのですか。もしもあなたが私を見捨てなさっても、私はどんな苦情を申せましょう。また私の求めることをしてくださらなかったとても、私は何を正当にいい立てられましょうか。それでもたしかに、ほんとうにこう考えて、いうことができます、主よ、私はつまらない者で、何もできず、自分には何一ついい所はありません、かえって何につけても欠点が多く、いつもつまらぬものばかり求めています。されば、もしもあなたが私を助け内的に導いてくださらなかったら、私はまったく信仰の弱いだらしない者になりましょう、と。

二　でも、主よ、あなたはいつも同じで変わりがなく、永遠に存在なさり（詩篇一〇二の一二）、いつも善く、正しく、聖《とうと》く、またすべてを善く、正しく、聖く行なわれ、英知をも

って処理なさいます。ところが、進歩向上するよりしくじって退転しがちな私は、いつも同じ状態にはとどまっていません。なぜならば、七つの時が私の上を移り過ぎていったからです（ダニエル四の一六）。でも、もしもあなたがよいとお思いなさって、お助けの手をさしのべてくださったらば、ほんとうにすぐもっとぐあいよくゆくことでしょう。というのも、あなただけが人間どものとかくの意見にわずらわされず、助けることがおできだからです。また、私がもうこれ以上方々へ顔を向けず、とやかくと惑わずに、ただひとすじにあなたに心を向け、平安を得られるよう、信を固めてくだされるのです。

三　それゆえに、信仰を深めるためとか、あるいは何かの必要に迫られて、あなたにおすがりするほかはないようなとき――というのも私を慰められるのは人間ではありませんので――、人間の慰めをすべて捨てることがよくできましたら、その時こそ当然に、私はあなたのお恵みを待ち望んで、新しい慰めの賜物に雀躍《こおどり》することができるでしょう。

四　私がいつも成功をするたびごとに、世界すべての源であるあなたに、感謝申し上げます。でも、私はあなたの前では、空しいもので、無であります。不定であり、かつ無力な人間です。それゆえ、私は何を得意にいたせましょう。また、どうして人からよくいわれることを、求められましょう。まさか、何もないのを、というわけではありますまい。それこそ空しさの骨頂です。まったくの虚栄の心は悪疫と同じく、この上もないつまらぬことです。なぜならば、それは人をほんとうの栄光から遠ざけ、天の恵みを奪い去るもの、すなわち、人はうぬぼれているあいだは、あなたのお気に召さず、人間からの賞讃を求めるあいだに、ほんとうの徳を失うのです。

五　ところが、真の栄えや聖い歓喜というものは、自分ではなく、あなたを讃美することであり（ハバクク三の一八）、人間の徳ではなくあなたの御名をよろこびとすることであり、あなたのためでないならば、他のどんな被造物にもよろこびを見出さないということです、私の名ではなく、あなたの御名がほめたたえられますよう、また私の業《わざ》ではなく、あなたの御業が讃美されますよう、あなたの聖い御名が奉祝されますようにと。それで、人間どもの賞讃などは、すこしも私に与えられませんよう（詩篇一一三の三、一一五の一）。つまりあなたこそ私の栄え、あなたこそ私の心の歓喜であります。あなたにおいて一日を、私は意気も揚々とし、歓喜をおぼえて過ごしましょう。しかし私にしては、人間の弱さでも自慢にするほか、誇るべきものは何もありません（コリント㈡一二の五）。

六　（人が）たがいに与えあうような栄誉というのは、ユダヤ人たち（世俗の人）に求めさせておきましょう。私としては、ただ神さまだけが下される誉れを、いただきたいと思います。まことに、すべて人間の誉れ、すべてのはかない名声、またすべて世俗の高い地位も、あなたの永遠にわたる栄光にくらべたときは、空しくもまたおろかなものです（ヨハネ五の四四）。ああ、私の真理、私の慈悲である私の神よ、祝福された聖なる三位一体《さんみいったい》よ、あなたにだけ讃美と誉れと徳と栄えが、永遠の世々を通じてありますように。

第四十一章　この世のあらゆる誉れを軽んずべきこと

一 ［キリスト］ わが子よ、たとえ他人があるいはほめられ、または高く上げられるのを見て、それに引きかえ、自分のほうはさげすみ卑しめられるとしても、けしてひけ目を感じてはならない。お前の心を天にある私のほうへとあげなさい、そうすれば、世間の人らの軽蔑も、お前を悲しませなかろう。

二 ［信者］ 主よ、私たちは盲目状態におちいってるので、すぐと空虚なことにひかれてしまいます。もしも正しく自分の様子をしらべてみるなら、けして他の被造物から不正を加えられたわけではないのです。それであなたにたいして苦情をいうかどは実はありません。ところが、私はたびたびひどくあなたに罪を犯しておりますから、あらゆる被造物が私にたいして武器をとるのはあたりまえです。したがって、恥と侮蔑が私にくわえられるのは当然ながら、あなたへは賞讃と誉れと栄光とが捧げられるよう。それで、もし私が覚悟をきめて、よろこんであらゆる被造物から軽視を受け、見捨てられ、なおさらにまったく取るに足りない者と思われなければ、私は心の内の平和と落ち着きと、精神的な光明と、さらにまたあなたとの完全な一致を、得ることはできないのです。

第四十二章　心の平和は世の人に左右されないこと

一　［キリスト］　わが子よ、もしもお前が自分の心の平和を、自分の気持や交際の都合によって、他人次第にまかせるならば、お前は心の落ち着きをなくし、心配に巻きこまれよう。だがもし、いつも生命のある滅びることのない真理にたよるならば、友人が遠ざかろうと死んでいこうと、悲嘆にくれはしないだろう。友人への愛情も私にもとづかねばならない。また誰にせよ、この世でお前が善い人、大切な人と思うにしても、私のために愛するのでなければならない。私なしには、どのような友情も価値がなく、長つづきはしないであろうし、私が結びつけるのでなければ、どんな友情も、真実で清らかではない。されば、お前は、（すくなくとも自分に関するかぎりでは）どんな人とのつきあいもなしにすませたいと願うほどに、愛する人びとへの愛情を捨て去らねばならない。人間は神に近づくにつれ、この世のあらゆる慰めからは、しだいに遠ざかるものである。また、人間は神に向かって高く登るにつれて、いっそう深く自己に沈潜し、自己をいっそう卑しい者とするのである。

二　だが、もし人が何かの善いことを自分の力ゆえと思うならば、それは神の恵みが自分の上に下るのをさまたげるものだ。なぜならば、聖霊の恵みは、いつも謙遜な心に与えられるからである（ペテロ㈠五の五）。もしもお前が自己を完全に殺す（欲望を捨離する）ことができ、またすべての被造物への愛を去ることができるとすれば、そのときこそ、私は大きな恵みをもってお前を充たすにちがいない。お前が被造物に目をかけるとき、創造主のまなざしはお前を去ることであろう。創造主のために万事を克服することを学びなさい。そうすれば、お前は神の認識に至る力を得られよう。たとえどんなに小さなものでも、度を超えてお前の愛と関心を引きつけるものがあれば、それはお前（の魂）をそこない、至高の者（神）から遠ざけよう。

第四十三章　空しい世俗の知識へのいましめ

一　［キリスト］　わが子よ、世人の体裁のいいうまい話に動かされるな。なぜならば、神の国は言葉にではなく、徳にあるからである（コリント㈠四の二〇）。人の心を燃え立たせ、悟性に光明を与える、私の言葉に注意しなさい。それは悔悛《かいしゅん》の情をおこさせ、いろいろな慰藉を与える。他人よりも学問があるとか、賢明だとか思われようとの目的で、けして私の言葉を読んではならない。むしろ、自分の悪徳を根絶させる努力をしなさい。なぜならば、このほうが、たくさんな難問題を解くよりも、ずっとお前の役に立とうから。

二　たくさん読書し、ゆたかな知識を得たときは、いつも一つの原則に立ち戻らねばならない。私こそ人間に知識を与える者、小さい者らに私が頒《わか》ち与える知恵は、人間の教える知恵よりずっとはっきりしている（詩篇九四の一〇、一一九の九九、一三〇）。私が話しかける者は、すぐと知恵にめぐまれ、霊的にも大いに進歩を遂げよう。しかし世間の人からいろいろと奇怪なことを聞きたがるくせに、私に仕える道のことはろくにかえりみない者はわざわいである。やがて師たちの師であり、また天使らの主なるキリストが、現れたもうそのときが来よう。そのとき彼はすべての人の修めたところをお訊ねなさろう、すなわちそれは、各人のよく知るところ（良心）を問いただすのだ。そして、そのとき燈火《あかり》をもってエルサレムは吟味を受け（ゼファニア一の一二）、闇にかくれているものは照らし出《いだ》され、言葉のみの論議は沈黙しよう。

三　私こそ、へりくだる者の心を一瞬のうちに高揚させ、人が十年かかって学校で学んだのよりもっと多くの、永遠の真理のことばを悟り得させる。私の教えは言葉の騒がしさや、意見の混乱もなく、名誉にほこらず、議論の争いもない。私の教えは、地上のものを軽んじ、現世を厭悪《えんお》し、永遠なるものを求め、永遠なるものを味わい、栄誉を避け、人の譏《そし》りを耐え忍び、すべての望みを私におき、私のほかに何も求めず、すべてに超えて燃えるごとくに私を愛することにある。

四　すなわち、ある人が私を心から愛して、聖い悟りを学び、すばらしい言葉を（神について）語った。わかりにくいくわしい論議を学ぶよりも、すべてを捨てることによって、彼はいっそう向上した。だが、私は相手によって、一般のこと、あるいは特別なことを語りわける、また相手によっては、符丁や形象やによってやさしく自身を示現し、真に十分光明に照らされている人びとには、奥義を啓示するのである。いろいろの書物の声は一つであるが、それぞれの教えるところは皆にとって同一ではない。なぜならば、私は内的に真理を教え心を吟味する者であり、人びとの思惟を識りわける者、人の行為を推し進める者、めいめいの人にそれ相応と断ずるところを分配する者だからである。

第四十四章　外界の事物に心をひかれないことについて

一　［キリスト］　わが子よ、お前は多くのことについて無知なのがよろしい、また、この地上では自分をいわば死人同然と（情念を断つこと）、全世界が自分にとっては十字架につけられたかのように、見なすがよろしい（ガラテヤ六の一四）。さらに、多くのことは耳をふさいでやり過ごし、自分の心の平和に役立つことを、よけいに考えねばならない。不快なことから眼を外らせて、めいめいの者には自分勝手にそれぞれ意見をもたせておくのが、自分でやかましく議論をたたかわせるより、ずっと有益なことである。もしもお前が神の御旨にかない、そのお裁きを守るつもりなら、たとえお前が負けたとしても、いっそう容易に辛抱できよう。

二　［信者］　ああ、主よ、私たちはなんという状態《ざま》になったのでしょう。ごらんください、世間の人はかりそめの損失をなげき、わずかのものを得ようと苦労し走りまわっていますが、精神的な損害はすっかり忘れられ、たまたまやっと気がつく時は、もうおそすぎます。あまり役に立たないか、なんの役にも立たないことには心を用いて、いちばん大切なことはなおざりにほっておくのです。なぜならば、すべての人は外面的なものごとへと向かってゆくので、すぐにも反省しなければ、いい気になって外面的なものごとに圧倒されてしまうのです。

第四十五章　すべての人を信用してはならず、人の口は滑りやすいこと

一　〔信者〕　主よ、苦難にさいしてお力ぞえをお願いします。なぜならば、人間の与える救いは空しいからです（詩篇五九の一一）。なんとたびたび、信頼してよいと思った人に、信頼を見つけそこなったでしょう。ところが、それほど期待しなかった人に、いくたびか、信頼を見つけたでしょう。されば、人間をあてにするのは、空しいことです。つまりは、神よ、正しい人らの救いはあなたにおかれているのです。主なる私の神よ、私たちにたいしておこるすべてのことで、祝福されておいでのように。私たちは無力かつ不安定で、すぐ誤りにおちいり、変わりやすいものなのです。

二　あらゆることに注意ぶかく用心して、身を守る力をもった人が、いったい世間におり

ましょうか、いつか誰かにだまされたり、途方に暮れたりしたことがないほどに。でも、主よ、あなたに心から信頼して、すなおな心であなたを求める人ならば、そうやすやすと足を滑らすことはありません（箴言一〇の二九）。また、そういう人が、何か苦難におちいって、どうにかして巻きこまれても、すぐとあなたに救い出されるか、さもなければ、あなたによって慰藉を得ましょう。なぜならばあなたは、最後まであなたに希望をおく人を、お見捨てにはならないからです。友人のどんな不幸に遭遇しても、変わらないほど忠実な友は、めったに見つかりません。主よ、あなただけが、万事においてこの上もなく信実な方、あなたのほかにには、そのような方は、またと見つかることはありません。

三　「私の心はキリストにおいて堅固にされ、キリストにもとづけられています」（聖女アガタ）といったあの聖い魂（聖女アガタ）は、ああ、なんとすぐれたわきまえをもっていたことか。もし同じことが私にもいえるのでしたら、そうやすやすと世間への恐れにも悩まされず、投槍のように刺す言葉にも動揺しないでいましょうに。誰がすべてを予見し、誰が未来の不幸を前もって防ぐ力をもっていましょう。前からわかっていたことでさえ、たびたび害を受けるというのに、どうして予見できないことにひどい打撃を受けないわけがありましょうか。でも、どうして私が、哀れなことに、もっとよく用心しなかったのでしょう。なぜまた、こうもやすやすと、他人を信用したのでしょう。でも、私たちは人間、それもごく弱い人間にほかならないのです、たとえ私らが多くの人から天使と思われ、天使といわれているとしても。主よ、私は誰を信じればいいでしょうか、あなた以外の誰を。あなたこそ真理です、けして人を欺くことのない、あやまつこともありえない、真理なのです（ローマ三の四、詩篇一一五の二）。ところが反対に、人間はすべてうそつきで、無力で、不安定で、過ちを犯しやすく、とくに言葉で罪を犯しがちなものです。それゆえ、たとえ初めは正しく聞こえても、いうことをすぐとすっかり信じてはならないのです（詩篇一一六の一一）。

四　世人に注意せねばならないと、前もってあなたが私をいましめられた、そのことはどんなに用心ぶかいものだったでしょう。また、人間の敵はその家人である（マタイ一〇の三六）と。「ごらんなさい、ここにいます、ほら、あすこにいます」といわれても、けして人を信用してはならないと（ミカ七の二、マタイ二四の二三）。私はひどいめに遭って、この言葉を学びましたが、どうかそのためずっと用心ぶかくなりますよう、けして愚かにはならないように。気をつけろ（といった人がいる）、気をつけろ、いまいったことを、胸におさめて人にはいうな、と。それで、私が秘密だと思って、それを他《ひと》にもいわないでいるのに、その男は、他にいうなとたのんだことを、自分は黙っていられずに、すぐさま私も自身も裏切り、勝手にふるまった、こんなふうな話や、無用心な人びとから、どうか私をお守りください、主よ、彼らの手中に落ちませんよう、また、けして私がこうしたことをやりませんように。ほんとうのゆるがぬ言葉を私の口にお与えください、またずるい言葉を私から遠ざけるよう。他からされたくないことは、何をおいても、他にせぬよう、気をつけねばならないはずです。

五　ああ、他人については黙っていて、けして無差別になんでも信じたりしないこと、また、あっさりと他人に告げたりしないのは（箴言二五の九）、なんと善くおだやかなことでしょうか。わずかな人にだけ自分の心を打ち明けて、あなたを心の検察者にお願いすること（イザヤ二六の三）、また、他人の言葉の風向きのままに吹き廻されず、内面的なこと外面的なことみな、あなたの御旨のままに、すっかり成就されるようにと祈ることも、やはりそうです。世間的な見えのよさを避け、外面的に人びとの賞讃を博すると見られるものは求めないで、生の向上と信仰の熱意を与えることを一所懸命に追い求めるのが、天上からのお恵みをいつも保つに、なんと確かな道でしょうか。自分の徳が世に知られたため、またあまりに早く賞讃を得たために、どれほど多くの人びとがそこなわれたことでしょうか。すべてが誘惑との戦いである、といわれる、この壊れやすいかりそめの（現）世では、神の恵みが、沈黙により保たれるとき、なんとまったく役に立つことでしょうか。

第四十六章　投槍のようなひどい言葉に襲われたとき、神に堅く信をおくべきこと

一　［キリスト］　わが子よ、しっかり立って、私に望みをおきなさい（詩篇三七の三）。

なぜならば、言葉は言葉にすぎないではないか。それは空を飛びはするが、石を傷つけはしない。もしもお前が罪びとならば、よろこんで自分を改めようと願うことを、心がけなさい、また良心にやましくなければ、よろこんで神のためこれに耐えようと願うのを。強い鞭《むち》に耐える力もないくせに、悪口を時に耐え忍んだとて、それはごくとるにたりないことである。またなぜこんなつまらないことがお前の胸にこたえるのか、それはお前がまだ肉の人間であり、必要以上に他人《ひと》の言葉を気にかけるからではないか。つまり、軽蔑されるのを恐れ、過失のために非難されることを欲せず、言いわけをして身をかばおうと努めるのだ。

二 だが、よく反省してみなさい、そうしたらば今でもお前の心中に世間がなお生きていて、世の人びとの気に入りたいという空しい願いがあることを認めるだろう。なぜならばお前がさげすまれるのを避け、過ちのために非難されるのをまぬかれようとするならば、お前はほんとうに謙遜ではなく、真にこの世に死んでいず（願望を断ってはいず）、この世がお前にとって十字架につけられていないのが、十分にわかろうからだ（ガラテヤ六の一四）。だが、私の言葉を聞きなさい、そうすれば、もう世の人びとの一万語も意に介すまい。さあ、いいかね、人の考えつくかぎりのあらゆる悪口が、お前に向かっていわれたとしても、もしもお前がみな聞き流し、わら一本ほどにも思わなければ、それがお前にどんな害を与えるか。まったく一本の毛髪《かみのけ》とて引き抜けなかろう（マタイ一〇の三〇、ルカ一二の七）。

三 だが、心を内面的に保たない人、神をいつも眼前に見ていない人は、すぐと非難の言葉に動かされる。ところが、私に信依していて、やたらに自己の判断にたよろうとせぬ者は、人を恐れることをまぬがれえよう。なぜならば、私こそ審判者であり（詩篇七の八）、あらゆる秘密を知る者だからである。私は、どんなふうに事が行なわれたかを知りわけてる。私は害を加えた者も、受けた者もよく知っている。「多くの人のひそかな思いが明らかにされる」（ルカ二の三五）ために、これは私の許可のもとに起こったのだ、という句は、私から出たものである。私は、罪のある者と罪のない者とを裁くであろう。だが、私はひそかな裁判で、前もってこの両方を、吟味しようと思うのである。

四　人間のあげる証拠は、誤りがちだが、私の裁きは正しくて揺るぎがなく、覆されることもない。それはたいてい人に知られず、それぞれの件について、わずかな人に明らかにされるばかりである。だが、たとえ私の裁きは、愚かな人びとの眼には正しいと見られなくても、誤ることはけしてなく、誤ることはありえないのだ。それゆえにあらゆる裁きにおいて、私のもとにかけつけるよう、自己の判断にたよってはならない。なぜならば、正しい人は、どんなことが神からその身にふりかかろうと、心を乱されないだろうから（箴言一二の一三）。また、たとえ、何かの不正が（彼に）加えられても、それをたいして気にかけないで、かえって他人から公正な弁護を受けても、いたずらに大よろこびすることはなかろう。というのも、私は「心と腎（情欲）とを吟味するもの」であり（詩篇七の九、黙示録二の二三）、うわべや人の外観《みえ》にたよって裁かないのを、彼はよく知っているからだ。すなわち、人間の裁きにおいては賞讃に値するとされているものも、私の眼には非難すべきだと映じることが、よくあるからである。

五　［信者］　主なる神よ、正しく強く忍耐ぶかい審判者よ、人間のもろさと邪悪さとをよくご存じのあなたが、どうか私の堅信とあらゆる信頼のもとになられますよう。私の良心は、私にとって不足だからです。あなたは、私の知らないこともご存じです、それゆえ私はどのような非難を受けても、身をへりくだり、おとなしくそれに耐えるべきでした。もしも私がそうしませんでしたら、どうかまた寛大にお赦しください。そして、もっとよく忍耐できるというお恵みを、再度またお与えください。なぜならば、心の奥にひそんでいる良心の弁護のため、私が考え出した正しさよりも、あなたのゆたかな慈悲心のほうが、罪の赦《ゆる》しを得るためには、ずっとよけいに役に立つからです。たとえ私の良心にはなんのやましいところがなくても（コリント㈠四の四）、それで私が自分を正しいとはなしえません。なぜならばあなたの御慈悲がなかったならば、どのような生きものとて、あなたの御眼の前に出て、正しい者とはされないからです（詩篇一四三の二）。

第四十七章　永遠の生命のために、あらゆる重荷に耐えるべきこと

一　［キリスト］　わが子よ、私のためにお前の引き受けた苦労が、お前を挫折させせない

ように、また、どんなばあいにも苦難がお前をがっかりさせないように。かえって私の約束が、どのような事件の際にも、お前を力づけ、慰めることを（期待する）。私はあらゆる度合いを越えて、ゆたかに報いる力を十分もっている。お前がこの世で苦労するのも、そう長いことではあるまい。またいつも悲嘆にくれるわけでもなかろう。ほんのしばらく待っていなさい、そうすれば、すぐに不幸も終わるのがわかろうから。あらゆる苦労や悩みやの終わるその一刻がやって来よう。時とともに過ぎ去るものは、みな命の短いつまらぬものなのである。

二　お前のいまやってることを、よくやりなさい。熱心に、私のぶどう園で働くがいい（マタイ二〇の七）。私自身がお前の働き賃となろう。書いたり、読んだり、讃歌を歌ったり、嘆息したり、黙っていたり、祈ったりして、苦しみに雄々《おお》しく耐えていきなさい。永遠の生命《いのち》は、これらのすべて、いやいっそう烈しい戦にも値するのだ。平和がある日やって来ようが、その日がいつかは、主だけがご存じである。また、それは当然この世の昼でも夜でもなく（ゼカリア一四の七）、不断の光明、無限の輝き、たしかな平和、安らかな憩《いこ》いであろう（同上）。その時お前は、こうはいうまい、「誰が私を、この死ぬべき体から解放してくれるのか」（ローマ七の二四）とは。また、「ああ、私がこの世に住むことは長きに過ぎた」（詩篇一二〇の五）とも叫びはすまい。なぜならば、死は追放され（イザヤ二五の八）、救いにはもう欠けるところなく、なんの心配もいらず、祝福された楽しさに（聖人がたとの）美しくやさしい交わりだけであろう。

三 ああ、もしもお前が、天上の聖人たちの永遠の輪を見られたならば（知恵書三の一、五の一六）。また、かつてこの世にさげすみを受け、生きる値打ちさえないように思われていた人びとが、いま天上でどのような栄光に雀躍《こおどり》しているか、見られたならば（どれほど強い感動を味わうことか）。もちろんお前はすぐ身を低めて地面にひれ伏し、他人《ひと》を一人でも支配するより、むしろあらゆる者に仕えることを乞い願おう。また、この世の生活《くらし》の日々を楽しく過ごそうとは追い求めず、神のために苦難を受けるのを、むしろよろこびとしよう。そして、世人のあいだにあっても、くだらぬ者と見なされるのを、無上の徳と数えるだろう。

四 ああ、もしお前がこういうことをわきまえて、心に深く刻みこんだら（さぞよかろうに）、どうしてお前は一度たりとも、あえて不平をいいなどするか。永遠の生命を得るためには、どのような苦労というとも辛抱すべきではないのかね。神の国を獲得するか失うかは、けして小さなことではない。それゆえ、顔面《おもて》を天に向けなさい。ごらん、私もすべての聖人たちも、いっしょにいるのが見えるだろう。この人たちはこの世で烈しく戦ったが、いまではよろこびあい、慰めを得て、些《さ》の憂いもなく、平安を楽しんで、いついつまでも私とともに、御父の国に住居《すまい》するのだ。

第四十八章　永遠とこの生《よ》の狭苦《せまくる》しさについて

一　［信者］　ああ、天上の国に住居するのは、まったく、この上もなく幸いなことです（黙示録二一の二）。ああ、この上もなく清らかな永遠の日、夜が来て暗くなりもせず、至高の真理がいつも輝き明るく照らす。いつも楽しく、いつも安らかに、けして反対《あべこべ》の態《さま》へ転変することのない日よ。ああ、その日がやって来て、このようなかりそめなものみなに、終わりをつけたらよかろうに。その日は、絶える期《とき》のない光明に輝《て》りかがやいて、聖人たちに光をもたらす、でも、この地上の巡礼である私たちには、遠くからしか、鏡に映したようにしか、照らないのです。

二　天国にすむ人びとは、その日がどんなよろこびに充たされているかを、知っています。でも、エヴァの追放された息子らである私どもは、この日がどれほど苦い日で退屈かを、嘆くばかりです。この世の日々は、短くて邪悪に満ち（創世記四七の九）、悲しみや苦悩でもっていっぱいです。ここでは、人は多くの罪にけがれて、さまざまな情欲のとりことなり、さまざまな恐ろしさにしめつけられ、いろんな心配に苦しめられ、たくさんの奇怪なものに心をひかれ、数多くのくだらぬことに巻き込まれ、くさぐさの誤ちに取り囲まれて、たくさんの苦労にへとへとになり、誘惑の重荷を背負いこみ、快楽にげっそりし、窮乏にさいなまれています。

三　ああ、これらの害悪には、いつ終末がつけられましょう。悪徳の奴隷というみじめな状態《さま》から、いつ解放されましょう（ローマ七の二四、ゼカリア一四の七）。主よ、いつ、あなただけを私が心に刻みつけられましょう（詩篇七一の一六）。いつ、あなたにおいてよろこびに満たされましょうか。いつ、なんのさまたげもなく真に自由になれましょうか、心身ともになんの悩みわずらいもなく。いつ、ゆるぎない平和、擾乱《じょうらん》を受けぬ堅固な平和、内と外との平和、あらゆる面で確固たる平和が、得られましょうか。優しいイエスよ、いつ、お目にかかりに御前に出られましょうか。いつあなたの御国の栄光を眺められましょう。いつあなたが私にとっての、すべてにおけるすべてになってくださいましょう。ああ、あなたが愛する人びとのため、永劫《えいごう》の昔から用意なさったあなたの御国で、あなたのおそばにいられるのは、いつのことでしょう（マタイ二五の三四）。私は、日々の戦いとこの上もない不幸に満ちた敵地にあって、貧しくも、かつ流浪《るろう》の身を、ただながらえるばかりなのです。

四　さすらいの身の私を慰め、悲しみをお和《なご》めください。なぜならば、私の願望《ねがい》はただ一つ、あなたをあこがれ求めることです。というのも、この世が慰めにとさし出すものは、何から何まで私には重荷なのです。私はあなたに親しくお伴をお許し願いたいのですが、まだそれには至れません。天上のことに専念したいと思うばかりで、地上の雑事やなお断ちきれぬ情念が私を押さえつけます。心ではどんなことにも超然としていたいと思うが、肉のために心ならずも服従をよぎなくされます。このように、ふしあわせにも人間である私は（ローマ七の二〇）、自身と戦い、私自身の重荷となり（ローマ八の二三）、精神（霊）は天へのぼろうと願うのに、肉体は下に堕ちていようと求めるのです（ヨブ七の一〇）。

五　ああ、どれほど心に苦しむことか、祈る私をおそうとは。私の神よ、すぐさま肉の思いが群れて起こっては、胸の中では天上のことを志すのに、どうか私から遠くへおいでなさらず、立腹なさってあなたの僕《しもべ》をお見捨てはなさらないよう（詩篇七一の一二、二七の九）。あなたの電光《いなずま》を照り輝かせ、それら（肉の思い）の妄想《もうそう》をお散らしください。あなたの御矢を射かけてください（詩篇一四四の六）。そうすれば、敵のあらゆるたくらみは敗亡しましょう。私の五官を呼び正して、俗事はすべて忘れさるよう、悪徳のさまざまな妄想もまたすぐ放棄してさげすむようにさせてください。永遠の真理よ、どんな虚しいこと（虚栄）にも動かされぬよう、私をお助けください。天上の優しいよろこびよ、ぜひ御来降を。そしてあらゆる不浄が御目の前から遁《のが》れ去るよう。私をもまたお宥《ゆる》しを。祈りのときにあなた以外のことに心を動かすたびごとに、御慈悲にご容赦をお願いします。私はしんじつ告白します、ほんとうに私はいつも心が乱れ気が散るたちです。なぜならば、私の心はしばしば、自分のからだの立ったりすわったりする場所にはいず、かえって、その時どきの思いのままに運ばれていってしまうのです。つまり私の思いのあるところに、引かれていくので、私の愛するもののあるところに、私の思いはしばしばいっています。もともと自然に私をよろこばすもの、または慣れから気に入るものが、すぐと心に浮かぶわけです。

六　それで、真理であるあなたは、はっきりお言いでした、「お前の宝物があるところに、お前の心もある」（マタイ六の二一）と。もし私が天を愛するならば、よろこんで天上のことを考えます。もし私が世間を愛するならば、この世に属する幸福を人といっしょによろこび、この世の不幸を悲しみましょう。もしも私が肉を愛するならば、肉に属するものをしばしば想像します。もし私が霊を愛するときには、霊についてのことを考えよろこぶのです。つまり私はなんでも自分の愛するもの、そのことを話したり、聞いたりするのをよろこびとし、その形姿を家に持ちかえるのです。でも、主よ、浄められた良心で、あなたに清い祈りを捧げるため、また、あらゆる地上のものを内外ともに捨て、天使たちの合唱の群れに加わるのにふさわしくなれるように、あなたのためあらゆる被造物《よにあるもの》を好むがままに自分から勝手に離れていかせる人、また生まれつきの性向をしいておさえて、熱烈な精神をもて肉の欲望《ねがい》を十字架につける（滅却した）人、そういう人こそ祝福された人間です（マタイ一九の一二）。

第四十九章　永遠の生命への願望と、どんな幸福が戦う者に約束されているかについて

一　［キリスト］　わが子よ、永遠の幸福を得たいとの願望が、天から降りそそぐのを感じて、世の転変の影にさまたげられずに、私の輝きを眺められるように、肉体という小屋から脱出したいと願うならば、お前の心を広くひらいて、ありたけの希望をもって、この神聖な霊感を受け入れなさい。お前をかくもねんごろにとり扱って、心やさしくお前をおとずれ、熱心に励まし、力づよく引き上げ、自分の重さで地上のものまで堕《お》ちていかぬよう、配慮される天上にある方々の親切さに、十二分な感謝を捧げるがよい。なぜならば、この恵みにあずかれるのは、けしてお前の思慮や努力やのためではなく、天の恵みと神の配慮のおかげなのである。それはつまり、お前が徳行とさらにふかい謙遜の心において向上して、なおこの上も戦いつづける用意をし、心からの愛情をかたむけて私に取りすがって、燃えさかる意欲で私に仕えようと努力をさせる、そのためなのだ。

二　わが子よ、火というものはよく燃え立つが、煙を出さずに焔が昇ることはない。そのように、ある人びとの願望は天上へと燃えあがるが、肉による情念の誘惑をなお離脱していないのだ。そのため彼らは、かように心をこめて神に求めていながらも、それらをすこしも、ひたすらに神の誉れのために、行なってはいないのである。お前がとても大切な願いのように私（の耳）へ吹きこんだ、あのお前の願望も、しばしばそんなものだ、というのも自分の都合のよさ（を求める欲心）にけがれている者は、清くも完全でもないからである。

三　お前にとって面白いことや都合のいいことを求めず、私の意《こころ》に受け入れやすく、栄えともなることがらを求めなさい。なぜならば、もしお前が正しく判断するなら、自分の願望《ねがい》やすべての欲しいものよりも私の命令を大切にし、それに従うはずだからである。私はお前の願望をよく知っているし、たびたびお前の嘆息も聞きとっている。今はお前も、神の子たちの栄えの自由に加わりたがっているのだろう。もう今から、永遠の住まいとよろこびに満ちた天上の祖国をよろこび望んでいる。だが、その時はまだ来ず、現在あるのは別な時、すなわち戦いの時（ヨブ七の一）、苦難と誘惑とのときである。お前は至高の善に充たされたいと願っているが、その達成は未だなお叶《かな》わないのだ。「私は至高の善である、神の国が来るときまで、私を待て」と、主はいわれた。

四　お前はまだまだこの世で試練を受け、いろいろなことで鍛えられねばならない。ときおりは慰めが与えられもしようが、十分いっぱいに授けられるには至るまい。したがって行動においても、天性にさからうことを耐え忍ぶにも、心をしっかりと持ち、確固たる志操を守らねばならない（ヨシュア一の六―七）。お前は新しい人に姿を変え、まったく他の人間になった如くでなければならぬ（エペソ四の二四）。つまりしばしば自分の望まないことでも行ない、好きなことでも捨てねばならぬことがあろう。また他人の望むことは成就するが、お前の好きな仕事はいっこうはかどらないということもあろう。他の人びとの言うことはよく承知されるのに、お前の言葉はまったく無視されよう。他人の要求は聞き入れられるが、お前の要求はけして達成されようもない（といった具合だ）。

五　他の人びとは世間からもてはやされるが、お前は誰にもなんともいわれない。他の人びとはいろんなことの委託を受けるが、お前はなんの役にも立たんと判断されている如くである。こういうことで、お前の自性は時にはひどく悲しむだろう。だが、もしお前がこれを黙って我慢するなら、それは立派なことである。こうしたことや、これに似たさまざまなことで、主の忠実な僕（とあるべき者）は、どれほど自己を否定できるか、万事につけて克服をよくしえるかを、試みられるものである。自分の意志に反することを、見たり忍んだりするぐらいに、自己にたいして死なねばならぬ（自己否定の）ばあいは、他にほとんどないのである。とりわけことに、自分に都合が悪く、いっそう不利と見えることを、するように命じられる時は、そうである。それで、お前が人の支配下におかれていて、一段高い権力にあえて反抗できないので、他人の命令どおりにやって、自分の考えをすっかり捨ててしまうのは、お前にはつらいことと思われよう。

六　だが、わが子よ、こういういろんな苦労の結果をよく考えなさい、それらはすぐとしまいになり、その報いはとても大きいものであるのを。さすれば、そのためさほどつらいと思わず、お前の忍耐力にこの上もない慰めを得ることだろう。なぜならば、いまお前がすすんで捨てたわずかな意欲の代わりに、お前はいつも天上で意図するものを得られようからである。そこではたしかに、欲しいものはなんでも、望むものもなんでも、お前は見つけられよう。そこではもう失《なく》す心配もなく、あらゆるよいものを手にする力が、お前には与えられよう。そこでは、お前の意志はいつも私の意志と一つになり、外面的なものや私的なものは、何一つ求めようとはしないだろう。そこでは、誰もお前にさからおうとせず、お前を非難もさまたげもせず、何もお前を邪魔しないで、望むものはみな同時にそこに具《そな》わり、お前の愛情は新たにされ、あふれるまで充たされよう。そこで私は、かつては侮辱を忍んだ報いに、お前に栄えを与えるとしよう。悲嘆の報いは、賞讃の衣を、最後の席の報いには、永遠の御国の座を、与えるであろう。そこでは、お前の従順が実を結び、悔悛の苦しみはよろこびとなり、身をへりくだる服従は栄光の冠をさずけられよう。

七　されば、いまのところは、あらゆる人の手の下にへりくだって身をかがめなさい。また、誰がこういったかとか、命じたとかは、気にしないでおけ。そして、お前の目上の者か目下の者、あるいは同輩が、お前に何か要求したり、めくばせしたら、何でもそれを善意にとって、すなおな気持で実行するように努めなさい。他人には自由勝手に何なりと求めさせたり、いばらせたりしておくがいい、千度の千倍もほめそやされるがいい。しかし、お前はあれやこれやに得意にならず、自分自身が軽んじられるのをよろこびとし、私だけの気に入り、私だけを誉れとするのを、よろこぶように。お前は生死を通じて変わらずに、神がいつもお前において栄光をたたえられるよう（ピリピ一の二〇）、乞い願うがいい。

第五十章　悩む者はいかに神の御手に身を捧げるべきか

一　［悩める魂の祈り］　主なる神、聖《とうと》い父よ、いまもとこしえにも祝福されておいでのように、あなたの望みは、そのとおりに実現されるからです。それにあなたのなさることは、よいからです。あなたの僕《しもべ》が、自分や他の何者にでもなく、あなたによろこびを見出すように。なぜならば、あなただけが真のよろこび、あなたが私の希望、私の栄冠、あなたは私の歓喜、私の名誉だからであります、主よ。あなたの僕は、あなたから受けたもの以外に、何をもっていましょうか、それも自分の手柄によってではないのですが（コリント㈠四の七）。あなたのお授けなさったもの、お創りなさったものはみな、すべてあなたのものです。私は若い頃から貧しく、苦労をしております（詩篇八八の一六）。そして、私の魂は時には涙を流すほどにも悲嘆にくれ、さし迫る苦難に惑乱されるのでした。

二　私は平和のよろこびを望み願います。慰めの光の中であなたにやしなわれる、あなたの子らの平和を、私は切に求めるのです。もしも平和を与えてくださるなら、また神聖なよろこびをつぎこんでくださるならば、あなたの僕の魂は歌の調べに満ちあふれて、あなたへの讃美に捧げられましょう。しかし、もしもあなたがしょっちゅうなさっておいでのように、私を捨てて引っこんでおしまいなさると、私はもう、お命じなさったその道を歩んでゆくことはできなくなります（詩篇一一九の三二）。その代わり、膝の上に身をかがめ、胸をうって嘆くばかりです。なぜならば、いまは昨日や一昨日と様子がまるで違いますので。その頃は、あなたの燈火《あかり》が頭上に輝き（ヨブ二九の三）、あなたの翼の蔭に入って、おそいかかる誘惑から守られていたものでしたが（詩篇一七の八）。

三 正しく、いつも賞讃される父（なる神）よ、あなたの僕が試練を受けるときが来ました。愛すべき父よ、あなたの僕がこのときにあなたのために、いかほどか耐え忍ぶのは、当然なことであります。永遠に敬いあがむべき御父、遠い昔からいまに来ようとご存じだった、その時がやってきました。ほんのしばしは、あなたの僕が外面的には倒れ伏したと見えましても、内的にはいつもあなたのおそばに生きてゆけますように。しばしのあいだは、くだらぬ者とさげすまれ、卑しめられ、世の人びとの面前ではいくじなしと見え、苦悩や弱気にさいなまれましょう。それもつまりは、再びあなたに従って、新しい朝明けの光に復活し、天上にある方々と栄光を受けるためなのですが、聖なる父よ、あなたがかようにお定めなさり、こうなることをお望みでした。それで、御自身お命じのことが、そのとおりなされたわけです。

四 つまりはこれがあなたの愛しむ者へのお恵みなのですね、いく度でも、どんな人からでも、そうされるのを、あなたがお許しになったかぎりは、あなたへの愛のために、この世にあっては耐え忍び苦難を受けるということが。あなたの意向と摂理《せつり》なしには、また、理由《ことわけ》なしには、何ごともこの世では起こりません。主よ、あなたの裁《さば》きの正しさを学び、心のふくれ上がりと増上慢とを捨てるために、あなたが私を卑しめられたのは、私にとってよいことでした（詩篇一一九の七一）。私が人間よりもむしろあなたを、心を慰めるため要《もと》めることには、恥ずかしさをおぼえたのは私にとって有益でした（詩篇六九の七）。すなわち私はこのことから、あなたの計りがたい審判の正しさに慴伏《しょうふく》するのを学んだのでした、つまりあなたは正しい者を不実な者といっしょに、お苦しめにはなるものの、そのあいだけして公平さや正義を欠きはなさらないからです。

五　あなたに感謝申し上げます。あなたは私の罪科《とが》を赦さず、きびしい鞭《むち》でこらしめたうえ、外面的にも内面的にもさまざまの苦痛をお与えだったものですから。あなたのほかには、この（広い）天の下なるすべての中にも、私を慰める力をもっておいでの方はありません。主である私の神よ、もろもろの魂を癒す天上の医師、打撃を与えてはまた医《いや》し、地獄へつれ込んではまた連れもどす者よ（列王上二の六、トビア一三の二、詩篇一七の一七、サムエル上二の六）。私をおさめるあなたの規律や、あなたの鞭そのものが、これから私を教えるのです。

六　ごらんなさい、愛する父よ、私はあなたの御手の中にあって、矯正のあなたの鞭の下に身をかがめております。自分のねじけた根性を矯《た》め、御旨にそうべく身を屈《ま》げるよう、私の背や私の頸をお打ちください。御意向にすべて従い、歩めますよう、いつも優しくしてくださるのと同じく、私をつつましく敬虔な弟子にしてくださいませ。あなたにこの身と持ち物すべてを、正しく直してくださるようにおまかせします。来世よりも、この世で責め苦に遭うほうが、ずっとましです。あなたは万事をみないちいちにご存じで、人の心にひそむものさえ、あなたにはかくされません。未来のことも、その現れる前々から、もうあなたはご存じなのです。この世で行なわれることすべて、誰に教わる要もなく、気をつけられる要もありません、されば私の向上に何が必要《いる》か、また、悪徳のさびをとり除くのに、どれほどの苦難が役立つかも、ご存じです。あなたのお望みなさる御意向のままに、私を御処置くださいませ、ただどうか私の罪にまみれた生活《くらし》を拒否はなさらぬようにお願いします、その生活の罪ぶかさは、誰よりも、あなただけが、いちばんによくはっきりとご存じですが。

七　主よ、私が知るべきことを知り、愛すべきものを愛し、あなたのいちばんおよろこびなさることを褒め、あなたの大切とお思いのものを尊び、あなたの御眼をけがすものを咎《とが》めるように、私をお導きください。私が外的な眼の見るところに従って判断したり、無経験な人びとの頑固な耳の聞くところに従って裁くことのないようにしてください（イザヤ一一の三）。そうではなくて、正しい判断で、可視的なものと精神的なものとを区別し、すべてに超えて、あなたのよしとなさる御旨を、いつも伺えるようにしてくださいませ。

八　人間の感覚は、しばしば判断の過誤《あやまち》を犯します。この世を愛する人びともまた、眼に見えるものだけを愛して、あざむかれるのです。ひとより偉いと世間の人に思われたからといって、それでどうして、一人の人が他人に優ることになりましょう。いつわり者がいつわり者を、空しい者が空しい者を、盲人が盲人を、弱虫が弱虫を、人が褒めるとは、（つまり他人を）あざむくことです。そして、褒めるのが空虚であるゆえ、ほんとうはいっそう侮辱なのです。なぜならば「人間は誰もあなたの眼に映るとおりの者で、けしてそれ以上ではない」と、謙遜な聖フランチェスコはいっているからです（ボナウェントゥーラ「聖フランチェスコの生涯」第五章）。

第五十一章　立派な仕事ができないときは、つつましい仕事に精をだすべきこと

一　［キリスト］　わが子よ、お前はいつも、なお熱心にいろんな徳をみがこうという願いもおこさず、いっそう深い瞑想にふけるだけの力もない。それどころか、時おりはどうしても生まれついての罪ぶかさに、いっそうくだらぬ所行にまで堕落しはてて、やがては死ぬべきこの世の暮らしの重荷を、いやいやよんどころなく背負ってゆかねばならない、というありさまである。いずれ死ぬ肉体をもつかぎりは気も鬱々と、心も重く悩むであろう。したがって、肉の体をもつかぎりは、その肉体の重荷をたびたび嘆くのも当然である、それはお前がたえず霊的な勤めであるとか、神についての瞑想に、すっかりと没頭できないそのため

なのだ。

二　そういうときには、ささやかな外面的な仕事に遁れ、善い行ないでもって元気を取り戻すのが良策である。私が訪ねてゆくのを、固い信念をもって待ち望みなさい、そしてお前の追放の身の上を、荒涼としたわびしい心にじっと我慢し、私がまたお前を訪れ、つらく苦しいわずらいからすっかりお前を解放するまで、待っていなさい。なぜならば、私はいろんな苦労を忘れさせ、内面的な安らぎを十分お前に味わわせようから。そしてお前が心をひらいて、私の掟の道を歩んでゆくよう、私はお前の面前に、聖書のゆたかな牧原を繰り拡げよう（詩篇一一九の三二）。そのとき、「この世の苦しみは、私たちにおいて啓示される、未来の光栄にくらべれば、まったく比較にならぬ（ほど易しい）ものだ」（ローマ八の一八）と、お前はいおう。

第五十二章　人は自分を慰めに値する者ではなく、鞭に値する罪びとと思うべきこと

一　［信者］　主よ、私はあなたからの慰めや、あるいはその他何かの霊的なお訪ねも、いただく値打ちのないものです。それゆえに、あなたが私を貧しさと淋しさの中に捨てておき置きなのも、当然の待遇であるとも存じます。したがって、もしも私が海ほども涙をながし

たにしましても、まだまだあなたの慰めをいただくには値しますまい。つまりは、鞭《むち》打たれ罰せられるほかなんの値打ちもありはしません。なぜなら私はあなたに重罪をたびたび犯し、多くのことでひどい過失をしているからです。それゆえに、ほんとうによく考えてみると、どんなわずかの慰めにも私は値しないのです。でも、情けぶかく慈悲《いとしみ》ぶかい神さま、あなたは、あなたの御業《みわざ》の滅びることをお望みなさらず、あなたの善のゆたかさを、慈悲憐憫《れんびん》を盛《も》る器に示そうとて（ローマ九の二三）、まさに当然受けるはずの、どのような報酬よりも以上に、あなたの僕《しもべ》を、人間のなしえる度合いを超えたなさり方で、わざわざ慰めくださるのです。それというのも、あなたのくださる慰めは、人間の作り話みたいな（空しい）ものではありませんから。

二　主よ、天上からの慰めを何かいただくほどの善いことを、私がいたしたでしょうか。私は何も善いことはせず、いつも悪徳におちいりやすく、改めるには怠慢だったのを、思い出します。それはほんとうのことで、否定できません。もしも私がこう申さなければ、あなたは私に反対してお立ちなされましょうし（ヨブ九の二―三）、私を弁護する人は誰もいますまい。私は自分の罪の報いに、地獄と永遠の火とそれ以外のものは、何を受けるにもふさわしくないのです。真実に告白しますが、私はあらゆるあざけりと軽蔑とに値するので、あなたの熱心な信者の中に入れていただくには相応しません。こういいますのも、つらいことながら、真実のために自分の罪を告発いたします、あなたの御慈悲をいくらかなりと容易にいただけるようにと。

三 罪びとであり、汚辱に満ちた私が、何をいいましょう。私の口は、「私は罪を犯しました、主よ、私は罪を犯しました（詩篇五一の一―四）。どうかお哀れみを、お赦しください」という言葉だけ、それ以外は何もいえません。死の闇におおわれたまっくらな国へ赴く前に、悲しみをうち嘆くのを、しばらくの間《ま》はお赦しください（ヨブ一〇の二〇）。この罪ぶかい哀れな罪びとから、心から悔悛して自分の過ちゆえに身をおとしめること以外、何をとりわけお求めでしょうか。真実な悔悛と心をおとしめ身をへりくだることから、赦免の希望が生まれ、極度に乱れた良心は癒されまして、失われた神の恵みは回復され、人間はいつかは来よう神の怒りから守られたうえ、神さまと悔悛した魂とは、互いに聖なる口づけをもってむすばれるのです。

四 罪びとたちの謙遜な悔悛《くいあらため》は、主よ、あなたにとっては御旨にかなう献げもので、あなたの御前に、薫香よりもずっと快くかおることでしょう（詩篇五一の一七）。これはまた、あなたの聖い御足《おみあし》に注がれるのをお望みなさった、あの快い香油であります（ルカ七の三八）。なぜならば、悔悛して身をおとしめた心を、あなたはけしておさげすみにはならなかった。そのところ、キリストの御足もとこそ、仇敵の怒った顔から避難の場所で、そこそまた、どこかで人が仕出かしたどんな罪でもけがれでも、改められ、洗いながされる場所だからです。

第五十三章　神の恵みは、地上のものを味わう人には与えられないこと

一　［キリスト］　私の恵みは価が貴《たか》く、世俗の事物や地上の種々な慰みと、混同するのを許さない。それゆえ、もしもお前が神の恵みをそそいでもらいたく思うなら、それをさまたげるすべてを捨てねばならない。自身のために人気《ひとけ》のない所を求め、ひとりだけで住むのを愛し、誰とも話しあわないように努めなさい。それよりも、悔悛した心性と清らかな良心とを保つために、神に敬虔な祈りを熱心に捧げなさい。全世界をくだらぬものと評価して、神への奉仕を他のどのような外部のことより、重んじなさい。なぜならば、お前は私に仕えながら、同時にかりそめの過ぎ去る事物に興じることはできないからだ。知りあいや愛する人たちから遠く離れて、自分の心をあらゆるこの世の慰めから引き離しておかねばならない（マタイ一九の二九）。かようにして、聖なる使徒ペテロはキリストの信者たちに、まるで他国の人や旅人でもあるかのようにこの世ではふるまうことを、すすめたのである（ペテロ㈠二の一一）。

二　ああ、もし人がどんなものへの愛着によっても、この世につなぎとめられていないならば、死に臨んで、どれほど大きな安心を得られようか。だが、このようにすべてを捨てた孤独な心をもつことは、心の弱い人にしてはなかなかできない、動物的な人間は、内的な人

の自由を理解しない。だが、もし人がほんとうに精神的な人間になりたいと思うならば、遠いところに住む人も近くにある知人も見捨てて、誰よりもまず自分に警戒せねばならない。もしもお前が自分自身に打ち克てるなら、他《た》の者たちをもっと容易に征服できよう。完全な勝利とは、自分自身に打ち克つことである。なぜならば自分自身をいつも服従させておき、こうして感覚を理性に従わせ、万事において理性を私に従わせる者こそ、真に自己を克服した者、この世の主人《あるじ》なのである。

三　もしもお前がこの頂上まで登りたいと切望するなら、最初から男らしくしなければならない。そして、自分自身と、すべての自分だけにかかわる物質的な幸福を望む、ひそかな常規を超えた（はげしい）欲望をもぎとって打ちくだくため、その根に斧《おの》をあてねばならない。人間が自身をやたらに常規を超えて愛《いと》しむという悪徳から、ほとんどすべての悪が生じてくるので、それはなんとしても根本的に克服せねばならないものだ。この悪さえ完全に克服され、抑制されたら、大きな平和と静穏がすぐに至ろう。さりながら、自分自身を完全に殺そうと努め、自分を越えた境地に向かおうとする者は、わずかであるため、たいていの人はいつも自身にかかずらって、その結果、自分を乗り越え精神的な高みに登ることができない。だが、私といっしょに自由に歩みたいと志す者は、自分の邪悪な常規を超えた愛情を屈服させ、どんな被造物にたいしても、私《ひそか》な愛情をもって、情欲により執着することがあってはならない。

第五十四章　自然と神の恵みとの、方向を異《こと》にする動きについて

一　［キリスト］　わが子よ、自然と神の恵みとの反対の動きに努めてよく気をつけなさい。というのも、この二つの動き方はまったく反対で、微妙なものだからで、精神的な、内的に照らされた（眼の開いている）人間でなければ、ほとんど見分けがつかないのだ。人は誰しもみな何かよいものを求め、自分の言行に何かよいところがある、と自負しているので、それゆえ、よいものらしい外観によって、だまされる者が多いのである。自然はいつも狡猾《こうかつ》で、多数の人びとを誘引し、罠《わな》に掛け、あざむき、そしてしょっちゅう自分を目的にさせる。ところが、神の恵みは歩みがすなおで、あらゆる外観にも、悪を避ける。ごまかしをしようとせず、すべてをただ神のためにだけ行ない、最後に神に安らうのである。

二　自然は克服されるのを嫌い、抑えられたり、屈服されて従属するのも好まない、また自発的に、他に従属しようと思うことはない。ところが、神の恵みは、自分から屈従するに努めて、官能的なものに抗して制御を求め、他《ひと》に従うことを好んで、自分の自由を行使したがらない。また規律の下に保たれるのを愛し、何人をも支配しようと望まず、かえっていつも神の下に生き、とどまり、在ることを望み、神のために、どんな被造の人間にたいしてもつつましくへりくだろうと待ちかまえている（ペテロ㈠二の一三）。

自然は自分の利益のために労苦し、なんらかの利益が他人《ひと》から自分にやって来るのを待っている。ところが、神の恵みは、何が自分に役に立ち利益になるかをではなく、何が多くの人びとに役に立つかを、ずっとよけいに考慮するのだ。自然は名誉や尊敬を受けるのをよろこびとする。ところが、神の恵みは、誉れや栄光をことごとく忠実に神に帰するのである。

三 自然は屈辱と軽蔑を恐れる。だが、神の恵みはイエスの御名のために、はずかしめを受け耐え忍ぶのをよろこびとする（使徒行伝五の四一）。自然は、閑暇《ひま》と身体の休息とを好む。ところが、神の恵みは、何もせずにぼんやりしてはいられずに、好んで苦労を自分の身に抱きとる。自然はまた珍しく綺麗なものを所有したがり、安価で粗末なものを嫌う。ところが神の恵みは、素朴でつつましいものをよろこびとし、粗《あら》いものとて斥《しりぞ》けず、古ぼけたぼろ布をまとうのさえも避けないのである。

自然は世間的なものを尊しとして、世上の儲《もう》けにも大よろこびする、されば損害を受ければ大いに悲しみ、ちょっとした人を傷つける言葉にも腹をたてる。だが神の恵みは永遠なものに心を向け、この世のものには執着せず、物質的な損失にもうろたえないで、ずいぶん頑固な言葉にもいきりたたない。なぜならば、そういう人は、自分の大切なものもよろこびも、けして失せることのない天に置くからである。

四 自然は欲ふかく、与えるよりも受けることを好み、自分だけのもの、私物を愛する。だが、神の恵みは、情けぶかく、人と頒《わ》けあい、孤立を避け、わずかのもので満足し、受けるよりも与えるほうをしあわせと判断する（使徒行法二〇の三五）。自然は被造物《つくられたもの》に気を引かれ、自分の肉体や空しいことや、気散じに心を動かす。これに反して神の恵みは、神と徳とに人を導き、被造物を受けつけず、世間を避け、肉の欲望《のぞみ》を厭悪《えんお》し、徘徊《はいかい》をさし控え、公衆の前に出ることに赤面する。自然は好んで、感覚をよろこばす外面的な慰めを何か求める。しかし、神の恵みは、ただ神にのみ慰めを求め、眼に見えるものすべてを超えて、最高善によろこびを求めるのである。

五　自然はすべてを、自分の利益と都合のよさのために行ない、何も無料《ただ》ではすることができず、自分のほどこした恩恵にたいしては、同等かそれ以上のもの、あるいは賞讃とか恩恵とかを、礼として得ようと望む。また、自分のしたことや与えたものが大いに重視されるのを願うのである。だが、神の恵みは、何一つ、かりそめなものは求めないで、報いとしては神だけで、他《ほか》のどんなほうびも求めない。また、この世の生活《くらし》に必要なものも、彼にとって永遠なものを達成するに役立つものだけ、それ以外は求めないのだ。

六　自然は、友だちや親戚などがたくさんいるのをよろこびとし、貴い地位や高い家柄を誇りとする。権力に笑いかけ、富に媚《こ》びへつらい、自分と同類の者に喝采をおくる。だが、神の恵みは敵をさえ愛するが、友だちの多いのを得意がらず、また、いっそうすぐれた徳をもつ人でなければ、地位や高い生まれの者もかえりみない。また、金持よりも貧しい者に好意を示し、有力者より罪のない者に同情し、うそつきよりも、真実な者とよろこびをわかちあう、またいつも善い人間を、いっそう高い恵みの賜物《カリスマタ》をたがいにきそって頂くように激励して（ローマ一二の六、コリント㈠一二の四、三一）、徳によって神の子の例にならうことを勧める。一方、自然は、不足だとかわずらわしいとか、すぐ不平をいう。だが、神の恵みはいつも変わらず、窮乏に耐えてゆくのだ。

七

自然はなんでも自分の利害に結びつけ、自分のために他と争い、議論をする。だが、神の恵みは、万物がもともと流れ出る源である神に、すべてを帰する。それはいかなる善をも自分のせいにはせず、高慢ちきに思い上がらない。人と争わず、自分の意見が他人より立ち優るとはしないで、自分の感覚と理知のすべてをあげて、永遠の知恵と神の審判に服従する。

自然は秘密を知りたがり、新しいことを聞きたがり、人前に出たがり、感覚によっていろんなことを経験したがる。また世に知られたいと望み、他人に賞讃されたり感心されたりするようなことを、やりたいと願う。これに反して神の恵みは、新しいもの、珍しいものを得ようと心がけはしない。なぜならば、これらはみな世の中の、古くから腐敗したところに出ているので、それも何一つこの地上には新しくて永続的なのはないからである。こんな具合で、神の恵みは感覚（に走るの）を抑え、空虚な自己満足や外見だけの偉がりを避け、（自分に）賞讃に値する行状やまさに感嘆すべき行動があっても、それをつつましく秘《かく》しておく、要するに万事につけ、またあらゆる知識においても、有益な結果と神の讃美と誉れとを求めるべきだと、教えてくれる。それは、けして自己や自分の所業の宣伝をしたがらずに、ただ神がその賜物《たまもの》において祝福されるのを、望むだけである、というのも、何もかもみなすべてを神は愛のゆえに施与されるばかりであるから。

八　この神の恵みは、超自然的な光であって、まず神からの特別な賜物とでもいうべきか、選ばれた者たちのしるしとされ、永遠の救いの保証なのである。それは人を、地上のものから天上のものを愛するように高めてゆき、肉による人間を霊的な者に変えてしまうのだ。それゆえに自然がいっそう抑えられ、征服されるにつれ、神の恵みはますますゆたかにそそがれてくる。そして毎日、新しい訪れにより、内面的な人間は、神の姿にかたどって作り変えられていくのである。

第五十五章　自然の堕落と、神の恵みのすぐれた作用《はたらき》について

一　〔信者〕　主なる私の神よ、あなたは御自分と同じ形の似姿《にすがた》にかたどって、私をお創りなさいました（創世記一の二六）。あなたが救いに大切で必要なものとお示しでしたその神の恵みを、私にお授けください。それは私を罪と亡びへ引っ張ってゆく、いちばん悪い自然（生まれつき）に、打ち克つことができるためです。なぜならば、私は自分の肉体に、私の心の掟を否定し、私を捕虜にしていろんなことで官能のよろこびに浸《ひた》らせる、罪の掟を感

じるからです（ローマ七の二三）。もしもあなたのこの上なく聖い恵みが、私の心に熱くそそがれ、私を助けてくれないならば、その情念に私はとうてい抵抗できないのです。

二 青年の頃から、いつも悪にかたむきがちな、私の自然（生まれつき）を克服するには、あなたの恵み、それも大きな恵みが必要です。なぜならば、最初の人間であるアダムのために人類にふりかかり、その罪によってゆがめられたこのけがれの罰が、あらゆる人間へと下ったからです。このように、あなたが善くまた正しいものとして、お創りなさった人間の自然は、今ではもう悪徳として、堕落した自然の弱みと考えられます。そして、その働きも、かってに放っておかれれば、人間を罪や卑しい方向へと引きつけるのです。というのも、残ったわずかの力さえ、灰にうもれた火種のようなものですから。それは、深い暗さにつつまれているが、なお善悪の判断力や、真偽を見分ける働きなどはまだそなえている、生まれつきの理性そのものなのです。もっとも、自分の是認することをなんでも実行する力はなくなり、もう十分な真理の光も、自分たちの愛情の健全さも、もうもってはいないのですが。

三 こういうわけで、私の神よ、あなたの指令が善であり、かつ正しく聖《とうと》いのを知り分けまして、またおおよそ悪や罪過やを避けねばならぬと考えまして、内なる人間に従って、神の掟をよろこびとするのであります（ローマ七の一二）。しかしながら、肉なるにより罪の掟に仕え、また理性よりも官能にむしろ聴きしたがう（ローマ七の二五）（のが現実で）、それゆえ私は善（いことをしようと）を欲しながら、それを実行する力が見つかりません（ローマ七の一八）。それで、しばしばいろいろ善事を心がけながら、あなたの恵みがいただけず、自分の弱さを助けてもらえない場合には、ちょっと反対されても、すぐと引き退いてやめてしまいます。こんなわけで、私は完成への道をわきまえ、どんなふうにやってゆくべきかも十分にはっきりわかっていますのに、自分自身の堕落の重味に圧迫されて、いっこうに完成への階段を登ってはいけないのです。

四　ああ、主よ、善事を始め、推し進め、さらに完成するためには、どれほどたくさんあなたの恵みが必要なことか。なぜならば、それがなくては、私は何もできませんから（ヨハネ一五の五）。しかし、あなたの恵みのお力づけがあるときは、あなたにおいて、私はなんでもしとげられます（ピリピ四の一三）。ああ、それこそ真に、天の恵みで、それなくしては、私の取柄《とりえ》は何もありません、どんな自然の賜物も、もののかずではなくなります。どんな技能も、どんな財産も、どんな美しさや強さ、またどんな天才も雄弁も、主よ、あなたのもとでは、お恵みがなかったならば、なんの価値もないものです。なぜならば、自然の贈物は、善い人びとにも悪い人にも共通ですが、神の恵みあるいは愛は、選ばれた人びとだけに与えられる賜物です、そして、その印綬《しるし》を帯びた人びとは、永遠の生命を受けるにふさわしい、と見なされます。この神の恵みというのは非常に優れているものでして、預言の賜物も、奇跡のはたらきも、どれほど高い観想も、これなくしては、なんの価値もないものと見なされるのです。ともかくも愛と恵みが欠けていれば、信仰も希望もその他の徳も、御心にはかないがたいのです。

五　ああ、この上なく祝福される神の恵みよ、心の貧しいものを徳にゆたかな人物とし、多くの宝に富むものにつつましい心をもたせる（神の恵みよ）、どうか私のもとへおいでであるよう。私の魂が心の疲れとあじきなさのため、挫折しないよう、朝早く私をあなたの慰めでお充たしください。お願いします、主よ、私があなたの御眼にお恵みを認めますよう。私にはお恵みだけで十分なのです（コリント㈡一二の九）、よしんば自然（の体）の欲しがるものが手にはいらなくても。もしも私が試練を受け、さまざまな苦難に遭おうと、あなたの恵みが私とともにあるあいだは、災禍《わざわい》を恐れませぬ。その恵みこそ私の強い力で、忠告と援助を与えてくれます、それはたとえば敵軍の全体よりもなお強く、世にあるすべての賢者よりもなお賢いのです。

六　あなたの恵みは真理の師、教義の教え手、心の光、苦難の慰め、悲しみを追い払う者、恐れを除く者、信心の養い手、涙をつくりだす者です。それがなかったら、私は枯れた木、投げ捨てられるばかりの無用な木の株以外の何物でしょうか。「されば、主よ、あなたの恵みがいつも私を導き、私に伴い、私がいつも善い仕事にいそしむようにしてくださいませ、御子イエス・キリストによって」アーメン（聖霊降臨祭《ペンテコステ》後第十六の主日の祈り）。

第五十六章　私たちは自己を否定し、十字架によってキリストにならうべきこと

一　［キリスト］　わが子よ、お前が自己から離れる力があればあるほど、それだけいっそう私に入ることができよう。何一つ外面的なものを欲しがらないのが、内面的な平和をもたらすように、自己を内面的に捨てることが、神に結びつけるのである。反対したり不平をいったりせずに、私の意を汲んで、自己を完全に捨て去る（否定する）ことを、私は望むのだ。私について来なさい。私は道、真理、生命である（マタイ九の九、ヨハネ一四の六）。道がなければ、行け（進め）ない。真理がなければ、認識はない。生命がなければ、生活はない。私は、お前がたどらねばならない道、お前が信じねばならない真理、お前が希望せねばならない生命である。私は、犯されえない道、誤りのない真理、終わりのない永遠の生命である。私は、もっともまっすぐな道、最高の真理、真の生命、祝福された生命、創られたのではない生命だ。もしもお前が私の道をいつも守ってゆくなら、お前は真理を認識し、真理はお前を自由にし、お前は永遠の生命を獲得しよう（ヨハネ八の三二、テモテ㈠六の一二）。

二　もしもお前が進んで生命に入りたいならば、掟《おきて》を守りなさい（マタイ一九の一七）。

もしもお前が真理を認識したいならば、私を信じなさい。もしもお前が完全になりたいならば、（もちもの）すべてを売りなさい（マタイ一九の二一）。もしもお前が私の弟子になりたいならば、お前自身を捨て（否定し）なさい（ルカ九の二三）。もしもお前が祝福された生命をもちたいなら、現在の生命を軽んじなさい（ヨハネ一二の二五）。もしもお前が天にいて賞揚されたいならば、この世にあっては身を卑しめなさい。もしもお前が私とともに王座についていたいならば、私といっしょに十字架を荷《にな》いなさい（ルカ一四の二七）。なぜならば、十字架に仕える者だけが、祝福と真の光明の道を見出せるからである。

三　［信者］　主イエスよ、あなたの生涯は短く、世間から卑しめられておいででしたから、私も、世に卑しめられて、あなたのあとにならうことを、お許しください。と申すのも、僕《しもべ》が主人を超えることはなく、弟子も師匠以上に出るものではないからです（マタイ一〇の二四、ヨハネ一三の一六、ルカ六の四〇）。あなたの僕が、あなたの生涯につき学ぶところを得られますよう。なぜならば、そこには、私の救いとほんとうの神聖さがあるからです。それ以外に、私が読むこと、または聞くこと、そのすべてにも何一つとて私を元気づけてくれ、また十分によろこばせてはくれないのです。

四　［キリスト］　わが子よ、お前はそうしたことを知っていて、なんでも読んでいるのだから、それを実行したならば、祝福された者となられよう。私の掟を身に受けてそれを守ってゆく者は、すなわち私を愛する者だ。そして、私もまたその人を愛し、その人に私自身を示現し、私といっしょに父の御国で王座に就かせるであろう（ヨハネ一三の一七、一四の二三、エペソ二の六、黙示録三の二一）。

五　〔信者〕　主イエスよ、あなたが仰せあり、約束なさったそのとおり、さようにことがなりますよう、また、私がそれにふさわしくなりますように。私はあなたの御手から十字架をいただきました、いただいたのです。されば、私はそれを死ぬまで背負ってゆきましょう、背負ってゆきます、私にお命じなさったように。まったくまじめな修道士の一生涯は十字架ですが、しかしまた天国への案内人です。私どもはもう始めたので、ひきさがるのは許されませんし、やめてしまってはならないことです。

六　さあ、兄弟たちよ、みんないっしょにやりつづけよう、イエスが私たちといっしょにおいでなさろう。イエスのために、私たちはこの十字架を受け取った。イエスのために、私たちはこの十字架に耐えていこう。私たちの導師で、先達《せんだつ》でもある方《かた》が、私たちの助け手になってくださろう。それ、私たちの王さまが、私たちの先頭に立って進まれ、私らのために戦いなさろう。私たちは雄々しく後に従ってゆき、誰一人恐れをいだいてはならない。勇敢に戦って死ぬ覚悟をきめよう、十字架を捨て逃げたりして、私たちの栄光に汚点《しみ》をつけてはなるまいぞ（マカベ㈠九の一〇）。

第五十七章　何かの過ちを犯しても、人はあまりに気をおとすには及ばないこと

一　［キリスト］　わが子よ、逆境にいて忍耐と抑損（身をへりくだる）を守るほうが、順境にあって多くの慰めと信心をもつことよりも、ずっと私をよろこばせる。小さなことで、お前は何か非難を受けたといって、なぜそんなに悲しむのか。もっとひどかったとしても、動顛《どうてん》すべきではなかろう。だが、とにかくまあ、ほうっておきなさい。これが初めてではないし、めずらしいことでもない。もしお前がもっと長生きするなら、これが最後でもなかろう。何も不都合なことが起こらぬうちは、お前も十分勇気が出るのだ。そういうときには、お前もよい相談相手が務まって、他人を言葉で元気づけもできたものだが、不意の難儀がお前の戸口へやってくると、思案も元気もなくしてしまう。お前がちょっとしたいざこざでよく経験する、自分のひどい心弱さに気をつけるがいい。だが、こうしたことや同様なことが起こるのは、つまり、お前の救いのためなのだぞ。

二　できるだけ、気落ちしないよう（努めるがいい）。また、（そうしたことが）お前にふりかかっても、がっかりしたり、長いことわずらわされたりしないように。たとえ元気よくとはいかないまでも、すくなくともじっと辛抱しつづけるのだ。たとえば耳にしてあまり面

白からず思ってから、怒りを覚えたにしても自分を抑え、けして過度にひどい言葉が口から洩《も》れることのないよう、そのため、小さい者らがつまずくことがあってはなるまい。不意に起こった動揺はすぐしずまろう、また神の恵みが立ち戻れば、心の悩みもやわらげられよう。私は今でも生きている、そして、お前をすぐにも助けてやろうと待ちかまえているし、いつもなおさら慰めを与えるのだ、もしもお前が私を信頼し、信心ふかく呼び求めるならば、と主はいわれた（イザヤ四九の八―一〇）。

三　いっそう元気を出すがよい、またなお一段の忍耐力で身をかためなさい。たとえたび苦難だとかはげしい誘惑とかを蒙ることがあっても、まったく絶望してはならない。お前は人間であって、神ではないのだ。肉の身で、天使ではない。どうしてお前がいつも同じい態《さま》を保って徳にとどまることができよう、それは天上にある天使といえど、楽園にいた最初の人間といえども、できないことだったのに（創世記三の一―八）。私は、悲しむ者を安心させてたちなおらせる者、自分の無力を自覚する者を引き上げ私の神聖さにまで高める者だ。

四　［信者］　主よ、御言葉が祝福されてありますように、それらは私の口には、蜂蜜や蜂の巣よりも甘美に感じられますので（詩篇一九の一〇、一一九の一〇三）。もしもあなたが聖い言葉で力をつけてくださらなければ、かほどの苦難や心痛のうちにあって、どうすることができましょうか。でも結局は、救いの港に到達できれば、私の苦悩が何であり、またどれほどなのかは、どうでも構わないことです。終わりをよくしてくださいませ、この世を安らかに去ることができますよう。私をお忘れなさらずに、主よ、ただまっすぐな道を通って御国へ導きくださいませ。アーメン。

第五十八章　深い奥義や神の不可解な審判《さばき》については、むやみにさぐるべきではないこと

一　［キリスト］　わが子よ、深い奥義や神の不可解な審判《さばき》については論議を控えたがよかろう。なぜこの人がこのようにほうっておかれるのに、あの人はあのようにたいした恵みを得ているのか、とか、なぜこの人がこのような酷《ひど》いめに遭っているのに、あの人はあのように、取り分けて賞揚されているのかなどと。こうしたことは、あらゆる人間の能力を超えたものだ。また、神の審判を吟味するには、どのような人の理性も議論も、力が足りない。それゆえ敵がこうしたことをお前にすすめ、あるいは、誰か物好きな人が訊ねた場合は、「主よ、あなたは正しく、あなたの審判も正しいのです」（詩篇一一九の一三七）とか、「主の審判は真実であり、それ自身で正しいもの」（詩篇一九の九）という、あの預言者の言葉を答えとしなさい。私の審判を人は恐れるべきで、論ずべきではないのだ。なぜならば、それは人間の知恵には理解がむつかしいからである。

二　また、聖人たちの功績について問いただしたり、議論したりしてはならない、誰が他《ひと》より聖いとか、誰がいっそう天国において偉いとされているか、などと。こういうことは、しばしば役にも立たない訴えや争いごとを引きおこし（テモテ㈡二の一四）、また傲慢《ごうまん》や虚栄をやしないがちである。そのために、一方はこの聖人を、他方はあの聖人をと、思い上がって他より優れているとするうちに、ねたみや不和が生まれるものだ。そういうことの知識を求め、穿鑿《せんさく》しようと努めるのは、けしてなんらのよい結実ももたらすことなく、むしろかえって聖人たちの志にも背くわけである。なぜならば、「私は不和の神ではなく、平和の神であり」（コリント㈠一四の三三）、この平和とは、むしろ、自分をもち上げるのより、真の謙遜にあるからである。

三　ある人びとは、あれやこれやの聖人に向け、熱烈な敬愛の念に燃えて、いっそうよけいな愛着で牽《ひ》きつけられているものの、それは神的よりも人間的な愛着である。全体の聖人たちを制定したのは、私である。私がみなへ恵みを与え、私が栄光をみな授けたのだ。私がいちいち聖人たちの功績を知って、それで、私の優しさからの祝福を、彼らへ先に与えたのである。私はこの世の始まる前から予め愛すべき者らを知り分けていた。私が彼らを世界の中から選び出したので、彼らが先に私を選び出したわけではない。私が恵みによって彼らを呼び寄せ、慈悲心により牽きつけたのだ。私が彼らに、さまざまな誘惑のあいだを（つつがなく）通りぬけさせた。私が彼らに宏大な慰藉をそそぎかけ、私が持久の心を与えた、私が彼らの忍耐心に栄冠を授けたのである。

四　私は、先頭の者も最後の者もはっきりと識《し》り分けている。私は皆を計り知れない愛情で抱き取るのだ。私がすべての聖人において賞讃を受くべきである。私は、すべてに超えて祝福を受くべきである。また、私がかくも輝く栄光を与えて、聖人たるべくあらかじめ定めておいた彼ら（聖人たち）のめいめいにつき、ほめたたえられるべきである、彼らは何も前から自分の功績があってのことではないのだから。したがって、私の聖人たちのうち、いちばん小さい者をあなどったといって、それで偉大な人物を尊んだことにはならない。なぜならば、小さい者も偉大な者も、ひとしく私が創ったものだからである。また、聖人たちのうちの誰かを悪しざまにいう者は、すなわち私を悪くいう者で、また天国にある他の聖人たち全体を、悪しざまにいう者である。彼らはみな、愛の鎖《くさり》で一体に結ばれているのだから、みなの思いも同様であり、願いも一つ、みな一体となり、互いに愛しあうのである。

五　ところがこれは、ずっと大切なことであるが、彼らは自身や自分の功績《てがら》を愛《お》しむ以上に、私をいっそう愛《いと》しんでくれる。というのも、彼らは自分以上の高みへと引きあげられ、自己への愛を捨て去って、まったく私を愛することにしたがい、この愛の中に実《みの》りゆたかな平安を楽しむのだ。彼らを私にそむかせ、または堕落させることがらは、何一つない。じっさい彼らは永遠の真理に満ち満ち、消されぬ愛の焔に燃えたっているからである。それゆえに自分の快楽以外には追求すべきものを知らぬ、肉による動物的な人間どもは、聖人がたの様子について論じることは、つつしんで黙するがいい。永遠の真理にはしたがわずに、ただ自分の好きかってにより、彼らは大きくふくらませたり、小さくけなしたりするからだ。

六　多くの人らについていえば、彼らはおおよそ無知のために、光明に接することがすくなく（啓蒙されていないので）、ごくたまにしか完全に精神的な愛をもって人を愛することができない。多くの人らはあいかわらず、生来のままの愛情や人間的な友情によって、これやあれやに心をひかれる。それで下界の者らのあいだでふるまうのと同様に、天上界の者についても同様な想像をめぐらすのだ。しかし完全でない者らが抱く考えと、天からの啓示によって照明された聖人たちの瞑想と、両者のあいだには、比較にならないほどの違いが存在するのだ。

七　それゆえわが子よ、お前の知恵では理解できないような事柄を、物好きに論じることは控えるがいい（黙示録四の一〇、五の一四）。それよりも、天国で末席になりつらなれるよう、熱心に努めなさい。それでもしまた、たとえ誰かがある聖人は他の聖人より尊いとか、天国でひとより尊敬されているとかを、知っていたにしても、もし彼がその知識のために私に向かって身をへりくだり、私の名をいっそう高く讃美するのでなかったならば、そう知っていることが、彼にとってなんの役に立とうか。聖人たちの誰が偉いか、誰が偉くないか、などを議論する者たちよりも、自分の罪の大きさや自分の徳の小ささを、また、聖人たちの完全さから、どんなに自分が遠いかを、考える者たちのほうが、ずっとよけいに神の御旨にかなうのである。聖人たちの秘密を要もなく穿鑿《せんさく》してしらべあげるより、敬虔な祈りと涙をもって聖人たちのとりなしを懇願し、彼らの栄光に満ちた手助けを謙遜な心でもって切に求めることのほうが、ずっとたち優っている。

八　もし人びとが満足して、むだなおしゃべりを控えることをわきまえるなら、聖人たちは十分に、いや、この上なく満足であろう。彼らは自分の手柄を自慢するどころか、どんな善行も自分のせいにしないで、すべてを私のせいにする。というのも、もともと私が彼らにすべてを無限の愛から与えたせいだからである。彼らは神への愛と、あふれるばかりのよろこびに充たされていて、それで彼らはどのような栄光にも欠けることがなく、どのような幸福も不足がないのだ。聖人たちは、すべてみな栄光にあずかるほどに、いっそうみずから身をへりくだり、いっそう私の身近に到り、いっそう愛される者となる。それゆえ彼らは自分らの冠を神の前におき、「小羊」の前にひれ伏して、「世々にわたって生きておいでの方を礼拝した」（黙示録四の一〇、五の一四）と聖書に記されたごとくである。

九　誰が天国でいちばん偉いか、など聞く者が多勢いるが、彼らは自分が、そこでいちばんつまらない者の一人に数えられるだけの価値があるかどうかさえ、わきまえないのだ（マタイ一八の一）。皆が偉大である天国では、もっともつまらぬ者というさえ、たいしたことなのである。なぜならば、みな神の子と呼ばれようし、神の子になるであろうから。いと小さい者すら千となり（数えられ）（イザヤ六〇の二二）、（反対に）罪ある者は百歳のよわいを重ねるといえど、死に亡びよう（イザヤ六五の二〇）。すなわち、誰が天国でいちばん偉いとされましょうかと、子たちがたずねたときに、（キリストの）こういう答えを聞いたのだった。「もしお前たちが心を入れかえ、幼児のようにならないならば、天国には入れなかろう。されば、誰にもせよ、この幼児のように身をへりくだる者、その者こそ天国でいちばん偉い人である」、と（マタイ一八の三―四）。

一〇　みずから進んで幼児とともにへりくだるのを、ばかばかしいと思う者は、わざわいである。なぜならば、天国のつつましくも低い門は、彼らの入るのを許さないだろうから（マタイ七の一四）。また、この世で自分のさまざまな慰めごとをもっている金持たちも、わざわいである（ルカ六の二四）。なぜならば、貧しい人らが天国に入ってゆくのに、彼らは嘆息しながら門の外に立たされようから。つつましい者らよ、よろこぶがいい、貧しい者らよ、雀躍《こおどり》してよろこべよ。もしもひたすら真理のうちに歩むならば、神の国はお前たちのものであるから（マタイ五の三）。

第五十九章　すべての希望と信頼とを神だけにつなぐべきこと

一　［信者］　主よ、私がこの世でもっているこの信頼とは、どういうものでしょうか。または天の下に、眼に見えるあらゆるものから得られる慰めのうち、何がいちばん大きいでしょうか。私の主なる神よ、数えきれないほどの御慈悲をおもちのあなたではないのでしょうか。あなたのおいでがないおりは、どんな場合に私がうまくゆけたでしょうか。また、あなたが現においでの際に、いつ私が不幸になれましたでしょう。あなたをなくして富むよりも、むしろあなたのために、貧しく暮らすのがましです。あなたのおいでがなくて天を得ることよりも、あなたといっしょに地上をさまようほうを、私は選ぶのです。あなたのおいでの所がすなわち天なので、おいでにならない所はすなわち死と地獄です。あなたこそ、私のいつも乞い求めるもの、それゆえ私はあなたを求めて嘆き、叫び、懇願せざるをえないのです。けっきょく私の神であるあなた以外に、いざというとき、いっそうつごうよく助けてくださる人として、十分信頼できるのは誰もいません。あなたこそ私の希望、あなたこそ私の信頼、あなたこそ私の慰め手、万事につけていちばん真実なお方なのです。

二　誰しもみんな自分の利益を求めるのです（ピリピ二の二一）。ところが、あなたは、私の救いと向上だけに心を注ぎ、すべてを私のためになるように変えてくださいます。たとえあなたが私を、いろんな誘惑だの苦難だのにおあわせだとて、それはすべてが私のためによかれとはかってくださるものにほかなりません。それが、無数のやり方であなたの愛する人びとを試みなさる、あなたのいつもの方法《やりかた》ですから。そういう試練の中においても、神さまからの慰めで私を充たしてくださされる場合と同様、私たちから愛と讃美を、当然お受けなさいますよう。

三　それゆえ、主なる神よ、あなたにこそ、私はいっさいの望みをかけ、避難所をおくのであります。私の苦難も悩みもすべて、あなたにおまかせいたします。と申すのも、あなたのほかは、見わたすかぎりすべてがみな、しっかりとせず不確かなものと知られるからです。それというのも、友だちはたくさんいても役に立たず、強力な援軍とても助けにはなりますまいし、賢い助言者もまた有益な返事をよこしてくれず、先生方の書物だって慰めてはくれますまい、また、どのように高価なものも私を自由にはできず、どんなにひそかな、快適な場所も、私の慰安所になってくれはしますまい、もしもあなたが御自身でご援助くださらず、お力づけも慰めもなく、教えも守りもしてくださらないなら。なぜならば、心の平和や、幸福を得るため役に立つと見えるどのようなことも、あなたがおいでなさらなければ、すべて無であり、どんな幸福とてほんとうには与えてくれはしないのですから。つまり、あなたこそあらゆる善の究極《きわみ》、生命《いのち》の気高さ、教えの深みであります。また、すべてに超えて、あなたに望みをかけるのが、あなたの僕《しもべ》たちのこの上もない慰めなのです。

四　私の神、あらゆる慈悲の御父、あなたへと私の眼は向かっております、あなたに信依申し上げます。天上の祝福をもて私の魂を祝福なさり、お浄めください。私の魂があなたの聖いお住居とも、永遠《とわ》の栄光《さかえ》の御座《みくら》ともなり、あなたの荘厳さへの神殿に、あなたの威厳のまなざしを傷つけるものは、何一つ見られませんよう。あなたの広大無辺な善徳、深奥な慈悲心によって、私を振り返ってごらんください（詩篇六九の一六）。そして、死の影におおわれた境涯を遠く流浪《さすら》う、あなたのあわれな僕の祈りを、お聞き入れくださいませ。やがて朽ちはてる生命のかくも多くの危難にさいし、あなたの小さな僕《しもべ》の魂をお守りください。また、あなたの恵みのお助けにより、平安の道をたどって、不断である光明の祖国へとおん導きを。アーメン。

第四巻　祭壇の秘蹟について――聖体拝領についての敬虔な勧告

キリストの声

「労苦して重荷を負う人びとは、みな私のところへ来るがいい、私はあなたがたを元気づけてあげようから」(マタイ一一の二八)、と主はいわれた。「私の与えるパンは、私の肉である、世の生命のためのものだ」(ヨハネ六の五一)。「さあ、これを受け取って食べるがいい、これは私の身体《からだ》である、あなた方のために与えられようという」(ルカ二二の一九)。「私を記念するために、これを行なうがいい」(コリント㈠一一の二四)。

「私の肉を食べ、私の血を飲む人は、私にとどまり、私もその人にとどまる」(ヨハネ六の五六)。「私が今あなた方にいった言葉は、霊であり、生命である」(ヨハネ六の六三)。

第一章　どれほど敬虔にキリストを拝領するべきかについて

一　[弟子の声]　これがあなたの御言葉です、永遠の真理であるキリストよ、それは一度に話されたのでも、一ヵ所に記されたのでもありませんが。それゆえ、それはあなたのものので、真実ですから、私は感謝して、それをそっくり忠実に受け入れなければなりません。それはあなたの御言葉で、あなたがお告げになったので、同時にまた私のものでもあります。なぜならば、それは私の救いのためにおっしゃったことだからです。私の心にいっそうしっかり刻みこまれるよう、よろこんで私はそれをあなたのお口から受け取ります。優しさと愛とに満ちた、情けぶかいその御言葉は、私をふるいたたせますが、私の自身の罪が私をおびやかして、これほどの深い教義《おしえ》を受け取ることを、けがれた良心ゆえに、尻込みします。御言葉の快いひびきは、私を励ましますが、私の不徳のおびただしさが、両肩に重くのしかかるのです。

二　もしも私があなたとかかわりあいを持ちたいと思うならば、十分に信頼して近づくように、お命じです、また、もし永遠の生命と栄光とを得たく思うなら、不朽の命への糧食を受けるがいいと。「労苦して重荷を負う人びとは、みな私のもとへ来るがいい、私はあなたがたを元気づけてあげようから」(マタイ一一の二八)と、あなたはお言いでした。ああ、私の主なる神よ、ともしい者や貧しい者を、あなたのこの上なく尊い聖体の拝領《はいりょう》へと、お招きなさる御言葉は、罪びとたちの耳には、なんと甘美で愛に満ちていましょう。でも、主よ、あえてあなたに近づこうとするこの私は、いったいどういう者でしょうか。ごらんください、もろもろの天のそのまた諸天も、あなたを容《い》れるには足りないのです(列王上八の二七)。それなのにあなたは「みな私のところへ来なさい」とおっしゃるのです。

三　この上なく慈悲ぶかいご愛顧《あいこ》とかくも優しいお招きをいただくとは、どういうおつもりなのでしょうか。私になんの徳もあるとは思えないのに、どうしてあえて伺うことができましょうか。この上なく好意に満ちたお顔を、ずいぶんたびたび冒した私が、どうしてあなたを私の家に御案内いたせましょう。天使たちや大天使たちはあなたを敬い、聖人たちや義人らはあなたを畏れかしこみます。それなのに、あなたは「みな私のもとへ来なさい」とお言いですが、主よ、もしそう言うのがあなたでなければ、誰がそもそもほんとうにしましょう。命令するのがあなたでなければ、誰があなたのお側にゆこうとしましょう。

四 ごらんなさい、義人ノアは、わずかな人びととといっしょに救われるため、方舟《はこぶね》をつくろうとて百年も苦労しました。それなのに、この世界の創造主をうやうやしくいただくために、どうして私がただ一時で、準備ができると思えましょうか（創世記六の一四以下）。あなたの偉いご家人で、特別の友人でもあるモーセは、「律法」を刻んだ板を納めるために、朽ちることのない木で櫃《ひつ》を作り、いと清らかな黄金でそれを装いました。それなのに、腐臭を放つ被造物なる私が、律法を建てる方、生命を与える方であるあなたを、そうやすやすとあえて拝領できるでしょうか（出エジプト二五の一〇以下）。イスラエルのいちばん賢い王だったソロモンは、あなたの御名をたたえるために、七年かかって壮大な神殿を建立しました。そして八日のあいだ献堂式を祝って、平和の犠牲《いけにえ》を千頭捧げ、角笛が鳴り歓呼の声のとどろくあいだに、契約の櫃を用意の場所におごそかに安置しました（列王上八の四―九）。それなのに、信心のため半刻《はんとき》もついやせないという、この不幸な、この上もなく哀れな人間である私が、どうしてあなたを私の家にお連れできましょう。せめて半刻なりと、ふさわしく過ごせたならばいいのですが。

五　ああ、私の神よ、どんなに彼らは、あなたの御旨《みむね》にかなおうと励んだでしょうか。ああ、それなのに、私の所業はなんとくだらぬものでしょうか。聖体拝領の準備につかう時間は、なんと短いことでしょうか。私がすっかり落ち着いているのもたまなことながら、全然何も気を散らさずにいるのは、なおさらまれなことであります。しかも、お救いくださる神でおいでのあなたの御前に、ふさわしからぬ考えはけして起こしてはならず、どんな被造物にも気を取られてはいけないはずです。なぜならば、私がお客様としてお迎えするのは、天使どころではなく、天使の方々のまたご主人さまなのですから。

六　さりながら、聖い遺物ぐるみに、その契約の櫃にしても、言語に絶する徳をそなえたあなたさまの、この上もなく清らかな聖体とでは、まったく大きな相違があります。未来の犠牲（キリストの贖罪《しょくざい》）を前もって徴《しるし》に表わす古い律法《おきて》の犠牲と、昔から伝わるすべての犠牲の完結である聖体の真の祭餅《ホスチア》とのあいだにも、まったく大きなへだたりが存するのです。

七　では、なぜ私が尊いあなたの御前に出まして、もっと熱心にならないのでしょう。なぜこれ以上に心を尽くして、（あなたの）聖体を受ける準備をいたさないのでしょうか。昔の聖い大司教《パトリアルク》たちや預言者たち、また王たちや君公たちが、全世界の民衆とともに、神聖な祭祀《さいし》についてあれほど敬虔の情を示しましたのに。

八　この上なく信心ぶかい王ダヴィデは、かつて祖先にたまわった神の恵みを思い出して、神聖な櫃の前で力のかぎり踊りました。さまざまな種類の楽器をこしらえ、詩篇を記し、それを楽しく歌うように制定して、自分自身も聖い御霊の恵みに充たされ、いく度となく竪琴《たてごと》をとって歌いました。イスラエルの民に教えたのです、心をかたむけ神さまを讃美するとて声をあわせて毎日毎日、祝福したたえまつるよう（サムエル下六の一四）。もしも彼らがそのときかように深い信心をもて、契約の櫃の前に、神の讃美に励んだのなら、いま私やすべてキリストを信じるかぎりの国民は、秘蹟をまのあたりにして、いとあらたかな聖体を拝領しようとするにのぞんで、いかばかり尊敬の念と信心とをもたねばならないことでしょうか。

九　多くの人が、聖人たちの遺物を訪ねるために、方々へかけつけ、その言行を聴いては感嘆します。聖堂の広大な建物をながめ、絹や黄金やにつつまれた聖人たちの聖い遺骨に接吻します。それなのに、ごらんなさい、私の神よ、聖者の中の聖者、人類の創造主、天使たちの君なるあなたは、ここ祭壇にこの目前に、現においでになります。こういうものを拝観するときにはよく、人びとは好奇心をいだき珍奇なものを求めるだけで、心を改める行ないに実がむすぶのはあまりすくなく、ことさらに、ほんとうの悔い改めも認められず、こう軽々しく人が往来する所では、なおさらです。ところが、私の神、人でもあるイエス・キリストよ、あなたはこの祭壇の秘蹟においては、まったく現前なさるのです。いつでもあなたがふさわしくまた信心ふかく迎えとられるそのたびに、そこではまた永遠の救いの果実《このみ》が、いっぱいに、いともゆたかに得られるのです。さりながら私どもをその場所へひきつけるのは、けして何かちょっとした出来事とか、好奇心とか、感覚的なよろこびとかではなくて、固い信仰、敬虔な希望、まじりけのない愛であります。

一〇　ああ、眼には見えない世界の創造者なる神よ、なんとまあ不思議な仕方で、あなたは私たちをおあしらいなさるのですか。聖体の秘蹟として、自身をお与えなさるのにお選びの人びとを、なんと優しく情けの深いやり方でご処置でしょうか。いかにもこれは人智を越えたなさり方で、信心ふかい人びとの心をとりわけひきつけて、愛情を燃えたたせます。なぜならば、その人びとは、全生涯を悔い改めにうちまかせ、このいとも貴い秘蹟から、信心の大きな恵みと徳への愛とをたびたび受けた、ほんとうのあなたの信者なのですから。

一一　ああ、聖体の秘蹟の感嘆すべき深奥な恵みよ、それはキリストの忠実な信者らだけが知っております、けれども不信の徒や罪に仕える者らは、身に受けて知ることができない、この秘蹟では、霊の恵みが授け与えられ、魂には一度失した徳までが取り戻される、罪過のためにゆがんだ魂へさえもとの美しさが帰って来ます。この恵みは時としてはたいへん大きく、捧げた深い信心から、心ばかりか、か弱い肉体《からだ》にまで、いっそう大きな力が取り返されたのを、感じるほどです。

一二　さりながら、救われるべき人びととのすべての希望と功徳《くどく》とがかかっている、このキリスト（聖体）をいただくことへと、私たちがもっと大きな情熱でひきつけられていないとは、私たちのなまぬるさと不熱心さを、ただひたすらに嘆き憐れむほかありません。なぜならば、そのお方こそ私たちの聖化であり、贖《あがな》いなのですから（コリント㈠一の三〇）。そのお方こそ旅人たちの慰めであり、聖人たちの永遠のよろこびなのです。それゆえに、天国をよろこび立たせ、全世界を無事に保ってゆく、この救いの玄義《ミステリウム》に、かようにちょっとしか注意を払わぬ人が多いのは、じつに嘆かわしいことです。ああ、かくも言葉に尽くしがたい賜物をいっこうに尊敬せず、毎日拝領するのに馴れて、無関心に堕しているとは、人の心の盲目さとかたくなさよ。

三　さればもし、このいとあらたかな聖体の秘蹟が、世界中のただ一ヵ所だけで執り行なわれ、また、ただ一人の司祭によって捧げられるなら、神聖な玄義が執行されるのを見ようとして、いかばかりかみな熱心に、その場所へまたその司祭のもとへと、人びとが駆けつけようかとお思いですか。しかし今では、あらたかな聖体拝領が世界に広く弘布されるにつれて、人にたいする神の恵みと慈愛とが、いっそうはっきり現れるよう、司祭が多勢任命され、多くの場所でキリスト（の聖体）が捧げられるようになっているのです。永遠の牧者なる恵みふかいイエスよ、あなたに感謝申し上げます。あなたは追放された貧しい者なる私どもを、あなたの貴い御体と御血によって、ご親切にも元気づけると、口ずから言葉をかけお招きなさってくださいました、「労苦して重荷を負う人びとは、みな私のところへ来なさい、あなたがたに元気を取り戻させてあげようから」（マタイ一一の二八）とおっしゃって、この玄義を拝受するようにと。

第二章　神の宏大な優しさと慈愛とは聖体の秘蹟によって人間に示されること

一　［弟子の声］　あなたの優しさと深いご慈悲をたよりにしまして、主よ、私は悩む者としては救けてくださる方へ、飢《う》え渇《かわ》く者としては生命《いのち》の泉へ、乏《とも》しい者としては天の王者へ、僕《しもべ》としては主人へ、被造物としては創造主へ、淋しい者としては情けぶかい慰め主へ、お手もとに伺うのです。しかし、あなたが私を訪ねておいでとは、いったいなんのためでしょう。あなたが自身を私にお与えくださいますとは、私はどういう者だからですか。どのようにして、罪びとが、あなたの御前に姿をあえて現すことができましょうか。また、どうしてあなたは、罪びとの所にわざわざおいでくださるのです。あなたは自身の召使をよくご存じで、その召使に、お恵みに値するようなよいところは何もないのを、知っておいでです。それゆえに、私は自分がつまらぬ者であるのを告白するだけに、あなたのお情けぶかさを認め、あなたの御慈悲心をたたえ、非常に深い慈愛のゆえに感謝いたします。なぜならば、あなたがそうなさるのは、あなた御自身のゆえで、私の功績《てがら》のせいではありません。つまりあなたの情けぶかさがいっそうよく私の身にしみて、愛がいっそうゆたかにめぐまれ、謙遜がなお完全に勧奨されるためなのです。されば、これがあなたのお気に召すよう、そうなるようにお命じなさったことゆえ、私もあなたの御愛顧をうれしく存じあげるのです、どうか私の性根の悪さがそのさまたげになりませんよう。

二 ああ、この上もない優しさにいつくしみ深いイエスよ、その尊さを説き明かされる人は一人も見つかりませぬ、あなたさまの御聖体を拝領するには、どれほどの尊敬や感謝が永遠の讃美とともに、捧げられるのが当然でしょうか、私が十分ふさわしく敬いまつりはできないながらに、信心ふかく拝領したいとひたすら願う、その私が主の御許に近づいて聖体を拝領するとき、どう考えたらよろしいのでしょう。御前に身をまったくへりくだって、私への無限の慈悲をたたえる以外、それ以上よく救いに役立つ何ごとを、私が思いつきましょうか。

三 私の神よ、あなたを讃美申し上げ、永遠にお称えします。見さげはてますこの私の、卑しさの深みにあって、あなたの御前にひれ伏します。ごらんのように、あなたは聖者の中の聖者、私は罪びとの中のけがれた者です。それなのに、ごらんのとおり、あなたを仰ぐにも値しない私のほうへと、あなたは御身をかがめられます。ごらんのとおり、あなたは私のもとへおいでなさって、いっしょにいようとお望みなさり、私をあなたの饗宴《きょうえん》にお招きなさいます。あなたは私に天の食物や天使たちのあがるパンを食べろとくださるおつもりなのが、じっさいはそれが、あなたさま御自身に他ならないので、天から降った、この世界に生命《いのち》を与える、生きているパンなのでした（ヨハネ六の三五、五〇―五一、詩篇七八の二四）。

四　ごらんなさい、どういう方からこの愛がすすみ出るかを、どんなもとからこうした誉《ほま》れが輝き出ているかを。これらのためにどれほど深い感謝と讃美を、あなたに捧げねばならないか。ああ、あなたがこの聖体の秘蹟をお定めなさったのは、どれほどの救いのためになる有益なお考えだったでしょうか。御自分を食物としてお与えなさる、この饗宴は、なんと楽しく快いものでしたでしょう。主よ、あなたの御業《みわざ》はなんとまあすばらしいこと、あなたの功徳《くどく》のなんとまあ力強いこと、あなたの真理のなんとまあ言葉にも言い尽くせぬことか。なぜならば、ひとたびあなたがおっしゃれば、すなわちすべてが成就され、みずからお命じなさったことは、すなわちなされたのですから。

五　私の主である神よ、真の神で、また人間でもあるあなたが、ちょっとしたパンとぶどう酒の外形《すがた》のもとにすっかりと収まってから、拝領者がいただくときもそこなわれずにおいでとは、なんという不思議、また信仰にふさわしい、人智を越えたことでしょうか。全宇宙の主なるあなたは、なんの不足もおありでないのに、聖体の秘蹟によって、私たちの身内に住まわれようとお望みでした。この私の心身を、些《さ》のけがれもなく、清く保ってくださいませ、あなたの殊《こと》なる栄誉と永遠の記念のために、あなたのおさだめなさった玄義《ミステリウム》を、よろこびと清い良心をもて私がいく度となく執り行なって、自らの永遠の救いのために拝領のかないますように、お計らいくださいませ。

六　よろこぶがいい、私の魂よ、この涙の谷でお前に遺《おく》られた、かくも貴い賜物と無類の慰めにたいして、神に感謝しなさい。なぜならば、いく度となくこの玄義をお前がくりかえして、キリストの聖体を拝領するたび、そのたびごとにお前は自分の救いの務めを行なって、キリストのあらゆる功徳を頒《わ》けていただくわけなのだから。すなわち、キリストの愛はけして減損することがなく、その宥和《ゆうわ》の徳の大きさは、けして尽きることがないのだ。それゆえに、お前はいつも心を新たにして、この玄義にかなうようにふるまうにも、救いの大きな玄義を十分注意して思い量《はか》らねばなるまい。されば、お前がミサを行ない、あるいはミサを聞くときは、あたかもちょうど同じ日に、キリストがはじめて聖《とうと》い童貞の御胎内におくだりなさって人身をとられたごとくに、あるいは十字架におかかりあって、人類の救いのために受難の死を遂げられたごとく、この玄義が偉大に、かつ新しいよろこびであると、お前もまさに思わなければならないのだ。

第三章　たびたび聖体を拝領するのは有益であること

一　[弟子の声]　主よこのとおり、あなたのみもとにまいりました、ありがたくおん賜《たま》物《もの》の恵みをいただき、あなたの聖い饗宴を受け、楽しみましょうと。それは貧者のために、あなたのやさしいお気持から、ご用意なさったものですが（詩篇六八の一〇）。ごらんのように、私が望み得る、また、望むべきものはみな、あなたの中に存するので、あなたは私の救いと贖《あがな》い、希望と力、誉れと栄光なのであります。されば、今こそあなたの僕《しもべ》の魂をよろこばせてくださいませ、なぜならば、主イエスよ、あなたに私の魂をさしあげたのです（詩篇八六の二）。私はいま信心ふかく、またうやうやしくあなたを拝領したいと望んでいるものです。ザカイのように、あなたの祝福を受けるにふさわしくなり、また、アブラハムの息子らの一人に数えられますよう、私はあなたをわが家へ御案内したく存ずる者なのです（ルカ一九の二—九）。私の魂は御聖体を乞い願い、私の心はあなたさまとの一致を願っております。

二　御自身を私にお与えください、それだけで十分です。なぜならば、あなたなしには、どんな慰藉《いしゃ》もむだですし、あなたがお訪ねくださらなければ、生きる力もない私です。それゆえ、たびたびおそばへいって、私の救いの薬をいただき、あるいは天のやしないに不足しまして、途中で倒れなどしないようにせねばなりません。なぜならば、この上もなく慈悲ぶかいイエスよ、あなたはかつて人びとに教えを説かれて、いろいろな病気を癒されたおりに、「彼らを空腹のまま帰らせるのは望ましからぬことである、途中で倒れなどしてはよろしくないから」（マタイ一五の三二）と仰せでした。されば信者たちの慰藉のために、御自身を聖体の秘蹟としてお残しなさったことですから、私をも同じようにおあしらいくださいませ、なぜならば、あなたこそ魂の美味な糧食なのですから。そして、ふさわしくあなたをいただいた者は、永遠の栄光にあずかって、それを相続いたしましょう。でも私はまったくたびたび失敗して罪を犯し、すぐとだらけてつまずきがちゆえ、ひょっとして聖体から長くはなれているため、聖い決心《とうと》を忘れはてなどせぬよう、いつも祈りと告白とをくりかえして、聖体を拝領いたせますように心を改め、清め、信心を燃えたたせるのが、まったく大切なことであります。

三　なぜならば、人間の官能は成年の頃から悪にかたむきやすく（創世記八の二一）、もし聖い救いの道がなかったならば、人はすぐさまもっと悪いほうへと転落しましょう。それゆえに、聖体拝領は人を悪から引き戻し、しっかりと力づけて善を行なわせる道です。といいますのも、もし私が聖体を拝領して、その秘蹟を執り行なうとき、かようにたびたびなおざりだったり熱心でなかったりするのですから、その過ちをなおしてくださる救いの道がもしもなく、かように大きなお助けがいただけないとしたならば、私はいったいどうなりましょうか。また、私は毎日、心の準備ができているわけではなく、ミサを行なう心構えも十分なわけではありませんけれど、それでも適当な時聖い玄義にあずかって、かように深い神の恵みをいただくに足るものとなるよう、努力はいたすつもりでおります。なぜならば、死すべき肉の体にこもって、あなたから離れてさまようあいだは（コリント㈡五の六）、たびたび神を思い出し、神の愛しておいでの方（キリスト）を信心ふかく拝領するのが、信者の魂にとってはいちばん大切な慰めと存ずるからです。

四　ああ、私たちへのお情けぶかいご慈悲は、なんとまったく不思議なものか、主なる神よ、あらゆる霊をお創りなさり、お生かしなさる方であるあなたがわざわざいとも貧しく哀れな魂をお訪ねなさって、あなたのお持ちの神性と人間性とを尽くし、飢えを充たしてくださいますとは。主なる神のあなたを信心ふかく拝領し、この聖体拝領により霊的なよろこびに充たされるに値する、霊魂や心とは、ああ、どれほどに幸福な祝福されたものでしょうか。ああ、なんと偉大な主人を拝領することか、またなんと愛すべき客人をうちへ案内することか、なんとうれしい朋輩《ほうばい》を接待するのか、なんと忠実な友人を迎えることでしょうか。あらゆる愛すべきものにも超え、望ましいかぎりのものにも超えて愛されるべき、いかばかり美しくも気高い方を、腕に抱いて迎えるのでしょう。私のこよなくも優しく愛すべき者、あなたの御前で、天と地は、またその天地に満ちるすべての荘厳も、ただ静かに黙しているがいい、なぜならば、その中にあるすべての、賞讃に値する、美しいものことごとくが、かしこくもあなたの広大な仁慈《いつくしみ》の賜物であり、御名を荘厳するには足りますまいから。この御知恵は無限なものです（詩篇一四七の五）。

第四章　多くの善福が、信心ふかく聖体を拝領する人びとには与えられること

一　［弟子の声］　私の主なる神よ、私があなたの広大な秘蹟にふさわしく、信心ふかく近づくことが許されますように、あなたの優しいお情けによる祝福をもって、あなたの僕《しもべ》を御案内ください（詩篇二〇の三）。私の心をふるいたたせ、あなたへと向かうようにと、ひどい無気力さから脱出させてくださいませ。泉の中みたように、この秘蹟の中にゆたかにひそむあなたの御霊《みたま》の優しさを、私が心に味わえますよう、あなたの救いの道をもて私をお訪ねください（詩篇一〇六の四）。かように深い秘蹟を仰ぎ見守ることが叶いますよう、私の眼をお照らしください。そして、疑いをいれぬ信仰でそれを信じることができるよう、お力づけをお願いします、といいますのも、そうしたことはあなたの御仕事ゆえ、人間の力の及ぶところではなく、あなたが聖く制定されたものであり、人間の発明ではないからです。それをひとりで把握して理解できる者は一人《ひとり》も、この世界には見出せません。すなわちそれは、天使の優れた御知恵をも超えるもの、それゆえそれにふさわしからぬ罪びとであり、土と灰との所産なる私が、どうしてかように高くも聖い秘蹟をさぐり、理解のできるはずがありましょう。

二　主よ、私はすなおな心とよい堅い信仰とをもち、あなたの御命令《いいつけ》にしたがいまして、希望と尊敬とをもってあなたに近づき、あなたがまことに神また人として、この秘蹟に現存なさることを信じております。したがって、私があなたをいただきまして、私自身が愛においてあなたと一つになることを、お望みだと存ずるのです。それで私はあなたの御慈悲をお願いいたし、さらにことなるお恵みを私にまで下されるよう、懇願申し上げるのです。と申すのも、私がすっかりあなたに融け込み、愛に満ち満ち、他のいかなる慰めもそれ以上には要求しないためであります。なぜならば、このいとも尊く威厳に満ちた秘蹟というのは、霊魂と肉体との救いであり、あらゆる魂の気うつを癒す薬だからです。この秘蹟によって、私の悪いところはなおされ、情念は抑え止められ、誘惑は打ち克たれるか、弱められるかして、お恵みがいっそう深くそそぎこまれて、徳の芽は大きく育ち、信仰はかためられ、希望は強められると、愛の火はともされ、広がってまいるのです。

三　なぜならば、私の魂を受け取って、人間の弱さを修め、内的な慰めをすべて与えてくださる私の神よ、信心ふかく聖体を拝領いたしますあなたの愛する人びとみなに、この秘蹟において、あなたはゆたかによい賜物を下さいましたし、これから後もいっそうたびたびゆたかにお与えくださいましょうから。あなたはまたさまざまな苦難にたいして信者たちに力づよい慰めをそそぎこまれて、自身のとがで彼らがひどくがっかりしているのを、あなたの御庇護によりふるいたたせ、希望をもたせて、新しい何かの恵みをもって彼らを内より新しく元気づけてやり、明るく照らしてくださるからです。それで、始めは心配のため、聖体拝領の以前には情熱を感じなかった人たちさえも、天の食物飲物をいただいてからは、うって変わって前よりはよくなったのを覚えるのです。そのために、お選びなさった者たちをこうお扱いなさるのは、彼らが自分だけではまったく無力なのを、すべての善も恵みも皆あなたに依ることを、ほんとうに識り、はっきり経験するためです。なぜならば彼らは自分たちだけではいかにも冷たく固く、信心が足りませんのに、あなたのおかげで熱心に、元気もよく、信心ふかくなることが許されるのですから。されば、優しさの泉につつましく近よって、優しさをそこから持ち帰らない人が、そもそもおりましょうか。また、燃えさかる火のすぐそばに立っていながら、誰がそこからほんのわずかの熱さえも受けないでしょうか。しかも、あなたこそは、つねに満ちてあふれる泉、たえず燃えつづけて消えることのない火でありますのを。

四 それゆえに、よし私が満ちあふれる泉から水を汲むのも、あきたりるほどに水を飲むのも、みな許されないにしましても、とにかく自分の渇《かわ》きを癒すために、胸の奥まですっかり渇ききらないように、せめてその滴《したた》りなりといただけるように、天からの筧《かけい》の口に自分の口をつけたいと存ずるのです。たとえ私がまだ天使のケルビム（九階ある天使中の第一階二級の知の天使）や、セラフィム（第一階一級の愛に燃える天使）みたいには、すっかりと天上界に属していず、それほど熱く燃えていませんでも、私は信心を保ちつづけて、生命《いのち》を与える秘蹟をつつましく受けることにより、聖い火のわずかな焰をなりと得られますよう、心の準備に努めたく存じております。それにしても、いとも聖い救い主なる、優しいイエスよ、私に不足なものは何によらずに、私のため親切なお心づくしにお与えください、あなたはかつて「労苦して重荷を負う人びとは、みな私のもとへ来るがいい、私はあなたがたに元気を取り戻させてあげようから」とおっしゃって、皆をお呼びになったのですから。

五　私はいかにも額に汗して労苦する者であります。心の悩みにせめられて、罪の重荷をせおい、さまざまの誘惑に悩まされて、多くの邪欲《じゃよく》のとりことなって、おしひしがれておりますが、それなのに、助けてくれる人は一人もおりませぬ（詩篇二二の一一）。私の救い主である主なる神よ、あなたのほかには、私を解き放ち、救ってくださる方はありませぬ。それゆえにこそ私はあなたに、この身と私のすべてをゆだねて、私を守り、私を永遠の生命へ案内してくださるよう、お願いいたす次第であります。あなたの御体《からだ》と御血とを食物と飲物にして、私のために御用意くださいました、そうしたあなたの御名の讃美と栄光のために、私をお受け入れなさってくださいますように。「私の救い主である主なる神よ、あなたの秘蹟をしばしば受けることによって、信心への情熱が増しますように」。

第五章　聖体の秘蹟の尊さと司祭の身分について

一　［神のいとし子（キリスト）の声］　たとえお前が、天使たちの清純と洗礼者聖ヨハネの聖《とうと》さをもっていたにせよ、この秘蹟を受け、行なうには、ふさわしくないであろう。なぜならば、人間がキリストの秘蹟を聖別し、執り行ない、天使たちのパンを食物としていただけるのは、けして人間の功徳《くどく》のゆえではないからである。玄義は偉大に、司祭の職はきわめて尊い、彼らには、天使たちにさえ許されていないことが許可されている。なぜならば教会で正式に司祭に叙階《じょかい》された（司祭の位を授けられた）者だけが、ミサを執行し、キリストの御体を聖別する権限をもっているからだ。まことに、司祭は、神の命令と制定によって神の御言《みこと》を用いる、神の役者《えきしゃ》（召使）である。だが、神がそのばあいの主役で、見えない働き手であり、その御旨にすべては服し、御命令にすべては服従するのである。

二　それゆえに、この至聖なる秘蹟においては、自分の感覚や眼に見えるしるしによるより、全能の神をお前は信じることが必要である。そうして、畏《おそ》れかしこんで、聖体に近づくようにせねばならぬ。お前はよく気をつけて、司教《エピスコプス》（司祭の上位職）の手がお前の頭上におかれたことで、どういう方に奉仕する職にお前が任ぜられたかを、悟るがよろしい。いいかね、お前は司祭に任じられ、ミサを行なうために聖別された。したがってこれから先は、忠実に信心ふかく、適当な時に、神に犠牲を捧げ、自分自身が非難に値するような真似をけしてせぬよう、ふるまわねばならない。お前の肩の荷が軽くなったのではなく、こんどは規律の絆《きずな》でいっそうかたく束縛され、聖性のいっそうの完成がお前に期待されるのだ。司祭は、あらゆる徳をそなえていねばならず、他人にたいして、よい生活の模範を示さねばならない。その日常生活も、世間や一般の人びととの交わりではなく、天上の天使たちや地上の完全な人士たちとの交わりである。

三　司祭は、聖い祭服をまとって、自分とあらゆる人びとのために、神にたいして懇願し、ただつつましく乞い求めるよう、キリストの代理の役を務めるものだ（ヘブライ五の三、七の二七）。彼はキリストの受難をたえず忘れぬように、自分の前にも後ろにも、主の十字架のしるしをつけている。用心してキリストのおん足跡に注目し、熱心にその後にしたがうよう、彼は前にはカズラ（祭服の上にきる円形の小マント、その上にV形に十字架を垂らす）につけて、十字架を帯びる。後ろにも、他人から加えられるどのような禍害《わざわい》をも、神のために柔和に耐え忍ぶよう、十字架のしるしをつけた。自分の前にさげた十字架は、自分の罪を嘆くためであり、後ろにかけた十字架は、他人の犯した罪を共々悔やんで嘆くためである、そして自分が神と罪びとのあいだを仲介する者と定められたのを悟るべきである。彼が神の恵みと慈悲を受けるに値するようになるまで、祈りと聖い犠牲の奉献をおこたらぬようにせねばならない。司祭がミサを執り行なうとき、彼は神に誉れを帰し、天使たちをよろこばせ、教会を堅めて立たせ、生きている者たちを助け、死者たちには憩いを与え、かようにして自分をあらゆる善にあずからせるものである。

第六章　聖体拝領の前になすべきこと

一 ［弟子の声］ 主よ、あなたの尊厳と自分の卑賤さとを思いみるとき、私はほんとうに恐れおののき、とりみだしてしまうのです。なぜならば、もしもお側にまいれなければ、生を逃れることになり、もしまた不当にお側へおしかけましたら、お怒りをまねくことでしょう。私の神、私の助け手、困難のときの忠告者よ、では、私はどうしたらよろしいのでしょうか。

二 どうか私に正しい道をお教えください。聖体拝領に適切な、何か手短な修練の仕方をお示しください。といいますのも、救いのためにあなたの秘蹟を受け、またはかくも偉大で神聖な犠牲を捧げるために、どのようにして信心ふかくうやうやしく、あなたにたいする心の準備をいたせばよいかを知ることは、大いに有益だからであります。

第七章　自己反省と改善の決心について

一　［キリストの声］　神の司祭はまず第一に、この上なくへりくだった心とうやうやしい祈願、十分な信仰と神の誉れへの敬虔な意向をもって、この秘蹟を執行し、とりあつかい、拝領するようにせねばならない。熱心に自分の良心を糾明《きゅうめい》して、できるだけ真の痛悔と謙遜な告白により、良心を清めあきらかにしなさい。そうすれば、お前を悩まし自由に秘蹟に近づくことをさまたげている重圧が、すこしもお前の身体《からだ》なり、または心なりをわずらわすことはあるまい。一般に見て、お前はどのような罪もみなうとましく厭悪《えんお》すべきだが、とりわけて日常的な過失について、心を痛め嘆くがよろしい。それで、もし時がゆるせば、心中ひそかに、自分のうちの情念のみじめなわざをのこらず神に告白しなさい。

二　嘆息をつき悲しむがいい、お前がまだ肉にとらわれ、世俗に堕しているのを。そのようにまだ情念を断ちきれないで、欲望の動きに充たされているのを。またそのように外部の感覚において用心が足らず、たびたび多くの用もない空想のとりこになっていたり、これほども外界の多くのことに気をとられて、魂のことをないがしろにし、あるいはかようにかかるがるしく笑いなどして気がだらけてい、涙や痛悔には鈍感であり、またそのように怠慢で体に楽をさせたがるのに、厳格なことや熱意を要することにはぐずぐずしている、またたいへん物好きで、珍しいことを聞いたり、綺麗なものを見たりしたがり、卑しいものや世に捨てられたものを受け入れるにはなおざりであるし、持物をふやすのにはたいそう熱心なくせに、人に与える段になるとけちけちして、何でもしまっておきたがるしまりやである。話をするおりはまったく思慮が足りず、黙っているのは我慢できない、態度はとても落ち着きがなく、行動はひどく性急である、また食事についてはだらしなく、神の言葉はなかなか耳に入らない。休むのはたいそうすばやいが、仕事をするのはひどくのろい、人のつまらぬ話はひどく聞きたがるのに、夜の勤行はとても眠たそうである。（勤めの）終わりはいそぐのに、注意を要することがらは、ぼんやりして聞く、その聖務日課を果たすにはなおざりだし、ミサを行なうには不熱心だし、聖体拝領には心がこもっていないし、かようにすぐと気をちらし、めったに落ち着いてはいない。それほどすぐにかっと腹を立て、たやすく他人に不快な気持を抱くにいたる。とかく他人を裁きがちであり、きびしくひとを非難するのに忙しい。またこのように、万事が具合よくいくときは陽気だが、具合がわるいとすぐに滅入ってしまい、かようにしばしばよいことをやろうとするが、しかけたことをやり遂げるのはほとんどまれというわけである。

三　自分自身の無力さを悲しみ、かつはきわめて遺憾なことと考え、以上の諸点やまだいろいろの欠点を告白し嘆き悲しむことによって、努めて自分の生活を改め、いっそう向上させようというかたい決心を立てるがよい。それから、十分な捨身の念と完全な決意をもって、お前の心の祭壇で、私の名の誉れのために、永遠の犠牲としてお前自身を捧げなさい、お前のからだと魂を、忠実に私にゆだねることで。すなわち、こうして、犠牲を捧げるために神の御前にすすみよって、私の聖体を、救いにかなうよう拝領するにふさわしい者となるためである。

四　なぜならば罪を浄めるためには、ミサと聖体拝領において、キリストの御体の犠牲とともに、自分を欠けるところなく浄らかに神に捧げる以上に、尊い献げものも、それより大きな償《つぐな》いも、ないからである（エゼキエル一八の二二）。もし人間が、自分でできるかぎりのことをし、ほんとうに痛悔するならば、その人が罪の赦《ゆる》しと恵みを求めて、私に近づくたびごとに、「私は生きている、されば罪びとの死を望まず、彼が回心して生きてゆくのを欲するのだ」（エゼキエル三三の一一）と、私はいうのだ。なぜならば、私はもう彼の罪を思い出さずに、彼の所業をすべて赦すだろうから。

第八章　十字架上のキリストの犠牲と自己の奉献について

一　［キリストの声］　私は十字架に腕をひろげ裸身《はだか》のまま、お前の罪のために、父なる神にみずからを捧げたごとくに、――それは、私の全身が神をなだめる犠牲に転成して、自分にはまったく何も残らないようにしたのであるが、それと同様に、お前も毎日のミサにおいて、心底からできるかぎりの力と情熱とをふりしぼって、清らかにまた神聖な犠牲として、自身を私に捧げねばならない。お前が自身をのこりなく捧げようと努める以上に、私がお前に何を求めようか。自分自身以外にお前が、何をくれようとも、私はいっこう構いつけない。なぜならば、私はお前のくれる物ではなく、お前（自身）が欲しいのだから。

二　私以外に、どんなものを所有しても、お前は満足しないだろうが、それと同様に、お前が何をくれたにしても、自分の身を捧げなければ、私はよろこぶことはできない。お前の身を私に捧げ、お前（の体）をすっかり神のために与えなさい、そうしたらば、その献身は受け入れられよう。このとおり、私はお前のため自身をそっくり御父に捧げたのだ。さらに私がそっくりお前のものになり、お前がつねに私のものであるようにと、私の身体《からだ》と血とをそっくり食物として与えた。だがもしお前が自分自身にたよっていて、われからと進んで自分の身を、私の望みどおりに捧げなければ、その献身は十分でなく、私たちのあいだの一致はまだ完全ではないであろう。さればお前が、自由とさらに神の恵みをも得たいと思うのであれば、われから進んで神の御手に身を献げるのが、すべての仕事よりまず先にお前がなすべきことである。したがって、そういうわけで、ごく少数の人びとしか、心を明るく照らされて、内的自由を得るに至らないのであるが、それも、自分自身をまったく捨て去ることができないからだ。「もし人がすべての持物を捨て去ってしまわなければ、私の弟子になることはできない」（ルカ一四の三三）というのは、確固たる私の意見だ。もしもお前が私の弟子になりたいと欲するならば、情感のすべてをあげて、お前自身を私に捧げなさい。

第九章　私たちは自分と自分のすべてのものを神に捧げ、すべての人のために祈るべきこと

一　［弟子の声］　主よ、天と地にあるものは、すべてあなたのものです。私は自分自身を、自分からすすんで犠牲としてあなたに捧げ、永久にあなたのものとなっていたいと願うものです。主よ、私はすなおな心で私自身を今日この日にお捧げいたし、永久にあなたの僕となってお仕えしまして、不断な讃美への捧げものになりたいと思っております。あなたの貴い聖体の神聖な供物とともに、どうぞ私をお受けください。きょう眼には見えない天使たちの御前でもって、私がこの奉献を行なうのは、それが私や、あなたのすべての民衆たちの、救いに役立つためなのです。

二　主よ、はじめて罪を犯した日から現在のこのときまでに、あなたとあなたの聖い天使の前で犯したすべての罪と過ちとを、宥和を与えるあなたの祭壇の上にお捧げします。それはあなたが、これらの罪過をすべて同じく、あなたの愛の火で燃やして焼きつくし、私の罪のあらゆるけがれをぬぐいさるためなのです、また私の良心をあらゆる罪過から浄めてくださるように、それから私の犯したことをすべてお赦しなさって、平和の接吻《くちづけ》に慈悲ぶかく私を迎えとってくださり、罪を犯して失ったあなたの恵みを、取り戻させてくださるようとの

つもりなのです。

三　つつましく身をへりくだって自分の罪を告白し、嘆き悲しみ、あなたのお赦しをたえ間もなく懇願すること以外に、私が自分の罪をつぐなうのに、何をいったいなしえるでしょう。どうかお願いいたします、私の神よ、御前に立っておりますこのところで、御恵みふかく、私の祈りをお聴《き》きとりくださいませ、私の罪はみなこの上なく私にもいとわしく、二度ともう犯すつもりはありません。それどころか、私はそのため嘆き悲しみ、生きているかぎり、悲しみましょうし、いつも痛悔し、できるだけつぐないをするつもりでおります。私をお赦しください、主よ、あなたの聖い御名のために、私の罪をお赦しください。あなたの貴い御血をもってつぐなってくださいました私の魂を、お救いなさってくださいませ。ごらんのように、私はあなたの御慈悲にこの身をゆだね、あなたの御手にこの身をまったくおまかせします。私の悪事と不正とによってではなく、あなたのお情けぶかさに従って、私を御処置くださいませ。

四　さらにまた私のよいところはすべてあなたにお捧げします、たとえどんなにそれがすくなくて不完全でも、あなたがそれをあらためて聖化してくださるように、あなたにとって快く、御旨《みむね》にかなうものと変え、いつも次第に向上させてくださるように、さらにまた怠け者で役にも立たぬ小人物のこの私を、恵まれた、ほめるに値するような終極にまで導いてくださいますよう。

五　私はまた、信心ふかい人びとのあらゆるつつましい願望を、それは両親や友人や、兄弟姉妹や、すべて私の親愛する人びとと、またあなたへの愛ゆえに私や他人に善を行なった人など、それらの人の要するものすべてを、あなたにお捧げします。また、自分のために、あるいはすべての親類たちのため、私に祈りとミサを行なうように、願い求めた人びとの要するものも――その人びとが今なおこの世に生きているか、もうこの世を去ったか、いずれにせよ――あなたにお捧げします。すべての人があなたの恵みのお助け、慰めの力、危険からの保護、苦痛からの解放が、わが身の上に与えられるのを覚えますよう、そしてあらゆる悪を離脱しえて、心からよろこんであなたに深く感謝しますよう。

六　私はまた、とくに何かのことで私を傷つけ悲しませ、悪口をいい、あるいは何かの損害や苦痛を私に与えた人びとのために、祈りと宥和の犠牲をあなたにお捧げします、言葉や行ないで、故意にあるいは無意識に、いつか私を悲しませたりわずらわせたり、苦しませたりつまずかせたりした人びとすべてのために（祈りと宥和の犠牲をあなたにお捧げします）。それはあなたが私たちすべての罪や互いに犯した罪を、お赦しくださるようにとです。主よ、私たちの心からあらゆる疑い、憤怒《ふんぬ》や立腹や論争、またなんにせよ親愛の情をそこない、兄弟愛を減らすおそれのあるものすべてを、取り除いてくださいませ。主よ、憐れみを、あなたの御慈悲を願い求める者に、憐れみをお与えください。御恵みを要《もと》める者らにお与えくださいませ。そして、私どもがあなたの恵みを享受するのにふさわしくなり、永遠の生命をめざしてすすめるよう、かような者として私どもが永らえていけますように。アーメン。

第十章　尊い聖体拝領を平気でおこたってはならないこと

一　［キリストの声］　自分の情欲や悪徳から救われる力をつけ、悪魔のどのような誘惑や詐謀にたいしても、いっそうしっかりと、いっそう用心ぶかくなることができるように、神の恵みと慈悲との泉へ、善徳とあらゆる清純さとの泉へ、繰り返し繰り返しおもむくべきである。敵（悪魔）は聖体拝領にごく大きな効果と癒す力があるのを知っているので、あらゆる方法であらゆる機会に、敬虔な信者たちを、力のかぎり引き戻し、邪魔して、聖体拝領をさせまいとするのだ。

二　それで、誰かが聖体拝領のため心の準備をしようとすると、とくにひどい悪魔《サタン》の攻撃をこうむるものである。ヨブ記にもあるように（ヨブ一の六）、この悪霊は、お定まりの邪悪さで神の子たちをまどわしたり、むやみやたらに臆病にしたり、途方に暮れさせたりするために、彼らのあいだにやってくるのだ。そして、彼らの愛を減少させたり、信仰を攻撃して失わせたりし、ひょっとして聖体拝領をやめてしまわすとか、冷淡な気持で拝領するようにさせてしまおうとする。だが、たとえこのサタンの狡猾さや気まぐれな思いつきが、どんなに卑劣で恐ろしいものであろうと、けしてそれを気にかけてはならない。かえって、このばからしい思いつきのすべてを彼の頭上に投げ返すがいい。サタンは哀れな、嘲笑に値する者として、軽蔑してやるのだ。それゆえ、彼の悪罵や引き起こす動揺のゆえに、聖体拝領をやめてはならない。

三　信心を得たいとあまりに気を揉《も》み、あるいは告白をしようととかく心配したりして、さまたげを受けることがよくある。そういう折には賢い人びとの勧めにしたがって行動し、心配やこだわりなどは捨てるがいい。なぜならば、それは神の恵みを妨害して、信心の心を壊《やぶ》るからである。何かすこしの苦しみや悩みのために聖体拝領をやめることなく、さっそくにも告白をしに出かけてゆき、他人の過失をよろこんでみな赦しなさい。それでもしほんとうにお前が誰かを傷つけたなら、つつしんで寛容を乞いなさい。そうすれば、神もよろこんでお前をお赦しなさろう。

四　告白を長いことためらったり、尊い聖体拝領を延ばしたりして、なんの役に立つことがあろう。まず最初に身を浄め、すばやく毒を吐きだし、さっそく薬をもらうがよい。そうすれば、長いこと延ばしておいたのよりも、ずっとぐあいよく感じるだろう。もしもお前がきょうこのために聖体拝領をやめるならば、明日はおそらく他の、なおいっそうに厄介なことが起こるかもしれないのだ。それで、こんなぐあいに長いこと聖体拝領がかなわず、ますますそれに不適格となることだろう。それゆえ一刻も早く、現在の重い気持や不熱心さをかなぐり捨てるがいい。なぜならば長らく心配したり、長らく思いわずらいに時を過ごし、毎日毎日障礙《さまたげ》のために聖体拝領を遂げられないのは、まったく本意ないことである。とりわけいちばんいけないのは、長く聖体拝領を延ばしておくことである。というのも、(それが)いつもひどい怠慢のくせを引き起こすのがおきまりだからで、残念ながら、不熱心でだらしのない者は、告白を猶予してもらえるのをよろこんで、そのうえ自分の生活をいっそうきびしく監督せねばならなくなるのを恐れ、尊い聖体拝領を先に延ばしたがるものである。

五　ああ、かくもたやすく聖体拝領を延引さすとは、なんとわずかの愛と乏しい信心しかもっていないことか。ところが、毎日でも聖体拝領の準備ができてい、もしそうしてもさしつかえなく、人目に立たずにやれるものなら、毎日でもと熱心に願うくらいに、そういうふうに生活し、良心をそういうように清く保とうと、堅固に身構えしている者は、なんと幸いであり、また神の御旨にかなうとされていることだろう。もしも誰かがつつましい心のために、あるいは、しかるべき支障によって、時には聖体拝領を辞退するとしたら、その人は敬虔の念において賞讃に値する。だが、もしそれが不熱心の潜入によるものだったら、大いに自ら奮起して、できるかぎりの力を尽くさねばならない。そうすれば、主はとくに彼の善良な意図をかえりみられて、その願望に助力されよう。

六　しかるべき理由で拝領がさまたげられたのならば、そういう人は聖体拝領を望む善良な意向と敬虔な決意をもちつづけようし、この場合でも、秘蹟の効果は失われずにすむであろう。なぜならば、信心ふかい者は、誰でもいつなんどきでも、救いに役立つように、なんのさまたげもなく、キリストの聖体を霊的に拝領することができるからである。さりながら、われわれは、定《き》まった日と定《き》まった時に、われわれの救い主の聖体を、愛情のこもった敬虔の念をもって、秘蹟として拝領せねばならないので、自分の慰めを求めるというより、神の讃美と誉れとをいっそうに心がけねばならないのである。なぜならばキリストが人として生まれたもうた託身《たくしん》の玄義とキリストの受難とを、信心ふかく黙想し、キリストへの愛に燃え立つたびに、そのたびごとに、神秘的な聖体拝領にあずかって、眼には見えずとも霊的に元気づけられるのである。

七　祝日が近づくか、習慣に追い立てられるかしなければ、聖体拝領の準備をしない者は、準備のできていないことがたびたびある。ミサを行ない、聖体を拝領するたびに、自分を犠牲として主に捧げる者は、幸いである。この祭式にあまり時間をかけすぎるのも、急いで行ないすぎるのもよろしくない、むしろ、いっしょに暮らしている人びとと同様に、ふだん仕馴《しな》れたやり方で行なうのがいい。他人に厄介な思いや退屈を感じさせずに、上長の制定された定めにしたがう一般な道によるべきである。そして、自分の信心や好みなどより、他の人びとの便宜を主として図るがよろしい。

第十一章　キリストの御体と聖書が信者の魂にとくに大切なこと

一　［弟子の声］　この上なく優しい主イエスよ、あなたの饗宴《きょうえん》でごいっしょに食事を許される、信心ふかい魂のよろこびは、いかほど大きなものでしょう。この饗宴では、信者にとってあらゆる望ましいもの以上に望ましくある、その唯一の、愛するあなた以外には、食べ物としては何一ついただけないのですけれど。あなたのおいでのところで、心底からの愛情で涙をそそぎ、あの信心ふかいマグダラのマリアと同じに、おみ足に涙をそそぐことができたら、どんなにまったくうれしいでしょうか。でも、そのような信心がどこにありましょう、どこにありましょう、あふれるほどに流れでる聖《とうと》い涙は。たしかにあなたやあなたの天使たちが御覧のところでは、私の心がすっかり燃え立ち、随喜の涙を流すはずです。なぜならば、たとえ他の形相《すがた》の下にかくされておいでなさっても、あなたは、現に秘蹟の中に現前されるからであります。

二　それというのも、本来の聖く輝かしい御姿をまのあたりに見ることとは、私の眼には耐えられますまい、また全世界も、尊厳に満ちた栄光のおん輝きには、耐えかねましょう。それゆえに、御身を秘蹟の下におかくしなのは、私の弱さをお図りあってのことと存じます。いかにも私は、天使たちが天にいて礼拝なさるその方《かた》をここに持ち、礼拝申し上げるのです。しかし今なお私はまだ信仰でのみ、その御姿を礼拝いたすわけながら、天使たちはじきじきになんのおおいもないお姿を拝むのです。永遠のかがやきの日が近づいて、形象の影のかたむく時まで（雅歌二の一七）、真の信仰の光の中にあり、その中を歩んでゆくので、私は満足するのが当然です。さりながら、完全なものが来た時には（コリント㈠一三の一〇）、秘蹟を用いることもなくなりましょう。なぜならば、天上の栄光にある祝福された方々は、秘蹟という薬をもはや要しないので、その人たちは、神の御前で面と向かって、その栄光をまのあたりにし、涯《はて》しないよろこびに浸《ひた》るのですが。そして、深遠な神性の光輝から光輝へと変形されつつ、始めからそうあったごとくそのまま永遠《とわ》に変わらずに、肉の形をとった神の言葉を味わうのです。

三　これらの神秘《ふしぎ》を思いやるとき、どのような精神的な慰めとても、私にはたいへんに退屈なものと思われてきます。なぜならば、私の主を公然とその栄光の中にはっきり認められないうちは、この世の中で見聞するものすべてが、無価値に思われるからです。神よ、あなたは私の証人になってくださいます、どのようなものも私を慰めはできませんし、またあなた以外は、どのような被造物とて、私を安堵させるのは不可能なこと。その方を、私はいつも永遠に眺め尽くしていたい、と願いつづけております、でも、それは、私が死ぬべき人間にとどまるかぎり、不可能なのです。それゆえに、私がせねばならないのは、非常な忍耐を身に課して、あらゆることを願うにつけても、この身をあなたに捧げることです。なぜならば主よ、あなたの聖人たちも今でこそ、ごいっしょに天国にあって、歓喜の日々をお送りですが、この世に生きておいでのあいだは、信仰と非常な忍耐力とで、あなたの栄光の到来する日を待ち望んでおいでたものでした。その人びとの信じたことを、私もまた信じております。彼らの待望していたことを、私もまた望むのです。その方々《かたがた》の終いに行かれた所へ、御恵みにより、私もおなじくゆけようと信じております。でも、それまでのしばしのあいだは、聖人たちのお手本から励ましを得て、信仰をもちとぼとぼ歩いてまいりましょう。私はまた聖書を、慰めとも、生活の鑑《かがみ》ともしてもってゆきましょう。またなおさらに、これらすべてにも優る、この上なくも尊いあなたの聖体を、二つとない妙薬とも避難所《かくれが》ともいたしましょう。

四 と申すのも、この二つが、この世で私にとって何よりも必要なものと思いますので。それがなかったら、このみじめたらしい生活など、とうてい我慢がなりますまい。この肉体の牢獄につながれている私にとっては、二つのものがなくてはならぬと自認いたします、すなわち食物と光明とですが、あなたはひ弱い私に、あなたの聖い御体《からだ》を心身のかてとしてお与えなさり、足もとに、あなたの言葉を燈火《ともしび》として、お置きくださったのでした（詩篇一一九の一〇五）。この二つがなかったならば、私はよく生きてはゆけますまい。なぜならば、神の言葉は魂の光、あなたの秘蹟は生命のパンだからです。この二つは、聖い教会のお宝庫《たからぐら》のあちらこちらにおかれていた、二つの机と申せましょう。一方の机は聖い祭壇ので、その上には神聖なパンがのせられてある、それはすなわちキリストの大切なお体ですが。もう一方は神からの律法の机《おきて》で、それは聖い教理をふくみ、正しい信仰を教え、この上もなく神聖なもののおいてある幕屋《まくや》の中までしっかり導いてくれる。永遠の光の光なる主イエスよ、この聖い教義の机のために感謝いたします、それはあなたの僕である預言者たちや使徒たち、また他の学者らにより、私どものため御用意なさったものですから。

五　人類の創造主でまた（罪の）あがない人《て》（贖罪主《しょくざいしゅ》）なる、あなたに、感謝申し上げます、全世界にあなたの愛を宣べ伝えるよう、あなたは大饗宴を御用意なさり、そこでは古い律法による仔羊ではなく、あなたのいとも聖い御体と血を、食物としてくださったので。この聖い饗宴で、あなたはあらゆる信者たちをよろこばせ、天国のあらゆる美味を充たした杯、救いをもたらすその杯で、お酔わせでしたが、聖天使たちも私どもといっしょに食卓につき、いっそう恵まれた甘さにひたっていたものでした。

六　ああ、司祭職とは、なんと偉大で、誉れに満ちたものでしょうか、尊厳の主を聖い言葉で聖別し、また口ずから祝福し、手ずからにささえてもち、自分の口で拝領し、他人にも拝領さすことを許されるのですから。ああ、清純さを創造するその方が、そのつどお入りなさる司祭の手は、どんなに潔くあるべきでしょう、その口はどれほど清く、そのからだはどれほど尊く、その心はどれほどけがれのないものであるべきでしょう。かくもたびたびキリストの秘蹟を拝領する司祭の口からは、聖い言葉以外は何も、正しく有益な言葉以外は何も、出てはなりません。いつもキリストの聖体を仰ぎ見るその眼は、すなおに恥じらうごとく、いつも天地の創造主を扱いなれたその手は、清らかに、天に向かって挙げられてあるべきです。司祭たちについては、こと更《さら》に「律法」中にこうのべられております、「なんじらは神聖であれ、なんじらの主なる神の私が神聖であるからには」（レビ一九の二、二〇の七）と。

七　［司祭の祈り］　あなたの恵みが私たちをお助けくださいますように、全能の神よ、司祭の職をお受けした私どもが、ふさわしく信心ふかく、いと清らかにまた良心的にあなたにお仕えできますように。たとえまた、私たちが、当然のことながら、まったく罪のけがれもなしに生活できませんでも、犯した悪を然るべきように嘆いて暮らし、身をへりくだる精神と善意をもってする決心で、今後いっそう熱心にあなたにお仕えすることをお許しください。

第十二章　聖体拝領を望む者は非常な熱心さで準備すべきこと

一　［キリストの声］　私は清純を愛するもの、あらゆる神聖さの与え手である。私は清純な心を求め、そこに私の憩いの場所を見出すのだ。私のために壮大な食堂を用意してくれ、そこに食事の仕度《したく》ができたら、お前のところで、弟子たちといっしょに、パスカ（過《すぎ》越《こし》）を祝おう（マルコ一四の一五、ルカ二二の一二）。もし私がお前をたずね、お前の住居《すまい》にとどまることを望むのならば、古いパンだねを除去して、お前の心の住居をそうじするがいい（コリント㈠五の七）。世の中のすべてのものと、その悪徳のあらゆる騒々しさとを、追い払いなさい。屋根の上の一羽の雀のように、（ひっそりと）すわっていなさい（詩篇一〇二の七）。そして、苦い思いをしながら、自分の犯した過ちを反省するがいい。なぜならば、愛する者は誰でもみな、自分のいとしむ愛人のために、いちばんによく、いちばんに美しい場所を用意する、というのも、それによって、愛する人を迎える者の愛情が、示されるからだ。

二　さりながら、よくわきまえてもらいたいのは、たとえお前がまる一年かかって準備をし、他にはなんの心おきもなく過ごしたにせよ、お前の仕事の功徳《くどく》だけでは、この準備には十分だったといえないことだ。つまりはただ私の慈悲と恵みと、それだけにより、私の食卓《つくえ》に近づくことを許されるのである。あたかも乞食が金持の食卓にまねかれたとき、その善行に報いるのに、ただ身をへりくだり、感謝するほか、何ごともできないように。それゆえに自分のできるかぎりをするがよろしい、それも心をこめてだ、けしてただ習慣《ならわし》でするのでなく、またやむをえずにでもけしてなく。わざわざお前をお訪ねなさった、愛するお前の主である神の聖体を、畏れ敬い愛情をこめて拝領しなさい。呼んだのは私で、私がかくあれと命じた。私が、お前にないものをおぎなってやろう、ここへ来て、私を受けるがいい。

三　私が信心の恵みを与えるとき、お前の神に感謝しなさい。そのわけは、お前がこれにふさわしいからではなく、私がお前を憐れんだからである。もしもお前がこの恵みを受けずに、心が渇いていると感じたならば、なおも祈りをつづけ、嘆息して戸をたたきなさい。そして、救いの恵みを一片なりと一滴なりと、いただくまでは、やめてはならない。お前が私を必要とするので、私がお前を必要とするのではない。また、お前が私を聖別するため来るのではなく、私がお前を聖別し、さらに善くするために来るのだ。お前が来るのは、私によって聖別され、私と一つになり、また新しい恵みを受けて、新たに生を改める熱意に燃えるためである。この恵みをおろそかにしてはならない。むしろ、できるかぎり熱心にお前の心をそれにそなえて、お前の愛する方《かた》をお前のもとにお迎えしなさい。

四　だが、聖体拝領の前に信心の準備をするばかりでなく、秘蹟を拝領した後も、用心して信心を保ちつづけるように、せねばならない。その前に信心ふかい準備が必要なのに劣らず、後でも十分な用心が要求される。なぜならば、後からの十分な用心は、さらに大きな恵みを得るための最善の準備となるであろうから。それゆえに、外的な慰めにあまりにもすぐ気をひかれてなびきがちである人間は、この恵みを得るにはまったく適当でない状況にある。おしゃべりをつつしみ、ひっそりとした場所にとどまり、お前の神を味わいなさい。全世界がかかっても、お前から奪うことはできない神そのものを、お前はもっているからである。私こそ、お前が自分をすべて捧ぐべき者、もはやお前が自身をはなれ、思いわずらいをことごとく捨て去って、私においてのみ、生きてゆくためである。

第十三章　信心ふかい魂は、聖体の秘蹟において心を尽くして、キリストとの一致を得ようと努めるべきこと

一　［弟子の声］　主よ、私があなただけを見出し（雅歌八の一）、あなたに私の心をすべて打ち明け、私の魂の望みどおりにあなたを味わうように、誰がしてくれましょうか。また、もう誰も私を軽蔑せず、どんな被造物も私を動かしたり、気にかけたりせず、あなただけが私に話しかけ、私があなたとお話しできるように、誰がしてくれましょうか、ちょうど、愛する者同士がよく話しあい、友人同士がよく食事をいっしょにするならわしのように。私が祈り求めるのは、私が全身をもってあなたと一致し、私の心をあらゆる被造物から引きはなし、尊い聖体拝領やたびたびのミサによって、天上のことや永遠なものを味わえるようになることです。ああ、主なる神よ、いつ私はまったくあなたと一致し、あなたにまったく心を捧げて、自分をすっかり忘れられましょう。あなたは私に、私はあなたに、こうして私たちがいつまでもひとしく一致していられますことを、お許しください。

二　ほんとうにあなたは、千人の中から選ばれた（雅歌五の一〇）、私の愛するお方です。あなたにおいて私の魂は、生涯のすべての日々を住居《すまい》してゆきたいと願っております。

ほんとうに、あなたは私に平和をもたらす方です。あなたにこそ、この上ない平和と真の憩いがあり、あなたのほかには、労苦と悲しみと限りないみじめさばかりです。ほんとうに、あなたは隠れておいでの神です（イザヤ四五の一五）。そして、あなたのお図りごとは不信心者には関係がなく、謙遜ですなおな者にだけ、あなたの言葉は悟れるのです。ああ、主よ、あなたの御霊《みたま》はなんと楽しく快いものか（知恵書一二の一）。あなたは、あなたの息子らに優しさを示すために、天から降ったこの上もなく美味《おいし》いパンで、かしこくも彼らを元気づけられました。私たちの神よ、あなたがすべての信者にひとしくお臨《のぞ》みになさるそのように、彼ら自身に近づいてくる神々をもつ、それほど偉い、すぐれた民は、じっさい他には見つけられません（申命記四の七）。そのような信者たちのため、日々の慰めにも、心を高く天へ向けさせようと、あなたは（聖体拝領で）食物としていただくように、御自身をくださったのです。

三　されば、キリストの教えを守る民ほど優れた民衆が、まだほかにありましょうか。どのような被造物《つくられたもの》が天の下《もと》で、信心ふかい魂ほどに（神から）愛せられておりましょうか、神がその魂へと、かほどまで栄光に満ちた御体を養いにおわたしなさると、入っておいでなさるのですから。ああ、言葉にも尽くしがたい聖い恵みよ。ああ、感嘆のほかはないお心尽くしよ。ああ、人間にだけ授けられた計りしれない愛よ。でも、私はこの聖い恵みにたいし、これほどにことなる愛に対《むか》って、主へと何をお礼にさしあげられましょう。私の心を私の神にそっくり捧げ、親しく神と結ばれる以外には、私がいっそう深い感謝の意を籠めさしあげられるものは、ほかには何もありません。私の魂が完全に神と一致したときには、私の心の中のすべてはこおどりしてよろこびましょう。そのとき主は私におっしゃいましょう、「もしもお前が私といっしょにいたいと望むならば、私はお前といっしょにいようと思う」と。そして私は主に答えましょうか、「主よ、ずっと私といっしょに、どうか、いてくださいませ。私はよろこんでごいっしょにと望んでおりますので」と。私の心があなたの一つになれること、これが私の望むすべてであります。

第十四章　聖体にたいする信心ふかい人びとの熱望について

一　[弟子の声]　ああ、主よ、あなたを畏れる者にたいしてお隠しだったあなたの優しさは、なんと大きくゆたかでしたでしょうか（詩篇三一の二〇）。主よ、信心ふかい人びとが非常に深い信仰と愛とをもって、聖体の秘蹟を受けようと進みよるのを、思い出しますと、私は何度となく当惑して赤面する次第です、あなたの祭壇や尊い聖体拝領台に、このような不熱心さと冷たい心でまいるのですから、かように乾いた愛情のない心なもので。私の神でおいでのあなたの御前に出ながら、私はまったく熱意に燃えていないことを、また多くの信心ふかい人びとみたいには、烈しくそれに魅力を覚え、感銘を受けませんのを。この

（信心ふかい）人びとは、聖体拝領をあまりに強く熱望し、また衷心からの愛の深さに感動して、泣き出さずにはいられないのでしたが。それで、あらゆる歓喜と信仰の上の貪欲さで、聖体を拝領できないとしたら、ほかにはどうにも、自分の飢えをしずめも、充たしもできようがないものですから、心の口とからだの口との両方とも、生命の泉である神のあなたに向けて、飲みたさの思いのあまり開《あ》けたのでした。

二 ああ、その人びとの熱烈な信仰はほんものです、あなたが尊く現前なさる、そのことのはっきりとしたたしかな証拠にほかなりません。なぜならば、自分らといっしょに歩いておいでのイエスのために、心がこうも力づよく身内に燃え立つ人びとは、パンをさくことと自体にも、自分の主をほんとうに認めるからです（ルカ二四の三五）。ところがそうした感激と信心とは、そんな烈しい愛情と熱心さは、私からはしばしば遠くはなれております。どうか、柔和に親切で優しいイエスよ、私をお恵みくださいませ、あなたの哀れな乞食に、お許しください、たとえ時たまにでも、あなたの愛の心からなる働きかけを、ほんのすこしでも、聖体拝領の際に感じられるよう。私の信仰がなおいっそうに立ち直り、力を増して、仁慈《おめぐみ》によりなおすすめられ、愛はというと、一度にすっかり燃えあがり、天のマンナを味わったからは、けしてもはや衰えないのを。

三 ところで、あなたの御慈悲は広大で、私の望むお恵みをさえ私にたまわることができ、また、あなたの御旨にかなう日がきたときは、お心の燃える熱さに、この上なくもお優しく私をお訪ねなさりもできます。といいますのも、私はあなたの特別に信心ふかい人びとみたいに、烈しい願いに燃え立ってはおりませんが、それでもあなたの恵みによって、あの大きな燃えさかる願いへの願望をもっております、そして、かようにあなたを熱烈に愛する人びとすべての仲間となって、その中の聖い一人にかぞえられるのを、祈願しておりますもので。

第十五章　信心の恵みは謙遜と自己否定によって得られること

一　［キリストの声］　お前は信心の恵みをたえず望んで、乞い願っては追求し、忍耐と信頼をもって待望しては感謝して受け、つつましく保持してゆき、さらに努めてこれにたよって働きつづけ、天上よりの訪れの時と様相とは、それが来るまで、神にゆだねるべきである。心中に信心の念をわずかしか、または、まったく感じないときは、お前はことさら身をへりくだらねばならない。だが、あまりにがっかりしてしまったり、むやみやたらに悲しんだりしてはならない。神は長いこと（拒絶して）おいでたものを、ごく短い時のあいだにお与えなさることがよくある。祈りの始めには、下さることをひかえておいでなさったのに、祈りの終わり時分には、下さることもあるものだから。

二　もしも聖い恵みがいつもさっそく与えられて、願いどおりに頂戴できるものだったら、心の弱い人間にとってはあまり具合がよくなかろう。それゆえに、信心の恵みというのは、たしかな希望とつつましい忍耐をもって、待望せねばならないものだ。さりながら、もしも恵みが与えられぬとか、知らないうちに取り去られたというときは、これを自分の罪のせいだとひそかに思うがよろしい。このような恵みをさまたげ、または恵みを隠すのは、ときとしてごくつまらないことに過ぎない、それもこのように善をさまたげるものを、むしろ大事と呼ぶほうが当然なのに、つまらぬことというならばだが。とにかくも、こうした小さいことや大きなことを取り除いて、完全に克服すれば、お前の求めたものはすなわち与えられよう。

三　なぜならば、お前が心の底から自身を神にゆだねきって、自分の好みや欲望のままにあれやこれやと求めずに、完全に自分を神御自身の手中におくとすぐさま、お前は神と合一して、安らいだ心地を覚えるであろう。それというのも、神の御旨に十分かなうようにするほど、気持よく楽しいことはないからである。それゆえに（人にとって）誰にせよ自分の意図を、すなおな心で高々と神に向かって引きあげて、どのような被造物への尋常でない愛情や不快の念も、すべて捨て去った人は、神の恵みを受けるにはもっとも適した者であり、信心の褒美《ほうび》を受けるにもふさわしかろう。なぜならば、主は空虚《から》な容器《うつわ》を見つけた場合に、御自分の祝福をそこにお入れなさるのだ。また、人が完全にこの世の物を捨て去って、自己を軽んじ自己の死ぬのに伴って、それだけいっそう速く神の恵みがおとずれ、いっそうゆたかに一杯に入り込んで、いっそう高く心を自由に高揚するのだ。

四　そのとき、彼はそれを見て（心がゆたかに）満ちあふれ、その不思議さに驚いて、その心は身内《みうち》にひろがるであろう（イザヤ六〇の五）。なぜならば、神の御手が彼とともにあり、世々の末までその人は自身を神の手にすべてゆだねたからである。いいかね、心を尽くして神を求める者は、このように祝福されよう、また彼はただ徒らに自分の魂を受けたのではない（詩篇二四の四）。このように聖体を拝領することによって、神と一体になるという大きな恵みを受けるにふさわしくなるのだ。なぜならば、彼は自分の信心や慰めをかえりみずに、あらゆる信心や慰めを超えて、神の栄光と誉れとを心がけるからである。

第十六章　私たちの必要とするものをキリストに打ち明けて、その御恵みを乞い求むべきこと

一　［弟子の声］　ああ、この上なく優しく愛すべき主よ、私はいま信心ふかく、あなたを拝領いたしたく存じますが、あなたは、私の悩む心の弱さや必要なものを、よくご存じです。どれほど深い罪だとか悪徳だとかに私がおちいっているか、どれほどたびたびそうしたものに苦しめられ、試みられ、惑乱され、けがされているかも、ご存じです。それを癒していただくために、私はあなたのもとにまいったのです、慰めて助けあげていただくようにお

願いしに。なんでも知っておいでのあなたに申し上げます、私の胸の中まですっかりお見とおしで、しかもひとりだけ私を十分慰めてお助けなされる方ですから。他のすべてのよいものよりも、まず第一にどのようなものが私にとって必要か、どれほど徳に貧しいものかを、あなたは知っておいでなのです。

二　このとおり、私は貧しく、はだかのまま、御前に立っております、お恵みを切に求めつつ、御慈悲を嘆願いたしながら。あなたの飢えた乞食を元気づけて、私の（心の）冷たさをあなたの愛の火をもって、燃やしてください、私の盲いた眼《まなこ》を御出現《おでまし》の光輝をもってお照らしください。地上のすべてのものみなを、私にとっては苦さへとお変えください、すべてのつらく、思いのままにならないことを、忍耐へとお変えください、すべて卑しいきわみのものや被造物《つくられたもの》を、蔑むように忘れ去るようお仕向けください。私の心をあなたへと、天へと高くお上げください、そして私がこの地上をさすらっていずにすむようお図らいを。あなただけが私にとって、今から世々の末にいたるまでの、ただ一つのよろこびでありますように。なぜならば、あなただけが私の食べもの、飲みものであり、私の愛とよろこびと、また私の怡《たの》しさと幸福のすべてだからです。

三　私が、内的一致（合一）の恵みと熱烈な愛によっての融合のお蔭でもって、あなたと一つの霊になれますように（コリント㈠六の一七）、どうかあなたの御出ましにより、私をすっかり燃え立たせ、焼き尽くし、あなたへと変わらせてくださいませ。どうか飢えて渇いたままで御前から引きさがらせず、何度となくあなたの聖人たちをすばらしくお扱いなさったのと同様に、慈悲ぶかく私を御処置くださいませ。私がすっかりあなたによって体じゅうが火と燃えさかり、自分自身にたいしては死んだとしても、なんの不思議がありましょう、あなたはいつも燃えていて、けして消えることのない火であり、心を浄め、知性を照らす愛ですものを。

第十七章　キリストを拝受しようという熱い愛と烈しい情熱について

一　［弟子の声］　私はこの上ない信心と熱い愛をもって、心底からの愛情と熱意をもって、主よ、あなたを拝領したく思っておりますので、それはちょうど、多くの聖人たちや信心ふかい人びとが、聖い生活でこの上なくあなたの御旨にかない、この上なく熱烈な信心に燃えていて、聖体拝領であなたをいただこうと願われたのと同様です。ああ、私の神よ、永遠の愛、私のすべての善、久遠の幸福でおいでの方、どの聖人かが、かつてはいつか持っていて、また感じることもできた、そのような、この上もなく烈しい願いと深遠な尊敬をもって、あなたを拝領したく存ずるのです。

二　また、たとえ私が、あの信心の気持をそっくり持つのにはふさわしくないにしても、それでも私は、まるで私だけが、あのいとよろこばしい焔のような願望を持っていたかのように、あなたに私の心の愛情をすべてお捧げします。しかしまた敬虔な心が思いつき、また望みえるものはみな、何によらず、この上ない尊敬と心からの熱意をもって、すべてあなたにお供えし、お捧げ申し上げるのです。私は自分のために何も取っておかずに、自分と自分の持物すべてを、われからすすんで何よりもうれしく、お捧げしたく思っております。私の主なる神、私の創り主、私の贖《あがな》い主よ、私はあなたを、愛情や尊敬や讃美や誉れをもって、感謝や品位や愛をもって、信仰と希望と純潔さをもって、きょう、心から拝領したいと存じます。それはちょうど、あなたのいとも聖い御母である。栄光に満ちた童貞マリアが、託身《たくしん》の玄義《ミステリウム》（キリストが人間として受胎されること）の福音を伝える天使につつましく信心ふかくお答えなさったのと同様にです、「ごらんのとおり、私はあなたの侍女《こしもと》ですから、御言葉どおりになりますよう」（ルカ一の三八）と。

三　また、あなたの祝福された先駆者の、諸聖人中でもとくに優れた洗礼を施す者《バプティスタ》ヨハネが、まだ母の胎内にあったとき、あなたの御前に出て聖霊のよろこびを感じ、こおどりしてよろこびまして、またその後で、イエスが人びとのあいだを歩まれるのを目にとめて、「花婿のそばに立ち、その言葉を聞く友は、花婿の声のため、悦ばしさに歓喜する」（ヨハネ三の二九）と、たいそうに身をへりくだって、信心ふかく愛情を籠めお言いでしたが、そのように私も大きな聖い望みに燃え、心底からあなたにこの身をお捧げしたいと思うものです。されば私は、自分のために、また祈禱において私にゆだねられたすべての人のために、あらゆる信心ふかい人びとの歓喜の声、熱烈な愛情、恍惚とした心のさま、超自然のかがやく現れ、天上の幻像などを、天と地にあるすべての被造物《つくられたもの》が過去も現在もまた将来《さきざき》も捧げるすべての善徳や讃美とともに、あなたにお捧げいたし、御覧にいれます、あなたがすべての人びとからふさわしく讃美され、永遠に栄光をたたえさせられますよう。

四　私の主なる神よ、私の祈願と、限りない讃美や計りしれぬ祝福への望みを、お受けください。それらをあなたは、言葉に尽くせないさまざまな偉大さのゆえに、当然お受けになるはずです。私はそれをあなたにお捧げし、また毎日毎日、一瞬ごとに、お捧げしたいと思っております。そして、私といっしょに、あなたへ感謝と讃美とをお捧げするよう、天にあるすべての霊とすべてのあなたの信徒らに、祈願と愛情とをもって呼びかけ、お願い申し上げるのです。

五　ひとしくすべての国民と種族とあらゆる言語をつかう者らが、あなたを讃美申し上げるよう。また、あなたの、聖くもまた蜜とながれる快《たのし》い御名を、この上ない歓喜と燃える信心をもってあがめますように。また誰にもせようやうやしく信心ふかく、あなたのこよなく尊い秘蹟を執り行ない、信仰に満ちて聖体を拝領する者はみな、おんもとに聖い恵みと慈悲とを見出し、罪びとである私のために、ねんごろに赦《ゆる》しを願ってくれますように。その人びとが、かねてから望んでいた信心と実りゆたかな神との一致を、得ることができますように。そして、十分な慰めを受け、不思議にも元気づけられ、天上の聖い食卓をはなれるとき、なにとぞ貧しい私を思い出してくれますように。

第十八章　人は秘蹟を物好きにせんさくせず、理性を聖い信仰に従わせて、謙遜にキリストにならうべきこと

一　［キリストの声］　もしもお前が、疑惑の深みに沈みたくないならば、このいとも深遠なる秘蹟にたいして、物好きで無用なせんさくは避けたがよろしい。「その尊厳さをせんさくしようとする者は、栄光によって圧倒されよう」（箴言二五の二七）。神は、人間が理解できるより以上に、事を行なう力をもっておいでである。いつも教えを受ける用意があり、教父たちの健全な意見によって歩もうと努めるのであれば、敬虔で謙遜な真理の探究は赦されるのだが。

二　困難な問題の道をはなれて、神の掟の平らかで安全な小道をたどる素直な心は、祝福されたものだ。自分の力の及ばない高みをせんさくしようと思って、信心を失った者がたくさんいる。お前に求められるのは、信仰とまじめな生活であり、知的な高さや、神の玄義の深い知識ではない。もしもお前が、自分よりも低い（ところにある）ことを理解《わかり》も把握《さとり》もできないとしたら、どうして自分の力およばぬことどもがわかるだろうか。されば、神にしたがいなさい。そしてお前の理性を信仰につつましく服させなさい。そうすれば、お前にとっ

て有益であり、さらになお必要なだけ、知恵の光が与えられよう。

三　信仰や秘蹟について、きびしい試練を受けさせられる者もある。だがこれはその人びとのせいではなく、むしろ敵（悪魔）のせいに帰すべきである。けして構いつけてはならない。自分の思想と論争するのは無用だ。また悪魔がお前の心に入りこませた疑念にたいし、返答してはならない。それよりは、神の言葉を信じなさい。神の聖人たちや預言者たちを信じなさい。そうすれば、けしからぬ怨敵はお前から退散しよう。神の僕《しもべ》である者がこのような目に遭うことは、時には非常に役に立つものである。というのも、悪魔はもうすっかり自分のものにしてしまった不信者や罪人たちを誘惑しないで、信者たちや敬虔な者たちを、いろんなやり方で試みたり、悩ましたりするものだから。

四　それゆえ、すなおな疑念をいれない信仰をもってすすみ、つつましい尊敬の念をもって秘蹟に近づきなさい。そして、理解できないことはなんでも、安心して全能の神におまかせしなさい。神はお前をあざむくことはない。自信の強すぎる者が、失敗するのだ。神はすなおな者たちの道づれとなり、謙遜な者たちに身を示現され、小さい者らに理解を与えられ（詩篇一一九の一三〇）、心の清い者たちに啓示を下されるが、物好きな者や高慢な者らには、御恵みをおかくしなさる。人間の理性は弱く誤つことがある。だが、真の信仰はけして誤つことのないものだ。

五　あらゆる理性や自然の探究は、信仰にしたがうべきで、それに優先しても、それを侵犯しても、いけない。なぜならば、信仰と愛はそこではあらゆるものに優先し、この至聖至高の秘蹟において、隠秘《ひそか》な方法で働きかけるからである。永遠で計りしれぬ全能の神は、天上でも地上でも、偉大な、きわめがたい御業《みわざ》を行なわれ（ヨブ五の九）、その感嘆すべき御業は、まことにきわめるべくもない（イザヤ四〇の二八）。もしこのような神の御業が、人間の理性でたやすく把握されるとしたら、もはやそれは不可思議とも、言葉に尽くしがたいとも、いわれぬことになるであろう。

（終わり）

あとがき

呉　茂一

本書はいわゆる『イミタチオ・クリスティ』"De Imitatione Christi" Libri quattuor で、本邦でもすでに早く桃山時代から天草版があり、明治以降も多くの邦語訳が存在するものである。今新しくこれを訳出するのは、多分に屋上屋を架するの譏《そし》りを免れないが、一つには既存の邦訳の多くがなかなかに難解で、容易に意味を捉えがたいのと、然らざれば通読に難く、心のうちに容易に溶け込むに至らない憾《うら》みがある、これを成しとげるのは本書の種々な特質上きわめて困難なことと思惟されはするものの、まず第一歩として、その手がかり足がかりとなるものを作成したいとの翹望《ぎょうぼう》に出るものであった。

それでまずテクストには聖ヨハネ・エヴァンジェリスト協会編の本書ラテン語原典（一九四八年、ローマ、トゥルネ、パリ版）をえらび、まずカトリック教典に親しみの深い永野がこれを通じて訳出、ついで呉が同じく原典について可能なかぎり厳密に、かつ語詞をえらんで、再度にわたり原典と対比して校訂を加えた。トマスのラテン文はもちろん忠実な古典ラテン語ということはできず、その上に原典成立史からも、多くの部分がオランダ語（当時の）からのラテン訳（これはかなりに自由なものではあったらしいが）であるので、その面での考慮も加える必要があり、これに努めたものの、十全といかないことが虞《おそ》れられる。しかしこれはそう本質的なものではなかろう、と思考された。むしろすらすらと、トマスの高揚された精神の詩律の流れが、ゆたかに響くがごとくに伝えられないことがおそれられた。あるいはその難易が、トマスの本来の祈りの歌の滑らかさと、佶屈《きっくつ》さとにかかわる如くにさえ感じられた。この足りないところは、またさらに攻究を加えて考えてみようと思っている。

今道教授の序文にもいわれているように、トマスのこの書は、おそらくGerhard Groote（1340―1384）の説教をもととしたオランダ語原本のラテン訳であったろう、フローテは当時学僧兼説教者として絶大な影響を一般に及ぼし、僧俗の区別なく批判論難を加えたため、八方の敵からの集中攻撃を受け、デフェンテルに押し込め同然の身となった、書中に「敵」、「悪魔」などの語句がしばしば現れるのも、これらへの言及かと思われる。このフローテの辞世に近くトマスは生まれて、デフェンテルで教育された、フローテの影響は当然に大きく、彼がオランダ語で著わしたこの一種の「自省録」（To Eis Heauton）とも「説教集」ともとられる書物、むしろ対話集を、オランダ語からさらに広く一般の人々（ラテン語は当時もっとも流通範囲の大きな国際通用語lingua francaであったから）にも読まれ得るラテン語に直して、より多くの人々をその恵沢に与らせよう、と志したのもまさに然るべきことであったろう。

またフローテのオランダ語の原書とトマスの本書との間には、編成上の種々な相違がうかがわれ、他の作者のものも併せて見られる、というのも、つまりはトマスが自己の目的に適合すると判断したものを綜合して、「イミタチオ・クリスティ」なる一本に纏《まと》め、これを第一に自己か自己の周囲の人々のために著わした、と考えてよかろう。つまりトマスは、フローテを主とし、他の人々も加えて、これを自己流にラテン語で祖述した、この点では「著者」の名を冠してもあながちに不当ではあるまい。しかしこれがトマスの著であろうと、フローテのものであろうと、トマス自身はいささかも問題としないであろう、問題は中身で外包ではないから。

ただこのラテン語で書かれた章句には、邦語とするに著しく佶屈なのと伸びやかなのとが、ことに第四巻のうちに見分けられる、これが元来の組立によるか、当方の不手際かは、これから委細に考察したく思うものである。

なお本訳の構成に当って使用したテクストと、若干参考となるべき書目を次に記しておく。

(1)　準拠テクスト　“*De Imitatione Christi*” Libri Quattuor. Editio accuratissime emendata,

Typis Societatis S. Joannis Evangelistae, Desclée et Socii. Romae, Tornaci, Parisiis, 1948.

(2) 参考 *"De Imitatione Christi"* Libri Quattuor. Editio 53ª Taurinensis a. e. Taurini, 1927.

(3) 参考 *"The Imitation of Christ"* by Thomas a Kempis translated with an Introduction by Leo Sherley-Price, London etc. 1952. (Penguin Books).

用語解説

悔悛——penitentia　㈠償い。㈡悔悛の秘蹟（洗礼後に犯した罪をゆるす秘蹟）。
神の僕——人類は神に創られ、その意に従うべき神の僕（servus Domini）であり、神の下女（ancilla Domini）である。
神の摂理——providentia divina　神意の中に永遠より成立している計画。神はこれで被造の人間をそれぞれの目的にみちびく。
観想生活——活動生活より祈りと黙想に潜心する生活。トラピストやカルメル会などはそういう方針の修道会の代表である。
キリストの受難——キリストは種々の苦しみをうけ、十字架上の死をとげることで、全人類を代表し、父なる神に愛と従順を示し、新約の完全ないけにえをささげ、全人類の罪をあがなってそのゆるしをえ、人間を神と和解させた。
キリストの贖罪——redemptio Christi　人類を罪から解放し、神と結ばれたもとの状態にもどしたキリストの行為。
贖罪主——救い主としてのキリスト。
キリストを拝領する——救いの犠牲であるイエス・キリストのからだと血をパンとぶどう酒の形色のもとに受け、生命のかてとすること。
契約の櫃——神の十誡の石碑を納めたアカシア材の櫃《ひつ》で、黄金の延板でおおわれ、二本の棒ではこべ、幕屋（別項参照）の至聖所に納められている。

ケルビム――angeli cherubim　智天使。九階級の天使の中の上級三隊に属する天使。
セラフィム――angeli seraphici　熾《し》天使。九階級の天使の中の最上位の天使。
サタン（悪魔）――satanas「反対者」の意。悪魔の長《おさ》。もとルチフェルとよばれ、堕落後は「この世の長」、「暗黒の権威」などとよばれ、聖書では「ベリアル」、「ベルゼブル」、「レヴィアタン」、「アンチキリスト」などともよばれている。
義人ノア――神の命で方舟《はこぶね》を造り、大洪水から家族とともに救われ、新しい人類の祖先になった（創世記五ノ九）。
ギベオンの民――ギベオン、ケピラ、ベエロテ、キリアテヤレムの市民で、ヨシュアの下で計略をもってイスラエル人と契約を結んで独立を保ったが、イスラエルの神殿のために労力奉仕をせねばならなかった。ヨシュアはアモリ人による破滅から民を救った（ヨシュア一〇ノ一―一〇）。サウルが民を亡ぼそうとしたので、彼らはその償いとしてダビデからサウルの七人の子孫を求めて、処刑した（サムエル後書二一ノ一―一四）。
教父――patres ecclesiae　七世紀までにあらわれ、教会に公認された、護教的立場の、有徳な教会著述家（オリゲネス、キプリアヌス、ヒエロニムス、アウグスチヌスなど）。
三位一体――trinitas　イエス・キリストの啓示によれば、神は一体で、父と子と聖霊という三つの位格《ペルソナ》である。これは信仰の神秘といわれる。
司教――episkopos　教皇と司祭の間に立つ使徒（別項参照）の継承者で、教区を管理する聖職。
司祭――sacerdos　叙階（別項参照）の秘蹟をうけ、ミサを行ない、秘蹟（別項参照）を与え、説教をするなどの権能をうけた教役者。

叙階――ordinatio　司祭の資格を与えるカトリック教会の司教の行なう儀式。（司教の資格を与えるばあいは consecratio という。）

聖職者――clerus　初めの剃髪《トンスラ》をうけ聖務に献身する者で、修道者や修練者もふくむ。

使徒――apostolus「遣わされた者」の意。特に世界への宣教のために、キリストによって最初にえらばれた十二人（マタイ一〇ノ二―四など）をいう。みな司教で、聖職者の資格を与える権能をもっていた。

十字架――crux　古代東方諸国の磔刑具だが、人類がキリストの贖罪の死によって救われてから、信徒にとって救いと地獄に対する勝利の象徴となり、転じて苦しみの別名となった。

証聖者――confessor　聖い生涯をもってキリスト教を証明した人。初めは殉教しなかった人に用いたが、後では広義に用いられた。

信依――宗教的色彩のこい信頼の意。

審判――カトリックでは個人の死の直後に、私審判（judicium particulare）によって応報が下されるが、世の終りに肉身がよみがえると、キリストの公審判（j. universale）が行われ、人類は霊肉ともに天国か地獄に分かたれる。

救いの玄義――神は堕落した人間をあわれみ、救い主イエス・キリストをつかわして、人間を罪から解放し、そのもとに全人類を集めるようにした。

聖痕――stigma　十字架に釘づけにされたキリストの傷痕を手足にうけること。聖フランチェスコのばあいが知られている。一二二四年、アルヴェルニアの山上で祈っていたフランチェスコが、キリストの五つの傷をうけた。この事実は多くの文書、その他の確認などで証明されたが、医学的には謎のままである。

聖人——sanctus　広義では天国に住む者すべて。また聖なる生涯のために一般の崇敬をすすめるように教会が公認（列聖）した人。

聖体——eucharistia　キリストのからだと血がパンとぶどう酒の両形色のもとに完全に変化し、この聖体の中に現存し、ミサの中で自ら奉献され、拝領されるという、キリストの制定した秘蹟（別項参照）の一つ。

聖体拝領——communio　聖体（別項参照）を受けて、霊的なかてとすること。

聖別——consecratio　ある物を聖なる使用に当てるため世俗的使用からひきはなす行為、または人・ものを、祈りや儀式によって、神の礼拝や神への奉仕のために献げる行為。

聖務日課——breviarium, officium　教会が司祭と修道者に命じた日々の祈りの務め。讃歌、祈り、読誦、聖式などから成り、神への礼拝と祈りの義務を行なうことが目的で、信徒一般の名において行なわれる。

生命のパン——聖体。

聖霊——spiritus sanctus　三位一体の第三の位格《ペルソナ》で、父と子から出て、すべてをうけ、父から子を通して人間におくられ、その心に神の愛を与えるもの。聖霊の働きを神感（テモテ(二)三ノ一六）という。

摂理者——摂理の主体としての神（「神の摂理」の項参照）。

託身の玄義——incarnatio　神のひとり子キリストが人類救済のため、聖霊によってマリアの胎内にやどって人となり、この世に生まれ出た（キリストの受肉）という玄義（理性に反しない啓示された超自然的真理）。

痛悔——contritio　自分の行為に対する心の断罪で、罪の許しをうける条件の一つ。

天使――angeli　神に造られ、神に依存する純霊で、知恵と能力で人間にまさり、九階級に分れている。

童貞マリア――マリアが聖霊によってみごもったこと（託身）によってこうよばれるが、童貞（virgo）に特別の意味をみるカトリックでは、聖母マリアはよくこうよばれる。

方舟――「義人ノア」の項参照。

パスカ（過越《すぎこし》）――pascha　㈠イスラエル人のエジプト脱出の記念（出エジプト記一二ノ二一以下）、㈡復活祭（その八日間をふくむ）。

バプティスタ・ヨハネ――baptista　洗者ヨハネ。「荒野に叫ぶ人の声」（マタイ三ノ三）として民衆をさとし、洗礼をさずけ、洗礼をうけにきたキリストを真の救世主であると預言したが、後にヘロデに投獄され、ヘロディアデの娘が舞いのほうびとしてその首を所望したので、処刑された。

パンをさく――昔は家父長が食卓でパンをさいて皆に与えること。転じて、最後の晩餐の場面からわかるように、聖体（別項参照）をさずけること。

秘蹟――sacramentum　神の恩恵を施すためにキリストの制定した「しるし」で、洗礼、堅信、聖体、告解（告白）、病者の塗油、叙階、婚姻の七つがある。

福音――evangelium「よい便り」、「よろこばしいおとずれ」の意。キリストの行なった宣教と教えをいうが、そのために、キリストの生涯、奇蹟、教えを記録した四書が、福音書とよばれる。

平和の接吻――osculum pacis　現在では接吻は行なわれない。「平和のあいさつ」ともいわれ、ミサ典礼の中で、司祭とか会衆が「主の平和」と唱えて、互いに親睦のあいさつをかわす。古代では、このとき互いに接吻して、一致親愛の情を表わした。接吻はキリスト教的愛と平安との象徴であり、使徒時代からの教会の習慣で、キリストにおいて一致すべきことを表わした。十三世紀からは実際に接吻せず、聖職者は互いに肩を抱いて、親睦の形式を表わすことになった。

ホスチア（祭餅）——hostia　一般に聖別しないたねなしパンで、ラテン教会では、信徒が聖体拝領する時の小さい円形のものである。

幕屋——tabernaclum　エジプトを脱出したイスラエル人が、曠野で天幕をもって造った神殿。

マンナ（霊の食物）——manna　エジプトを脱出して四十年間砂漠をさまよったイスラエル人に、神の与えた奇蹟的な食物（創世記一六、民数記一一）で、新約における聖体の前表である。

預言者——propheta　㈠自然にはわからない未来の出来事をあらかじめ語る人。㈡旧約時代には、神の言葉をあずかり人々に伝える人。

律法——モーセの律法（lex Mosaica）、旧約の掟、またはキリストの律法（lex Christi）、新約の掟などといわれる。

霊の生活——内的生活ともいわれ、信仰生活の上で最も重要なもの。「天の父が完全であるように、あなたがたも完全な者となれ」（マタイ五ノ四八）というキリストの生命を基調としたキリスト者の第一義的な生活目標であるが、霊的にキリストと一つになる境地である。

煉獄——purgatorio　死んだとき小罪の状態にあるか、罪の償いをはたしていない状態にある霊魂が、一時的な罰をうける場所（天国と地獄との間）、または状態。プロテスタントは一般に煉獄をみとめない。

私の肉を食べ、私の血を飲む人——パンとぶどう酒の両形色のもとに聖体拝領をする人。

本書の原本は一九七五年に講談社より刊行されました。文庫化に際しては、本文中に使われている同じ語の表記に関し、漢字・仮名の不統一を適宜整理しました。本文中（　）内に記されている聖書出典に関して、現在刊行されている「旧約」「新約」で該当する章句が不明の箇所は、原本の通りとしました。

トマス・ア・ケンピス（Thomas a Kempis）
1379（？）〜1471年，ドイツ生まれ。修道院で写字生となり後に司祭。神学者。

呉　茂一（くれ　しげいち）
1897年〜1977年。西洋古典学研究者。

永野藤夫（ながの　ふじお）
1918年〜2002年。中世ドイツ文学研究者。

講談社学術文庫

定価はカバーに表示してあります。

イミタチオ・クリスティ
キリストにならいて

トマス・ア・ケンピス

呉《くれ》　茂一《しげいち》／永《なが》野《の》藤《ふじ》夫《お》 訳

2019年12月10日　第1刷発行

発行者　渡瀬昌彦
発行所　株式会社講談社
東京都文京区音羽2-12-21 〒112-8001
電話　編集（03）5395-3512
販売（03）5395-4415
業務（03）5395-3615
装　幀　蟹江征治
印　刷　豊国印刷株式会社
製　本　株式会社国宝社
本文データ制作　講談社デジタル製作

ISBN978-4-06-518277-2

「講談社学術文庫」の刊行に当たって

これは、学術をポケットに入れることをモットーとして生まれた文庫である。学術は少年の心を養い、成年の心を満たす。その学術がポケットにはいる形で、万人のものになることは、生涯教育をうたう現代の理想である。

こうした考え方は、学術を巨大な城のように見る世間の常識に反するかもしれない。また、一部の人たちからは、学術の権威をおとすものと非難されるかもしれない。しかし、それはいずれも学術の新しい在り方を解しないものといわざるをえない。

学術は、まず魔術への挑戦から始まった。やがて、いわゆる常識をつぎつぎに改めていった。学術の権威は、幾百年、幾千年にわたる、苦しい戦いの成果である。こうしてきずきあげられた城が、一見して近づきがたいものにうつるのは、そのためである。しかし、学術の権威を、その形の上だけで判断してはならない。その生成のあとをかえりみれば、その根は常に人々の生活の中にあった。学術が大きな力たりうるのはそのためであって、生活をはなれた学術は、どこにもない。

開かれた社会といわれる現代にとって、これはまったく自明である。生活と学術との間に、もし距離があるとすれば、何をおいてもこれを埋めねばならない。もしこの距離が形の上の迷信からきているとすれば、その迷信をうち破らねばならぬ。

学術文庫は、内外の迷信を打破し、学術のために新しい天地をひらく意図をもって生まれた。文庫という小さい形と、学術という壮大な城とが、完全に両立するためには、なおいくらかの時を必要とするであろう。しかし、学術をポケットにした社会が、人間の生活にとってより豊かな社会であることは、たしかである。そうした社会の実現のために、文庫の世界に新しいジャンルを加えることができれば幸いである。

一九七六年六月

野間省一

宗教

仏陀の観《み》たもの
鎌田茂雄著

仏教は一体どんな宗教であり、どういう教えを説いてきたのだろうか。本書は難解な仏教の世界をその基本構造から説き起こし、仏教の今日的な存在意義を明らかにする。只今を生きる人のための仏教入門書。

174

釈尊のさとり
増谷文雄《ますたにふみお》著

長年に亘って釈尊の本当の姿を求めつづけた著者は、ついに釈尊の菩提樹下の大覚成就、すなわち「さとり」こそ直観であったという結論を導き出した。釈尊の真実の姿を説き明かした仏教入門の白眉の書。

344

禅とはなにか
鎌田茂雄著

禅に関心をよせる人は多い。だが、禅を理解することは難しい。本書は、著者自らの禅修行の体験を踏まえ、禅の思想や禅者の生き方、また禅を現代にどう生かすか等々、禅の全てについて分りやすく説く。

409

空海の思想について
梅原　猛著(解説・宮坂宥勝)

「大師は空海にとられ」といわれるように、宗派を越え、一般庶民大衆に尊崇されてきた空海であったが、その思想は難解さの故に敬遠されてきた。本書はその空海の思想に真向から肉薄した意欲作である。

460

ギリシャ正教
高橋保行著

今なおキリスト教本来の伝統を保持しているギリシャ正教。その全貌が初めて明らかにされるとともに、キリスト教は西洋のものとする通念を排し、西洋のキリスト教とその文化の源泉をも問い直す注目の書。

500

キリスト教問答
内村鑑三著(解説・山本七平)

近代日本を代表するキリスト教思想家内村鑑三が、信仰と人生を語る名著。「来世は有るや無きや」などキリスト教の八つの基本問題に対して、はぎれよく簡明に答えるとともに、人生の指針を与えてくれる。

531

《講談社学術文庫　既刊より》

宗教

神の慰めの書
M・エックハルト著／相原信作訳（解説・上田閑照）

「脱却して自由」「我が苦悩こそ神なれ、神こそ我が苦悩なれ」と好んで語る中世ドイツの神秘思想家エックハルトが、己れの信ずるところを余すところなく説いた不朽の名著。格調高い名訳で、神の本質に迫る。

690

禅と日本文化
柳田聖山《せいざん》著

禅とは何か。禅が日本人の心と文化に及ぼした影響、またその今日的課題とは何か。これら禅の基本的テーゼが明快に説かれるとともに、禅からの問いかけとして〈現代〉への根本的な問題が提起されている。

707

参禅入門
大森曹玄《そうげん》著（解説・寺山旦中）

禅を学ぶには理論や思想も必要であるが、実践的には直接正師につくことが第一である。本書は「わが修道の記録」と自任する著者が、みずからの体験に照らして整然と体系化した文字禅の代表的な指南書。

717

般若心経《はんにゃしんぎょう》講話
鎌田茂雄著

数多くのお経の中で『般若心経』ほど人々に親しまれているものはない。わずか二六二文字の中に、無限の真理と哲学が溢れているからである。本書は字句の解釈に捉われることなく、そのこころを明らかにした。

756

正法眼蔵随聞記《しょうぼうげんぞうずいもんき》講話
鎌田茂雄著

学道する人は如何にあるべきか、またその修行法や心構えについて生活の実際に即しながら弟子の懐奘に気骨をこめて語った道元禅師。その言葉を分かりやすく説きながら人間道元の姿を浮彫りにする。

785

華厳《けごん》の思想
鎌田茂雄著

限りあるもの、小さなものの中に、無限なるもの、大いなるものを見ようとする華厳の教えは、日本の茶道や華道の中にも生きている。日本人の心に生き続ける華厳思想を分り易く説いた仏教の基本と玄理。

827

宗教

鎌田茂雄著
法《ほ》華経《けきょう》を読む
諸経の王たる「法華経」の根本思想を説く。文学的にも思想的にも古今独歩といわれる法華経。わずか七巻二十八品の経典の教えを、日蓮は「心の財第一なり」といった。混迷した現代を生きる人々にこそ必読書。

1112

荒井　献《ささぐ》著
トマスによる福音書《ふくいんしょ》
キリスト教史上、最古・最大の異端グノーシス派によってつくられたトマス福音書。同書は資料的に正典福音書と匹敵する一方、同派ならではの独自なイエス像を示す。第一人者による異端の福音書の翻訳と解説。

1149

宮家《みやけ》　準《ひとし》著
日本の民俗宗教
従来、個々に解明されてきた民間伝承を宗教学の視点から捉えるため、日本人の原風景、儀礼、物語、図像等を考察。民俗宗教の世界観を総合的に把握し、日本の民間伝承を体系的に捉えた待望の民俗宗教論。

1152

小田垣雅也著
キリスト教の歴史
イエス誕生から現代に至るキリスト教通史。旧約聖書を生んだユダヤの歴史から説き起こし、イエスと使徒たちによる布教やその後の教義の論争や改革運動を、世界史の中で解説した。キリスト教入門に最適の書。

1178

山田　晶著（解説・飯沼二郎）
アウグスティヌス講話
アウグスティヌスの名著『告白』を綿密に分析し「青年期は放蕩者」とした通説を否定。また「創造と悪」の章では道元との共通点を指摘するなど著者独自の解釈が光る。第一人者が説く教父アウグスティヌスの実像。

1186

窪　徳忠著
道教の神々
道教の神々の素顔に迫る興味尽きない研究書。日本の習俗や信仰に多大の影響を及ぼした道教。鍾馗や竈の神など、中国唯一の固有宗教といわれる道教の神々を紹介。道教研究に新局面を拓いた著者の代表作。

1239

宗教

イスラーム的　世界化時代の中で

大塚和夫著（解説・小杉　泰）

イスラームに「原理主義」は存在しない！　アラブ世界を調査・研究のフィールドとしてきた社会人類学者が、イスラームの基本的概念と、二〇世紀終盤に世界的に見られた「イスラーム復興」の動きを解説する。

2306

死海写本　「最古の聖書」を読む

土岐健治著

さまざまな解釈を生み、世界を騒がせてきた「最古の聖書」には何が書かれているのか。書き残したクムラン宗団とはいかなる思想を持っていたのか……。膨大な研究成果をコンパクトにまとめた、最良の解説書。

2321

ユダとは誰か　原始キリスト教と『ユダの福音書』の中のユダ

荒井　献著

イエスへの裏切りという「負の遺産」はどう読み解くべきなのか。ユダを「赦し」と「救い」から排除した原始キリスト教における思想的・政治的力学とはなにか。隠された真のユダ像を追った歴史的探究の成果。

2329

唯識の思想

横山紘一著

唯《た》だ心だけが存在する――。不可思議にして深遠な心の構造を観察・分析し、そのありよう＝八種の識を解き明かす唯識とは何か。この古くて新しい、大乗仏教の普遍的な根本思想の世界へといざなう最良の入門書。

2358

『新約聖書』の誕生

加藤　隆著

イエス死後の三百年間に何が起きたのか。「後発」で「特殊」な文書集が権威となりえた秘密は何か。教団主流派が「異端」活動の果実を巧みに取り入れ、聖なる「テキスト共同体」を作り出すまでを明らかにする。

2401

キリスト教の歳時記　知っておきたい教会の文化

八木谷涼子著

世界中のキリスト教会が備えている一年サイクルの暦。イエスやマリアに関わる日を中心に、諸聖人を記念した祝祭日で種々の期節が彩られる。クリスマス、イースターはじめ、西方・東方ほか各教派の祝祭日を詳述。

2404